織田信長像（長興寺所蔵，写真協力：豊田市）

織田信長は，最初は尾張那古野城の城主だったが，清須・小牧山へと居城を移し，美濃の岐阜城に入って天下に号令した．岐阜の山上には城，山の麓には居館があり，信長は居館と城を往来しながら生活していた．

長篠合戦図屏風（犬山城白帝文庫所蔵）

天正 3 年（1575）5 月 21 日に起きた織田信長・徳川家康と武田勝頼の決戦のありさまは，後世にも語り継がれ，屏風絵によく描かれた．上の写真は織田・徳川軍を描いた部分で，右下の「五」文字の旗の左にいる乗馬の武将が家康，左上にみえる乗馬の武将が信長である．

高天神城 VR 復元（掛川市提供）

掛川駅から南，7 キロほどにある山に築かれた高天神城．一帯を見渡せる絶好の場所だったため，武田と徳川の争奪の対象となる．天正 2 年（1574）に武田軍が押さえるが，天正 9 年 3 月 22 日，徳川軍の攻撃により陥落した．

駿府城跡出土金箔瓦
（静岡市提供）

徳川家康が晩年を過ごした駿府城の発掘調査の過程で，それ以前の時代の天守台の跡と多数の金箔瓦が発見された．家康は以前にも駿府に築城し，その後，中村一氏が城主だった時期がある．金箔瓦はいつのものなのか，話題を呼んでいる．

安宅船模型（佐賀県立名護屋城博物館所蔵）

天正2年（1574）7月，織田信長が長島一向一揆討伐のため出陣した時，志摩の九鬼嘉隆は安《あ》宅船《たけぶね》と呼ばれる大型の軍用船を送り込んで信長を援助した．その後も九鬼の水軍はこうした大船に乗って各地で活躍する．

津島神社楼門（津島市提供）

牛頭天王信仰の中心的存在である尾張の津島社は，織田氏や豊臣秀吉の保護を得て栄え，その勢力を保った．本殿の東にある楼門は，秀吉から寄進された米を元手にして建てられたものである．

東海の中世史 5

信長・家康と激動の東海

山田邦明［編］

吉川弘文館

目次

序　激動と統合の四〇年

山田邦明

「東海の中世史」シリーズの最終巻となる本巻では、永禄三年（一五六〇）の桶狭間《おけはざま》の戦いから、慶長五年（一六〇〇）の関ヶ原《せきがはら》の戦いまでの、四〇年ほどの時期を主な対象としている。

激動の時代

戦国時代、東海地域においても各地に「戦国大名」といいうる地域権力が並び立った。駿河を本拠とする今川《いまがわ》氏は、遠江と三河を領国に加え、三ヵ国を領する大名として確固たる地位を築いた。尾張では勝幡《しょばた》城主から出発した織田信秀《おだのぶひで》が台頭し、その子の信長《のぶなが》は清須《きよす》を拠点としながら勢力を広げ、尾張のほとんどを手中に収めていた。美濃では斎藤利政《さいとうとしまさ》（道三《どうさん》）が守護の土岐頼芸《ときよりのり》を追放して権力を握り、その子の義龍《よしたつ》は父を打倒して政権を固め、幕府に申請して一色《いっしき》の名字を名乗ることを許されていた。今川・織田・斎藤（一色）という大名がそれぞれの歩みを進めていくなかで、永禄三年五月十九日、桶狭間の戦いの日を迎えたのである。

今川義元《よしもと》と織田信長の戦いは信長の勝利に終り、義元は討死した。戦いの結果、尾張に勢力を伸ばそうという今川の企てが挫折したというだけで、今川と織田の領国のかたち自体に変化はなかったが、それでもやはり、歴史的にみれば、この戦いは大きなターニングポイントだったといわざるを得ない。今川氏の衰退と織田信長の雄飛を決定づけた画期ともいえるが、いちばん重大なのは「松平元康《まつだいらもとやす》（徳《とく》川家康《がわいえやす》）の登場」である。今川氏の部将だった松平元康は、自身の出身地である三河岡崎《おかざき》に入って、ここを拠点に勢力を広げ、やがて今川と袂《たもと》を別って三河のほとんどを領する大名になったのである。

この後の画期は永禄十一年の暮に訪れる。甲斐を拠点としつつ信濃・上野に領国を広げていた武田《たけだ》信玄《しんげん》が駿河に攻め入り、徳川家康も西から遠江に攻め込んで、結果的に今川氏の領国は解体してしまう。織田信長はすでに一色氏を滅ぼして美濃の岐阜を居城としており、伊勢も手中に収めていたので、東海地域には織田・徳川・武田という大名が並び立つ事態になった。この後に織田・徳川と武田が対立する状況がつづき、天正十年（一五八二）に武田が滅亡、織田信長も本能寺《ほんのうじ》の変で死去すると、徳川家康がその領国を広げ、尾張・伊勢を領していた織田信雄《のぶかつ》と結んで、天正十二年に尾張で羽柴秀吉《はしばひでよし》と向かいあうことになる（小牧《こまき》・長久手《ながくて》の戦い）。やがて家康は秀吉と和睦して豊臣政権を支え、天正十八年に家康が領知替えによって関東に移った後、池田照政《いけだてるまさ》・田中吉政《たなかよしまさ》・山内一豊《やまうちかつとよ》といった秀吉の部将たちが東海地域の各地に配置された。秀吉死後の争いにおいて、彼らはおしなべて徳川家康に味方し、その勝利に大きく貢献した。

桶狭間から関ヶ原まで、わずか四〇年に過ぎないが、政治情勢はめまぐるしく変化し、大名や領主たちもあわただしい生活を余儀なくされた。列島各地に大名が並び立っていたが、彼らの連携と相克のなかで、大名や領主をまとめあげる「統一政権」がつくりあげられ、新たな集権体制が築かれていった。政治の形や社会構造が大きく変貌した、まさしく「激動の時代」だったのである。

東海地域の重要性

織田信長と羽柴（豊臣《とよとみ》）秀吉は尾張、徳川家康は三河の出身である。いわゆる「三英傑」が活躍したこの時期は、東海地域（とくに現在の愛知県）にとってみれば、長い歴史の上でいちばん目立つ、輝かしい時代だ、ということもできるだろう。

織田信長の本拠は尾張だが、やがて美濃の岐阜、さらに近江の安土《あづち》（滋賀県近江八幡市）に居城を移した。羽柴秀吉も尾張出身だが、近江長浜《ながはま》（滋賀県長浜市）の城主となり、やがて大坂を居城として活躍した。信長と秀吉は西に向かって活躍の場を築いていったわけだが、徳川家康はこれとは逆に、東に向かってその版図を広げていった。三河の岡崎が最初の居城だが、やがて遠江の浜松《はままつ》に移り、さらに駿河の府中《ふちゅう》（駿府《すんぷ》）に転じて、その後に江戸城を居城とすることになる。

織田信長と徳川家康、武田信玄・勝頼《かつより》父子は、当時の政治情勢の中核を担う主要メンバーだが、みな東海地域に領国を持つ人たちだった。羽柴秀吉は畿内近国を拠点としていたが、家康と対決するため尾張まで出陣している。家康が関東に移った後は、前述のとおり秀吉の部将たちが東海各地の領主として配置された。政治情勢を左右する大名や武将たちが東海地域を拠点としながら活動していたわけで、彼らの連携のなかで、多くの人々が行き交い、地域は活気を帯びていたものと考えられる。

ただ、大名たちの争いが表面化してくると、人々の交通のさかんなところは、軍勢の進軍の場ともなり、時には大規模な決戦がなされて、地域の住民たちが被害をこうむるという事態にいたることもあった。桶狭間の戦い、三方原《みかたがはら》の戦い、長篠《ながしの》の戦い、小牧・長久手の戦い、関ヶ原の戦いという、こ

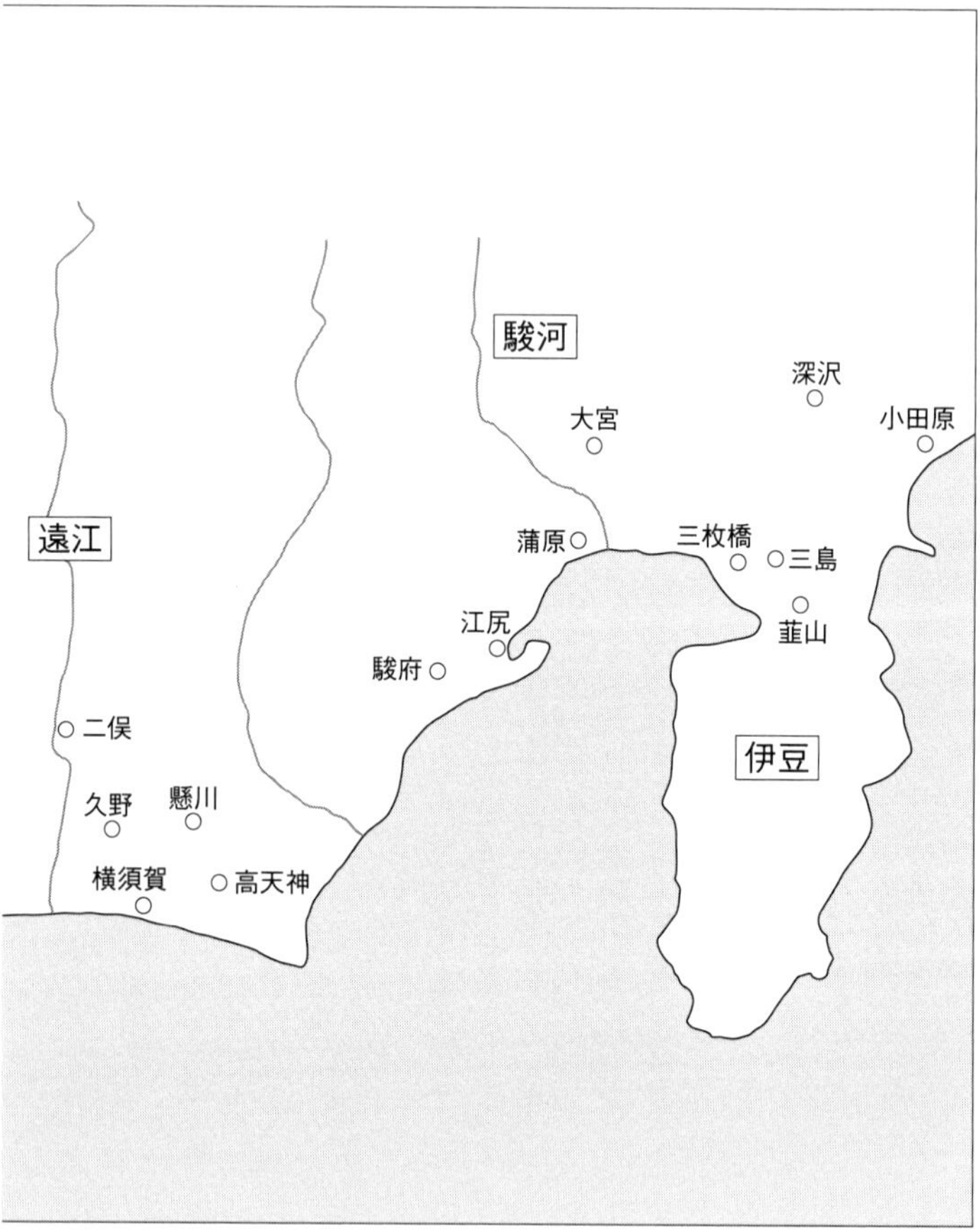
駿河
深沢
大宮
小田原
遠江
蒲原
三枚橋
三島
江尻
韮山
駿府
二俣
伊豆
久野
懸川
横須賀
高天神

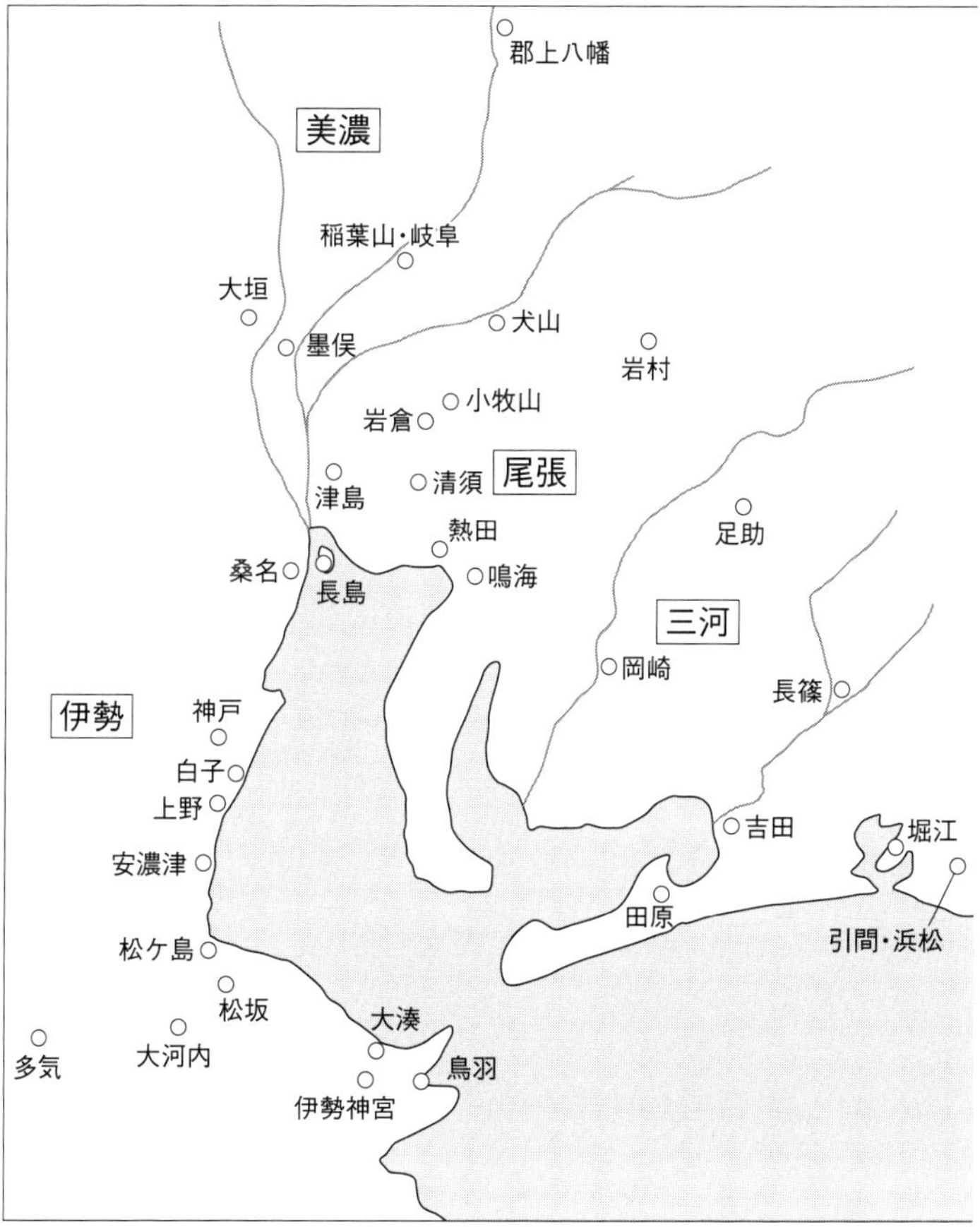
郡上八幡
美濃
稲葉山・岐阜
大垣
犬山
墨俣
岩村
小牧山
岩倉
尾張
津島
清須
足助
熱田
桑名
長島
鳴海
三河
岡崎
長篠
伊勢
神戸
白子
上野
吉田
堀江
安濃津
田原
引間・浜松
松ケ島
松坂
大湊
多気
大河内
鳥羽
伊勢神宮

図　本巻関連地図

の時代の著名な決戦のほとんどは、東海地域を舞台に展開されたのである。こうした負の側面もあるが、これもこの地域が交通の要所だったことの裏返し、といってもいいだろう。社会の体制が大きく転換したこの時期は、東海地域の重要性が面に出た、注目すべき時代といえるのではないだろうか。

桶狭間の戦いから関ヶ原の戦いまでの四〇年は、まさに「激動の時代」だったが、ただ無秩序で混乱していた、というわけではない。この四〇年をへるなかで列島の状況は大きく変わり、新たな秩序が生み出されていった。各地に大名が並び立つ時代は終りを告げ、天皇を奉戴するかたちで列島全体をまとめあげる「統一政権」が生まれ、大名や領主は統一政権に従属しながら列島の統治を担うという、新たな体制が構築されたのである。戦国大名は自らの領国にいて、京都に集まることはなかったが、統一政権下の大名たちは京都や伏見《ふしみ》などに居所を持ち、ここと領国を往来しながら活動することになる。半世紀ほどの短期間の間に、列島社会の「統合」の動きは急速に進んだのである。

統合に向かう動き

列島の統合は、統一政権（織田や豊臣）が各地の大名を滅ぼしたり、臣従させたりするかたちで進められたが、こうした統合が成し遂げられた背景には、社会を構成するさまざまの側面でみられた「統合への動き」があり、一定の社会的要請を基盤にしながら政治的統一が図られた、というふうに考えることもできるだろう。信長や家康の出身地である東海地域においても、列島社会の統合を促すことにつながる事象が、さまざまな面でみうけられる。

まず、陸上や海上における人の移動のための環境整備が進み、交通が活発化した、ということがあげられる。陸上交通に目を向けると、戦国大名今川氏は宿場において馬を提供する「伝馬《てんま》」の制度を整備したが、今川氏の領国を継承した徳川氏と武田氏もこの伝馬制度を引き継いだため、三河・遠江・駿河における陸上交通は画期的に整備された。尾張や美濃においても、織田氏が積極的に道路整備を進め、豊臣政権の時代には、宿送りや伝馬利用のシステムが整った「近世東海道」が成立するにいたる。海の世界に目を転じると、「伊勢海」を囲繞《いにょう》する伊勢・尾張・三河の三ヵ国が同盟関係にある織田・徳川氏によって政治的に統合され、ここに出自を持つ「水軍」が織豊政権や徳川氏に登用されて活躍する。また直接海に面した場所に大名の支配拠点が形成されるという動きがみられ、こうした港湾都市を拠点にしながら東海の「海の世界」を往来する人々の交流も活発化した。

社会のしくみや組織のありようについても、大きな変化がみられた。「中世」という時代の列島社会は、さまざまの点において「個別の特徴を持ち統一を欠く」という特質を持つ。いわゆる「荘園制」のもとでは、郷村の百姓たちは領主に年貢などを納めるが、何をどのくらい納めるか、それぞれの単位で個別に決められており、米穀を計量する升の大きさもまちまちという状況だった。人の組織のありようをみると、例えば神社や寺院においては、大きな組織のなかにさまざまな人がいて自己主張をくりかえし、トップが全体を統轄する体制にはなっていないというのが一般的だった。いろいろの面で「バラバラ」だというのが中世の特質といえるが、統一政権の成立過程のなかで、こうした状況が大きく変わることになったのである。

複雑な状況を改め、整然とした統治を行なうには、そのための統一的基準を設定することが必要と考えた織田信長は、各地で検地を実施するが、尾張においても織田信雄の時代に検地が行なわれ、信長の政策が実現をみることになる。徳川家康の領国支配は今川氏の方法を継承するものだったが、天正十七年に「五ヵ国総検地」を実施し、郷村にあてて「七ヵ条の定書」を発給するというかたちで、支配のための基準とルールを明確化した。「七ヵ条の定書」の発給にあたっては、郷村の百姓に内容を承諾する旨を記した請書を提出するよう求めており、郷村の側の了解をとりつつ施策が進められたことがうかがえる。このような過程をへることにより、郷村を基盤としながら統治を進める体制が構築されたのである。

尾張にある熱田社《あつた》と津島社《つしま》は、織田氏や豊臣氏の保護を得て、それなりの力を保持することに成功するが、いずれも組織の内部には問題を抱えていた。津島社では、織田信雄が神主に知行地安堵の文書を発給したことをきっかけとして、神主と社家の間で対立が生じ、代官の徳永寿昌《とくながながまさ》が介入して問題の解決を図っている。「トップは神主、二番手は堀田右馬大夫《ほったうまだゆう》家で、その下に他の社家・社僧がいる」というかたちをとるよう要請し、社家の側もこれを受け入れて、構成員が対等というわけではなく、一定のヒエラルヒーを持つ、新たな社人組織が成立することになった。

列島統一の過程においては、統一政権と大名、あるいは大名間の対立が深刻化し、軍事的緊張が極度に高まった。そのため各地の城郭の規模が拡大し、その形も立派なものになるが、東海地域においてはそうした動きが顕著にうかがえる。もともと城郭は「土作り」だったが、「石垣」「瓦葺建物」「天守」を持つ城郭が各地に誕生することとなるのである。小牧・長久手の戦いの後、こうした形の城郭が現れるが、本格化するのは東海地域に豊臣大名が配置された天正十八年以降で、田中吉政の岡崎城、池田照政の吉田《よしだ》城、山内一豊の懸川《かけがわ》城などで城郭の整備がなされ、現在も遺構を残している。いわゆる「近世城郭」が広く登場したわけで、城の歴史の上でも、まさに画期的な時代だったということができるだろう。

本書の構成

ここで本巻の各章の構成について簡単に述べたい。政治史に関わるのは第一・二・三章で、桶狭間の戦い（一五六〇年）から長篠の戦い（一五七五年）までの一五年を第一章、長篠の戦いから徳川家康の移封（一五九〇年）までの一五年を第二章、これから関ヶ原の戦い（一六〇〇年）までの一〇年を第三章で扱った。第四章以降は地域の統治や社会の動向に関わる部分で、第四章では東海地域における村落の状況と領主支配の変革、第五章では陸上交通とその展開、第六章では海上交通と人々の活動、第七章では神社と社人組織、第八章では城郭とその展開について論じた論考を配置した。以上が各章の構成であるが、こうしたなかでとらえきれないテーマに光を当てるため、「古戦場に暮らす人々」「東海以西の富士山信仰と参詣曼陀羅《さんけいまんだら》」「神宮御師《じんぐうおんし》」というコラムを用意した。地域社会に関わるすべての論点を網羅しているわけではないが、主要なテーマについては押さえているはずで、この時代に東海地域においてどんなことが起きたのか、概要は示せたのではないかと思う。

シリーズ「東海の中世史」において対象とするのは、現在の三重県・岐阜県・愛知県・静岡県の範囲ということになっているが、本巻の叙述においては、織田・徳川・武田の領国となった伊勢・美濃・尾張・三河・遠江・駿河の六ヵ国に関わることがらがほとんどになり、それ以外の地域の動向についてはあまりふれられない結果となった。四〇年という短い時代であるが、日本社会が大きく変わった画期で、記すべきことが多いということもあり、目が届かないところもあったと思われるが、ご寛恕を乞う次第である。

一　織田・徳川・今川・武田

山田邦明

1　今川氏真と松平元康・家康

織田と松平の和睦

室町時代、駿河の守護として地域の統治にあたってきた今川氏は、氏親《うじちか》の時代に戦国大名としての基礎を築き、遠江も領国に加えた。天文五年（一五三六）に家督を継いだ今川義元は、天文十五年から三河侵攻を開始、織田信秀との戦いに勝利して、三河の大半を手中に収め、今川領国は駿河・遠江・三河の三ヵ国に拡大した。ただ、三河国内には尾張の織田信長に通じて今川に反抗する者もおり、領国の統治は安定したものではなかった。嫡男の氏真《うじざね》に家督を譲った義元は、尾張の織田氏と向き合う必要があると考え、自ら三河に出馬し尾張に進んだが、桶狭間に布陣しているところを織田軍に急襲されて敗北し、義元自身も討死してしまう。永禄三年五月十九日のことだった。

尾張の織田氏は、もともとは越前の出身で、室町幕府の管領《かんれい》もつとめた斯波《しば》氏の重臣として台頭した。斯波氏は越前・尾張・遠江の守護だったが、このうち尾張の守護代《しゅごだい》に織田氏が任命され、織田一門が尾張に下向して地域の統治にあたった。応仁の乱の後、織田氏は岩倉《いわくら》織田氏と清須《きよす》織田氏に分かれ、清須織田氏の一門のなかから織田信秀が登場し、勢力を伸ばした。信秀の子の信長は、はじめ那《な》古野《ごや》城にいたが、清須織田氏の滅亡に乗じて居城を清須に移し、岩倉織田氏も打倒して、尾張の統一を進めていた。そうしたなか、今川の大軍が迫ってくるが、正面から襲撃するという方法によって勝利を収め、敵を撃退したのである。

戦いに勝利した織田軍が、勢いにまかせて三河に攻め入るということはなかったが、三河西部の諸城にいた今川の部将の多くは、城から出て本国に帰還した。戦いのさいに大高《おおだか》城にいた松平元康は、もともと三河岡崎の出身だったので、自身の本拠にあたる岡崎城に入り、ここで織田方と向き合うことになった。三河と尾張の国境地域の領主である水野《みずの》信元《のぶもと》（三《み》河刈谷《かわかりや》城主）は織田方だったが、元康の実母は水野信元の妹で、信元にとってみれば元康は甥にあたっていたから、桶狭間の敗戦を知った信元が元康のもとに使者を派遣して、織田方との戦いをやめて岡崎城に入るよう勧めたともいわれている（『松平記』）。

松平氏は三河国加茂《かも》郡松平を出身地とする領主で、室町時代に勢力を伸ばし、各地に一門が並び立った。一門をまとめていたのは安城《あんじょう》を本拠とする「安城松平氏」で、松平清康《きよやす》が岡崎を居城とし、子息の広忠《ひろただ》が継承した。織田軍と今川軍が三河に攻め入った時期に広忠が死去し、嫡子の竹千代《たけちよ》は織田氏のもとに置かれていたが、今川軍が戦いに勝利して安城城を入手した時に、竹千代は今川軍に渡され、以後は駿府に赴いて、今川義元の庇護下で生活することになる。岡崎城には今川氏の直臣《じきしん》が城代として入り、松平氏の家臣たちは城代にしたがいながら地域の支配に関与した。やがて竹千代は元服して松平元信《もとのぶ》と名乗り、その後元康と改名していた。今川義元の出馬にさいしては命じられて尾張大高城に入り、桶狭間の敗戦のあと、自身の故郷である岡崎城に入ったのである。この時、元康は一九歳だった。

松平元康は今川方、水野信元は織田方の最前線にいたので、まもなく両者の間で戦いがなされることとなる。永禄三年七月に尾張の石ヶ瀬《いしがせ》（愛知県大府市）で合戦があり、翌年（永禄四年）になってもにらみあいはつづいたが、まもなく織田信長と松平元康の和睦がまとまり、戦いは終結した。『松平記』には「信長が水野信元を通して元康に和談を申し入れ、互いに起請文を取り交わした」とあり、信長が和談を申し入れて元康が応じたという話になっている。詳細はわからないが、信長と元康の利害が一致し、和睦にいたったものと思われる。

図 1-1　松平元康木像（隣松寺所蔵）

織田信長の当面の課題は、尾張北部の犬山《いぬやま》にいる織田氏（犬山織田氏）や美濃の一色氏（斎藤氏）との戦いを有利に進めることであり、今川氏と本格的に戦う余裕はなかった。岡崎の松平が味方になれば、今川軍の攻撃をうける心配もなくなり、西北方面への勢力拡大に専念できる。松平元康にとっても、強力な織田軍と戦いをつづけるのは困難で、和睦によって戦いが終結するのはありがたかったのだろう。織田と松平の間にいる水野信元も、両者が和睦すれば自身の苦労もなくなるので、積極的に和睦成立のために働きかけたものと思われる。

問題になるのは、織田との和睦が今川に察知されると、松平は今川に叛いたと捉えられてしまう、ということだった。今川氏真にしてみれば、織田信長は不倶戴天《ふぐたいてん》の敵なので、信長と通じた元康に疑いの目を向けるのは当然のことである。「松平は今川に叛いた」というレッテルを貼られ、軍勢に攻められる可能性もあるが、こうした危険性があるにもかかわらず、元康が織田との和睦を決断したのには、それなりの歴史的背景があったものと思われる。最近は今川にしたがっているが、もともとは独立の国衆《くにしゅう》で、三河国内では最大の勢力を誇っていたのだから、今川に恩義を感じ義理立てする必要はないと、ほとんどの家臣たちは考えていたのだろう。当主の元康は駿府で成長し、今川義元の薫陶《くんとう》をうけていたから、今川に叛くのは心苦しかっただろうが、家臣たちの意向に逆らうこともできず、織田と結んで今川に敵対することになったのである。

今川と松平の戦い

永禄四年四月十一日、松平の軍勢が東三河に入り、牛久保《うしくぼ》城（愛知県豊川市）を攻めた。今川氏の東三河支配の拠点である吉田城（愛知県豊橋市）の、豊川《とよがわ》をはさんで西北に位置する城に攻撃をしかけたのである。城兵もよく防戦し、松平軍は撤退したが、今川に対する松平の離反は明らかとなり、このあと東三河を舞台にして今川方と松平方の戦いがつづくことになる。

今川から距離をとるだけでなく、その領国である東三河に侵攻したのはなぜか。今川の軍勢に攻められる前に先手をとった、ということかもしれないが、これまでにも積極的な勢力拡大を果してきた松平氏にしてみれば、東三河への侵攻もその一環に過ぎず、不自然なことではなかったのではないかと思われる。

こうした事態のなか、東三河の国衆たちは、いままで通り今川にしたがうか、それとも松平に味方するか、悩ましい選択を迫られることになった。今川氏に離反して没落していた奥三河の菅沼小法師《すがぬまこほうし》（田峯《だみね》城主）は、再起のための好機とみて、いちはやく松平方に加わり、八名《やな》郡の西郷《さいごう》氏や大塚《おおつか》（愛知県蒲郡市）の岩瀬吉右衛門《いわせきちえもん》、さらに野田《のだ》城（愛知県新城市）の菅沼定盈《すがぬまさだみつ》（新八郎《しんぱちろう》）も松平に味方した。一方、今川氏と関係の深かった上之郷《かみのごう》城（蒲郡市）の鵜殿長照《うどのながてる》や作手《つくで》（新城市）の奥平定能《おくだいらさだよし》らは、今川方にとどまって戦いに参加している。

こうした人々のなかで、最初に苦難に遭遇したのは、遠江との国境に拠点を持つ西郷氏だった。遠江から攻め入った今川軍の標的になり、九月には嵩山《すせ》城を落とされて西郷孫六郎《まごろくろう》が討死する。孫六郎の子息は幼少だったので、弟の西郷吉員《よしかず》が名代として一門をまとめ、酒井忠次《さかいただつぐ》（松平元康の重臣）に申請して自らの立場を認める証文を与えられている。吉員はおそらく嵩山城から逃れ、松平軍の先陣にいた酒井忠次のもとに身を寄せたのだろう。

年明けて永禄五年、松平方だった菅沼小法師が今川方に転じる。小法師の父の菅沼定継《さだつぐ》は、今川に叛いて討伐され、小法師は逼塞していたので、いちはやく松平方に加わったわけだが、対立関係にあった一門の菅沼定盈が松平に味方したので、これと協力関係をとるわけにはいかないと、今川方に転じる選択をしたということだろう。

二月には松平の軍勢が西郡《にしのこおり》（蒲郡市）の上之郷城に攻め入って陥落させ、城主の鵜殿長照が討死するが、今川方もただ押されていたわけではなく、今川氏真が三河に出馬すると、兵士たちも活気づき、今川方が優勢に戦いを進めてゆく。菅沼定盈の居城である野田城（富永城《とみなが》）が今川軍によって奪取され、定盈は城から逃れて、松平元康のもとに身を寄せた。岩瀬吉右衛門の籠る大塚城も今川軍に攻囲されていたが、吉右衛門の子の岩瀬家久《いえひさ》が敵と内通して、夜中に城中へ軍勢を引き入れたため、城は陥落し吉右衛門は討死した。松平軍は上之郷城を手に入れたが、今川軍は野田城や大塚城の攻略を果たしたのである。永禄六年五月には御油《ごゆ》口（豊川市）で戦いがあり、今川軍が勝利を収めている。

家康と氏真の苦悩

永禄六年の秋、西三河で大事件が起きる。「三河三ヶ寺」と呼ばれていた佐々《さ さ》木《き》（愛知県岡崎市）の上宮寺《じょうぐうじ》、野寺《の でら》（愛知県安城市）の本證寺《ほんしょうじ》、針崎《はりさき》（岡崎市）の勝鬘寺《しょうまんじ》と、これにつらなる門徒たちが蜂起して、岡崎の松平家康（元康は家康と改名していた）に戦いを挑んだのである。

大坂の本願寺《ほんがんじ》を宗主とする浄土真宗《じょうどしんしゅう》寺院は、列島各地に展開していたが、西三河においては、土呂《と ろ》（岡崎市）の本宗寺《ほんしゅうじ》を中心として布教活動が進められ、多くの人々を信徒として組織していた。上宮寺・本證寺・勝鬘寺といった中心的寺院は、堀で囲まれた独立の空間をつくりあげ、世俗権力の介入を許さない「不入権」を所持していたが、戦国大名として統治を始めた松平元康（家康）が、不入権を無視して支配を強めてきたので、伝統的な権益と信仰を守るために決起した、ということのようである。家康の方針に対する寺側の抵抗だったわけだが、家康の家臣のなかにも「三ヶ寺」の側に加わる者がいて、家康は深刻な危機に直面した。これまで仕えてきた家臣が二分され、多くの家臣に離反されることになったのである。

松平氏の家臣だった人たちの多くが、真宗寺院の側に味方したのはなぜか。彼らは日常的に真宗の寺や僧侶と深い関係を結び、信仰世界に身を置いていたので、こうした行動をとったとみることもできようが、それだけではなく、寺からたくさんの銭や米を借用していた者がかなりいて、経済的事情から寺側に味方したということもあったように思われる。

家康と門徒の戦いがつづけられていた永禄七年一月、深溝《ふこうず》（愛知県幸田町）の松平伊忠《これただ》が家康に申請して、借銭や借米などの返済を免除する「徳政」を適用してほしいと頼み認められているが、この時に出された家康の判物に「もし土呂・針崎など敵方の者と和睦したとしても、徳政適用の件について変更はしない」と書かれているので、松平伊忠や家中の者たちが土呂（本宗寺）や針崎（勝鬘寺）から借銭・借米をしていたことが確認できる。真宗寺院は境内に蔵を所有して米や銭を保管し、地域の人たちの求めに応じてこれを貸し出す、現在の銀行のような役割を果たしていたのである。

自身の家臣の多くも敵に回して、家康は困難に直面したが、配下の家臣たちを結束させて敵と向き合い、戦いに勝利することで、この苦境を乗り越えようと試みた。十一月には原木坂《はらきざか》で戦いがあったが、家康は自ら軍勢の前線に出て敵を追い払ったという（『松平記』）。

西三河での一大事によって、松平軍が東三河に攻め入る余裕はなくなり、今川にとっては好機到来となるはずだったが、皮肉なことに、ちょうど同じ時期に遠江で内乱が起き、今川氏真も苦境に立たされることになる。今川氏にしたがっていた遠江の国衆たちが松平と通じて今川に叛くという話はこれまでもあり、永禄五年三月には井伊谷《いいのや》（愛知県浜松市北区）の井伊直親《いいなおちか》が、松平と通じたことを疑われ、懸川城主《かけがわ》朝比奈泰朝《あさひなやすとも》によって討たれているが、ここにいたって、国衆たちの離反がつぎつぎと表面化したのである。

その中心となったのは、引間《ひくま》（浜松市中区）の飯尾連龍《いのおつらたつ》だった。飯尾氏は引間城主として今川氏の地域支配を担ったが、今川からの自立を図って決起したのである。今川氏真はすぐに軍勢を派遣し、十二月には天竜川《てんりゅう》の西にあたる飯田口《いいだぐち》（浜松市南区）で戦いがなされている。犬居《いぬい》（浜松市天竜区）を拠点とする天野氏《あまの》では一門が二つに分かれ、天野景泰《かげやす》・元景《もとかげ》父子が今川に叛き、天野藤秀《ふじひで》が今川に味方して景泰父子の討伐にあたった。さらに今川一門の堀越六郎《ほりこしろくろう》も飯尾と通じて謀反を起こし、軍勢に攻められて自害したという（『今川家譜《いまがわかふ》』）。

天野景泰・元景父子は戦いに敗れて没落し、堀越六郎は討ち取られたが、飯尾連龍との戦いは長引き、翌年（永禄七年）に持ち越された。二月には引間口の孫妻川《まごめ》（馬込川）河端で戦いがあり、頭陀寺城《ずだじ》が今川軍によって攻略された。今川軍は天竜川を越えて引間城に迫り、飯尾連龍は劣勢に立たされていたが、事態はなかなか収束しなかったのである。

今川氏真が飯尾氏との戦いをつづけていた永禄七年二月のころ、松平家康は浄土真宗寺院との和睦を実現させ、内乱を収束させることに成功した。家康に抵抗して挙兵したものの、戦いをつづけるなかで劣勢に立たされた真宗寺院が、寺中の不入を認めてもらうことを条件に、和睦を受け入れたということのようである。ただ、そのあと家康から「三ヶ寺」(上宮寺・本證寺・勝鬘寺)の僧たちに「宗旨を変えるように」という指示がなされ、僧侶たちがこれにしたがわなかったため、坊主たちが追放されたと伝えられている(『松平記』)。形のうえでは和睦だったが、実質的には家康の勝利という結果に終わったのである。

家康の勝利

西三河の内乱を乗り越えた家康は、ふたたび東三河の経略にとりかかった。二月末には作手の奥平定能を味方に引き入れ、五月には二連木《にれんぎ》城(吉田城の東隣にある)の戸田主殿助《とだとのものすけ》や大塚城主の岩瀬家久も家康に帰順した。吉田城の大原資良《おおはらすけよし》と田原《たはら》城の朝比奈元智《もととも》(いずれも今川の部将)、牛久保城の牧野成定《まきのなりさだ》は今川方として守備につとめていたが、国衆の多くは家康に味方し、松平方の優勢は決定的となった。

三河の国衆たちを味方に引き入れながら、家康は軍勢を率いて自身遠江に赴き、飯尾連龍と対面している(永禄七年四月八日)。このあと家康は東三河の小坂井《こざかい》(豊川市)に陣を置き、吉田城や田原城などに圧力をかけた。遠江では飯尾連龍が鉾を収め、今川氏真も連龍を赦免した。氏真もなんとか内乱を収束させたわけだが、家康と比較すると内乱鎮定に手間取り、この「時間差」が東三河における両者の勝敗を決定づけた。永禄八年二〜三月にかけて、田原城と吉田城を守っていた今川の部将が城を渡して退去し、家康は両城を手に入れることに成功した。吉田城には重臣筆頭の酒井忠次が城代として入部し、田原城代には本多広孝《ほんだひろたか》が任命された。

永禄八年十二月、飯尾連龍が駿河に招かれて謀殺されるという事件が起きた（『家忠日記増補追加《いえただにっき》』）。翌年（永禄九年）四月に今川氏真が三浦与次《みうらよじ》にあてて出した判物に、「あなたの父の三浦正俊《まさとし》は、去年飯尾豊前守（連龍）を成敗した時に、身命を捨てて忠節を尽してくれた」と書かれていて、飯尾の「成敗」のさいに、三浦正俊が「身命を捨てて」奔走したことが確認できる。飯尾連龍の謀殺は、連龍個人をどこかに招いて暗殺するといったものではなく、三浦正俊ら今川近臣による襲撃と戦闘の結果だったことがうかがえる。「身命を捨てて」とあるので、三浦正俊がこの戦闘で落命した可能性も高いように思える。

永禄九年五月、牛久保城主の牧野成定が家康に帰順し、東三河における戦乱は収束した。家康は今川方との戦いを有利に進め、東三河の一帯を領国に加えることに成功したのである。この年の暮、家康は朝廷に奏請して姓を徳川に改め、三河守に任じられた。

2　織田信長と一色龍興

稲葉山城と小牧山城

美濃国を治めた戦国大名としてよく知られている斎藤道三（利政）は、美濃守護代斎藤氏の正嫡の子孫ではない。守護土岐家の家臣として台頭するなか、守護代斎藤家の名字をもらって斎藤利政と名乗ったのである。また、斎藤道三は一介の牢人《ろうにん》から身を立てて戦国大名にのしあがったといわれてきたが、牢人から立身したのは道三の父の長井《ながい》新左《しんざ》衛門《えもんの》尉《じょう》で、彼が美濃土岐家の重臣となり、その子の長井新九《しんく》郎規秀《ろうのりひで》（後の斎藤利政・道三）が力を伸ばして大名になったということがすでに立証されている。

道三の父の長井新左衛門尉は、もともと京都妙覚寺《みょうかくじ》（法華宗《ほっけしゅう》）の僧侶で、美濃に来て長井長弘《ながひろ》に仕え、「長井」の名字を与えられて長井新左衛門尉と名乗った。出世して土岐家の重臣となり、あとを継いだ子息の長井新九郎規秀も土岐家重臣として台頭し、「斎藤」の名字を得て斎藤利政と名乗った。天文十三年（一五四四）に土岐頼充と尾張織田氏の軍勢が稲葉《いなば》山《やま》城に迫った時、利政は敵を逆襲して勝利を収め、その名声を確かなものとした。その後、出家して斎藤道三と名乗り、尾張の織田信長と婚姻を通じて同盟関係を結んだ（道三の娘が信長に嫁ぐ）。道三はさらに守護の土岐頼芸を美濃から追放し、国主の座に登りつめる。

天文二十三年、嫡子の斎藤新九郎利尚《としひさ》（後の義龍）が政務を開始し、道三が後見するが、まもなく父子の間で対立が生じる。弘治元年（一五五五）十一月、利尚が決起して稲葉山城を押さえ、道三は山県《やまがた》郡の山中に退去した。翌年（弘治二年）四月、長良《ながら》川河畔で道三と利尚の決戦がなされて利尚が勝利を収め、道三は討死する。

斎藤利尚は美濃の国主として領国支配を始めるが、日《ひ》根《ね》野《の》弘就《ひろなり》・竹腰《たけごし》尚光《ひさみつ》・日《ひ》比《び》野《の》清実《きよざね》・長井《ながい》衛《もり》安《やす》・桑原《くわばら》直元《なおもと》・安藤《あんどう》守就《もりなり》という六人の重臣（六人衆）が政務を担い、大名としての支配体制は着実に整備された。利尚は高政《たかまさ》と改名するが、自らの家格上昇を果たすため、室町幕府の重鎮であった一色氏の家督を継ぐことを考案し、永禄二年（一五五九）八月、幕府に申請して一色を名乗ることを認められ、同時に将軍足利義輝《あしかがよしてる》から一字を拝領して実名を義龍と改めた。「斎藤高政」から「一色義龍」へとその名を変えたのである。当主の一色改姓と連動して、家臣たちもその名字を、日根野は延永《のぶなが》、竹腰は成吉《なりよし》、桑原は氏家《うじいえ》、安藤は伊賀《いが》にというようにそれぞれ改めた。延永・成吉・氏家・伊賀は、一色氏重臣の名字である。

斎藤道三は婿《むこ》にあたる織田信長の力量を評価していたようで、その後継者が同様の姿勢をとれば、美濃（斎藤氏）と尾張（織田氏）の間は円満だったはずだが、斎藤利尚（義龍）が道三を滅ぼしたことで、両者の関係は断ち切られた。尾張清須を居城とする織田信長は、永禄元年に岩倉の織田氏を破って、尾張のうち犬山地域を除く一帯を手中に収め、美濃への進出を本格的に企てることになる。

永禄四年五月、一色義龍が三三歳で死去し、子の龍興《たつおき》があとを継いだ。その直後、織田信長は軍勢を率いて西美濃に攻め入り、森部《もりべ》（岐阜県安八町）で一色軍に勝利、一色重臣の日比野清実と長井衛安（いずれも六人衆）はここで討死した。このあと信長は墨俣《すのまた》（岐阜県大垣市）に陣取り、一色の軍勢は十四条《じゅうしじょう》（岐阜県本巣市）に進んで、軽海《かるみ》のあたりで合戦がなされた。信長はすぐに帰陣し、翌年（永禄五年）二月には一色と織田の和睦が成立する。

こうして平和が訪れたが、犬山を押さえて尾張を統一し、美濃にも進出しようという信長の意図に変更はなく、永禄六年に信長は清須から小牧《こまき》山に居城を移した。『信長公記《しんちょうこうき》』によれば、信長ははじめ「二《に》の宮山《みややま》」に城を築きここに移ると宣言していたが、そのあと方針を変え小牧山を居城にしたという。「二の宮山」は大縣《おおあがた》神社（尾張二の宮）のあるところで、犬山のすぐ南にあたる。犬山の織田氏を攻略するため、至近距離に居城を置こうとしたが、結局は少し離れた小牧山に築城し、ここに移って犬山城と向かい合った。清須は尾張の政治・経済の中心地だが、犬山織田氏や美濃一色氏の動きに対抗するためには、より近いところにいる必要があると考え、信長は居城を移したのである。

永禄七年二月、美濃稲葉山城で一大事件が起きる。菩提《ぼだい》山《やま》城主の竹中重治《たけなかしげはる》（半兵衛《はんべえ》）が舅《しゅうと》の安藤守就とともに決起して城を占拠し、一色龍興と重臣の日根野弘就・竹腰尚光らが城外に逃げ出したのである。決起の理由は不明だが、竹中と安藤は八ヵ月にわたって城を押さえていたようで、十月になって一色龍興は城に戻り、竹中と安藤はそれぞれの居城に帰った。内紛はようやく収まったが、当主が城から逐われるというのは尋常ならざることで、一色氏の統治力のなさを内外に印象づける結果となった。

犬山落城

永禄八年七月、織田信長は犬山城の攻撃を本格的に進め、ついに城を陥落させる。犬山城と木曽川を隔てたところに、宇留摩《うるま》（鵜沼《うぬま》）城（岐阜県各務原市）と猿啄《さるばみ》城（岐阜県坂祝町）があり、一色氏の軍勢が守っていたが、その北に位置する加治田《かじた》城（岐阜県富加町）の佐藤《さとう》紀伊守《きいのかみ》・右近右衛門《うこんえもん》父子が信長に内通し、宇留摩城と猿啄城を北から圧迫する形勢になった。こうした状況のなか犬山城は陥落し、近くにあった瑞泉寺《ずいせんじ》も兵火によって焼失した。

犬山落城の時期については、甲斐恵林寺《えりんじ》にいた快川紹喜《かいせんじょうき》が八月五日に出した書状からうかがうことができる。七月二十五日に美濃の僧侶（八百津大仙寺の住持か《やおつだいせんじのじゅうじ》）が出した書状に対する返信で、「瑞泉寺の伽藍《がらん》が、犬山落城のため焼失したということで、痛恨の極みです」と書かれていて、これから七月二十五日以前に犬山城が陥落したことがわかるのである。犬山城に続き、美濃の金山城《かねやま》（岐阜県可児市）もまもなく織田軍の手に落ちる。

犬山落城によって、織田信長は尾張の平定を果たし、加治田城や金山城も織田方の拠点となった。信長は川を越えて美濃に入り、伊木山《いぎやま》に布陣して宇留摩城に圧力をかけた。宇留摩の城主は耐えきれずに城を進上し、織田軍は進んで猿啄城を攻めて、この城も手に入れた。金山・加治田から犬山にいたる一帯を、信長は制圧したのである。これに対抗するため、長井隼人正《はやとのかみ》（一色龍興の伯父）が加治田城に向かい、堂洞《どうぼら》（岐阜県関市）に砦を築いて城兵を配置した。九月の末、織田信長が出陣して堂洞砦を攻め、長井隼人正も救援にかけつけたが、織田軍は砦を猛攻して陥落させた。堂洞砦は織田軍に奪われたが、一色龍興は軍勢を率いて出陣し、長井隼人正も関口《せきぐち》を出て織田軍に迫った。こうして両軍の戦いがなされ、数で劣っていた織田軍は敗れて退却した。永禄九年四月にも織田信長は川を越えて美濃の加賀見野《かがみの》（各務野）に出陣したが、一色龍興がすぐに出兵したのを知り、その日のうちに帰陣している。

信長の勝利、龍興の逃亡

このように織田と一色の戦いがつづいていた時期、畿内では幕府の根幹を揺るがす事件が起き、信長も龍興もその影響をこうむることになる。

永禄八年五月、将軍足利義輝が三好長逸《みよしながやす》や松永久通《まつながひさみち》の率いる軍勢に攻められ討死し、義輝の弟で奈良興福寺一乗院《こうふくじいちじょういん》にいた覚慶《かくけい》（足利義秋《よしあき》）が近江に逃れて再起を図り、各地の大名に協力を呼びかけた。足利義秋が最も期待していたのは尾張の織田信長で、近臣の細川藤孝《ほそかわふじたか》が尾張に赴いて交渉にあたり、信長もこれに応じる姿勢をみせていた。ただ、信長が義秋を奉じて上洛するためには、美濃の一色龍興との戦いをやめてもらう必要があり、織田と一色の両者に対して和睦の要請がなされた。

しかし、信長には一色と和睦する意思はなく、義秋の命令を無視して美濃への出兵を強行した。永禄九年八月二十九日、信長は小牧山城を出て河野島《こうのしま》（各務原市）に進み、一色龍興は直ちに稲葉山城を出立して織田軍に立ち向かい、織田軍は退いて川の縁に布陣した。数日の対陣の後、織田軍は引き上げていった。

一色龍興や配下の家臣たちが迅速に行動して、織田の軍勢を撃退したわけだが、織田方の優勢という状況は変わらなかった。信長があてにならないと悟った足利義秋は、朝倉義景《あさくらよしかげ》を頼って越前に赴いた。この頃、一色龍興は義棟《よしむね》と改名している。父親と同じく「義」の字を拝領したわけで、「義」の字を与えたのが足利義秋か、三好一党に擁立された足利義栄《よしひで》かはわからないが、織田信長と対抗するためにも自身の地位を高める必要があると考えたのだろう（一色義棟はこのあと義紀《よしのり》と改名するが、煩雑なので以後も一色龍興と表記する）。

永禄十年八月一日、西美濃に本拠を持つ稲葉良通《いなばよしみち》・氏家卜全《ぼくぜん》（かつての桑原直元）・安藤守就が、信長の味方になると申し出た。これを知った信長はすぐに出陣し、稲葉山城の南にあたる瑞龍寺《ずいりょうじ》山に登り圧力をかけた。八月十五日、事態を打開できないと悟った一色龍興は、城から脱出し、長良川を伝って船で長島《ながしま》（三重県桑名市）に逃れた。稲葉山城はこうして織田軍の手に落ちたが、信長はここに留まることなく南に進み、龍興の逃れた長島に攻め入った。

連歌師《れんがし》の里村紹巴《さとむらじようは》の紀行文（『紹巴富士見道記《じようはふじみみちのき》』）から、織田軍の行動の一端をうかがうことができる。この時、紹巴は尾張にいて、伊勢の桑名《くわな》に船で行く予定だったが、織田信長が長島の「一向念仏坊主」成敗のために出陣しているというので、渡海をとりやめて大高城に入り、十八日の夜に長島方面をみてみると、おびただしい光が観察されたと記されていて、織田軍が長島に攻め込み放火を働いたことが確認できるのである。二十一日に紹巴は船に乗って伊勢の楠《くす》（三重県四日市市）に着くが、「尾張の軍勢が来るというので騒がしかった」と書きとめている。長島に放火した織田軍は、さらに進んで楠まで出てきたようである。

一色龍興を捕えることはできなかったが、信長は稲葉山城を手に入れ、美濃の大半を押さえることに成功した。そしてまもなく、信長は小牧山から稲葉山に居城を移し、城下の井口《いのくち》を「岐阜」、城を「岐阜城」と改めた。木曽川の北岸一帯を「岐陽《ぎよう》」と呼んでいたようなので、この「岐」と丘を意味する「阜」を用いて岐阜と命名したということだろう。

こうして信長は尾張・美濃二国の太守となり、その名声はとみに高まった。永禄十年十一月、正親《おおぎ》町《まち》天皇が信長に綸旨《りんじ》を遣わして、誠仁《さねひと》親王（天皇の子）の元服や御所修理のための費用献上と、御料《ごりよう》所《しよ》（皇室領）の回復のための尽力を依頼し、信長もこれに応じている。美濃の岐阜を拠点としながら信長は領国支配を進め、やがて天下に号令することになるのである。

3　徳川家康と武田信玄

今川と上杉、武田と徳川

駿河の今川氏は、遠江と三河を領国に加え尾張への進出を試みたが、桶狭間での敗戦と今川義元の討死によって勢力拡張の動きは止まり、あとを継いだ今川氏真は、その領国を守るため苦労を重ねることになった。遠江における国衆の反乱はなんとか押さえたものの、松平（徳川）家康との戦いは敗北に終わり、三河を失って今川領国は駿河・遠江の二ヵ国に縮小した。領国崩壊にはいたっていなかったが、これまで友好関係を保ってきた甲斐の武田信玄（晴信《はるのぶ》）との関係が微妙なものになってきており、これが氏真の大きな心配事だった。

図1-2　武田晴信像（高野山持明院所蔵，高野山霊宝館提供）

義元の娘が晴信の嫡男義信《よしのぶ》に嫁ぐというかたちで両家は姻戚となり、互いの関係を確保したうえで、今川は西に勢力を伸ばし、武田は北に向かって越後の長尾《ながお》景虎《かげとら》（後の上杉輝虎《うえすぎてるとら》・謙信《けんしん》）に向かい合っていた。北条氏康《ほうじょううじやす》も武田や今川と同盟を結んでいたので、今川義元は安心して西に進むことができたのである。ところが桶狭間で義元が討死して、今川の勢いにかげりがみえ始めると、武田信玄は駿河への勢力拡大を模索し始め、今川との関係を重んじる嫡子義信との間に亀裂が生じた。永禄八年（一五六五）十月、信玄の暗殺を企てたという理由で家臣の飯富虎昌《おぶとらまさ》が討たれ、義信は甲府《こうふ》の東光寺《とうこうじ》に幽閉された。

今川と武田の同盟関係はほころびかけていたが、こうした状況を察知した今川氏真は、武田と対峙していた越後の上杉輝虎とつながり、信玄の行動を牽制しようと考えるようになった。永禄十年になったころ、今川氏真は上杉輝虎にあてて何度か書状を出したが返答はなく、そのうち「輝虎が返書を出さないのは、氏真の書状の形式が無礼だと憤っているからだ」という情報がもたらされた。九月になって氏真は輝虎近臣の山吉豊守《やまよしとよもり》にあてて書状を書き、輝虎へのとりなしを依頼した。この書状は使者が届けたようだが、上杉輝虎も氏真の申し入れを受け入れ、駿府に使僧《しそう》を派遣した。喜んだ氏真は、十二月に輝虎あての書状を書き使僧に渡した。遠く離れた駿河と越後の大名の交流が、ここに開始されたのである。

三河岡崎を拠点とする徳川家康は、遠江西端の宇津山《うづやま》城（浜名湖《はまなこ》西岸）をすでに確保し、遠江への領国拡大を企図していた。武田信玄は駿河への勢力拡大を図っていたので、武田と徳川の利害は一致し、互いに連絡をとりあうようになる。永禄十一年二月、武田一門で重臣の武田（穴山《あなやま》）信君《のぶただ》が徳川重臣の酒井忠次にあてて書状を書いているが、その文面によると、まず武田から徳川に二名の使者が派遣され、酒井が仲介して家康が起請文《きしょうもん》（誓詞《せいし》）を書き、使者が甲府に戻ったあと、家康側が提出した「案文」のとおりに、信玄が血判《けつぱん》起請文を書いたという流れで、両者の同盟は結ばれたようである。武田と徳川はこうして結びつき、今川領国を東西から挟み撃ちにする準備は整ったのである。

今川と上杉の外交は、互いに使者を派遣するかたちで進められた。今川の使者となったのは遊雲斎《ゆううんさい》永順《えいじゅん》で、永禄十年の冬に越後に赴いた。今川と友好関係を築くことにした上杉輝虎は、上杉側からも使者を送ることにし、上杉の使者と遊雲斎永順が共に駿府に赴き、永順が輝虎の内意を氏真に伝えた。永禄十一年四月、今川重臣の朝比奈泰朝と三浦氏満《うじみつ》が、上杉重臣の直江景綱《なおえかげつな》・柿崎景家《かきざきかげいえ》にあてて書状を書いているが、その後段に「もし信玄が表裏したら、すぐにお知らせします」という一文がみえる。今川の使僧である遊雲斎永順も同時に直江・柿崎あてに書状を書いているが、ここにも「信玄の表裏は、まもなくのことと思います」という表現があり、今川側が信玄の「表裏」(裏切り)をすでに予測していたことがわかる。武田信玄がこれまでの友好関係を断って今川領国に攻め入ることが予想されるので、信濃に出兵して武田を北から牽制してほしいと、氏真は輝虎に要請し、輝虎もこれを受け入れていたようだが、まもなく信玄の「表裏」は現実のものとなり、氏真は苦境に陥るのである。

信玄と家康の侵攻

永禄十一年十二月六日、武田信玄は軍勢を率いて甲斐から駿河に攻め入り、由比《ゆい》の近くまで進んだ。これを知った今川氏真は駿府を出て、興津《おきつ》の清見寺《せいけんじ》に布陣したが、家臣の離反もあって駿府に退き、十三日には駿府を捨てて西に逃れ、朝比奈泰朝の居城である遠江懸川城に入った。武田軍は駿府の街に火を放ち、信玄は久能山《くのうざん》に陣を進めた。氏真は遠江に退去したが、今川の家臣たちは駿河西部の城に籠って武田軍と向かい合った。伊久美《いくみ》山(静岡県島田市）に由比・浅原《あさはら》・斎藤、花沢城《はなざわ》（静岡県焼津市）に大原資良・三浦右衛門佐《うえもんのすけ》父子、藤枝城《ふじえだ》（徳一色《とくのいっしき》城、藤枝市）に長谷川《はせがわ》次郎左衛門尉《じろうざえもんのじょう》が入って抵抗したと伝えられている（『家忠日記増補追加』）。

武田軍は駿府を手に入れ、遠江に向かって進んだが、そうこうしているうちに、相模小田原《おだわら》に本拠を持つ北条氏（氏康・氏政《うじまさ》父子）の軍勢が東から駿河に攻め入って、富士川西岸の蒲原城《かんばら》（静岡市清水区）を押さえ、武田軍は北条軍と向き合わざるを得なくなった。今川氏真の正室は北条氏康の娘で、北条と今川とは強固な同盟関係にあったので、武田信玄の駿河侵攻（今川氏との戦い）は、北条にとってみれば許しがたいことだった。「今川が上杉と通じていることがわかったので、こういう行動をとったのだ」と信玄は弁明していたようだが、北条氏康はこれを聞き入れず武田との戦いを開始し、軍勢を駿河東部に進駐させたのである。さらに氏康は武田との戦いを有利に進めるため、争いをつづけてきた越後の上杉輝虎との提携を模索して使者を派遣、輝虎もこれを受け入れて、北条と上杉の同盟交渉が開始されることになる。

武田軍の駿河侵攻に呼応して、徳川家康も西から遠江に攻め入った。三河・遠江の国境地域にいた菅沼二郎右衛門《じろうえもん》（忠久《ただひさ》）・近藤石見守《こんどういわみのかみ》（康用《やすもち》）・鈴木三郎大夫《すずきさぶろうだゆう》（重時《しげとき》）が徳川軍を案内して、「井伊谷筋」から遠江の中心部に攻め入ったようで、十二月十八日に家康は引間（浜松）に進んでいる。

十二月二十三日、武田信玄は徳川家康にあてて書状を書いているが、「遠州に罷《まか》り出るべきところだが、駿河の諸士の仕置きを申し付けていて延引している。三日のうちには越山したい。早く懸川に出陣していただき、面談ができれば大慶です」とそこにはみえ、駿河を制圧したあと遠江に攻め入るというのが、信玄の当初の計画だったことがうかがえる。駿河の仕置きに手間取っていてそれが叶わないので、懸川城の攻撃は徳川軍のほうで進めてほしいと、家康に要請しているのである。東から攻めてきた北条軍との戦いが当面の課題になってしまい、今川氏真の籠る懸川城の攻撃は徳川軍に委ねざるを得なくなったのである。

懸川開城

武田信玄は駿河から遠江に進むつもりだったようだが、三河から遠江に入った徳川家康は、遠江全体を掌握することを目指していたので、武田と徳川の思惑は完全に一致していたわけではなかった。徳川軍が遠江に入った同じ時期に、秋山伯耆守《あきやまほうきのかみ》（虎繁《とらしげ》）の率いる武田の軍勢が信濃から遠江に攻め入り、見付《みつけ》（磐田市）の近くまで進んできた。家康が引間から見付に移り、ここを拠点としたので、武田軍の動きも止まったようだが、「遠江攻略は自分の担当」と思っていた家康にとってみれば、秋山ら武田軍の行動は許容できないものだった。家康は早速信玄のもとに使者を遣わして、秋山らの行動を非難した。永禄十二年一月八日、信玄は家康にあてて書状を書いて謝罪し、「秋山や下伊那《しもいな》衆（信濃下伊那郡の武士たち）には、すぐにこちら（駿河の陣中）に移るよう命じる」と約束している。

徳川家康は永禄十一年の暮に懸川城の周囲に砦を築き、翌年（永禄十二年）一月には天王《てんのう》山に布陣して、城の攻撃を開始した。しかし、朝比奈泰朝をはじめとする城兵も応戦につとめ、早期の攻略は見込めなくなった。三月五日、徳川勢は大挙して城を攻めたが、今川の軍勢は城から出て奮戦し、敵をくいとめた。この時、松平伊忠（三河深溝城主）の従士の石原十助《いしはらじゅうすけ》が見事な弓さばきで城兵を射倒し、その手腕に感動した朝比奈泰朝と三浦監物《けんもつ》が、戦いのあと、その矢を団扇に載せて松平伊忠のもとに送り届けたという（『家忠日記増補追加』）。戦いは劇烈だっただろうが、個々の兵士の行動に注目する余裕を城将も持っており、互いに鉾を収めたあとは、こうした優雅なやりとりもなされていたのである。

徳川家康が懸川城を囲んでいた時期、武田信玄は北条氏の軍勢と向き合い、戦いを交えていた。北条軍は駿河の蒲原城まで進み、二月の末には興津城や薩埵《さった》山に攻め込んで武田軍と戦った。武田信玄は敵の進軍を押し止め、北条軍は退却したが、蒲原城から東の一帯は北条に押さえられてしまい、当初の目的（駿河全土の制圧）を達成できないまま、四月の末に信玄は駿河を退去し甲府に帰った。このように信玄は苦戦していたが、こうした状況を察知してか、徳川家康は武田と断交する姿勢を固め、武田と対峙していた越後の上杉輝虎との提携を模索し始める。輝虎も家康の動きを察していたようで、自分のほうから使者を派遣して、遠江の様子を尋ねた。二月十八日、家康は輝虎近臣の河田長親《かわだながちか》にあてて書状を書き、「私は遠州に出馬しましたが、思っていたよりたやすく遠州の諸士を降参させることができ、懸川城だけが敵対しています。この城に今川氏真が籠っていますが、詰め寄って在陣しているので、まもなく落居するでしょう」と、自身の行動と遠江の状況を伝えている。遠く離れた徳川と上杉の外交交渉が、こうして開始されたのである。

遠江の国衆たちの多くは徳川家康に服属し、今川氏真の籠る懸川城と、大沢基胤《おおさわもとたね》らが守る堀江《ほりえ》城（浜名湖に面する舘山寺《かんざんじ》に所在）だけが抵抗しているという状況になった。家康は懸川城を包囲しつづけていたが、武田信玄との断交が確実となるなか、今川氏真と和睦して、武田と対決している北条とつながるほうが得策だと考えるようになった。もともと家康は駿府で成長し、四歳年長の今川氏真とは旧知の仲だったし、鉾を交えることになったのも時勢の流れによるもので、個人的な遺恨はなかったから、うまく交渉して和睦に持ち込み、氏真には懸川城を退去してもらおうと考えたのである。一方の堀江城においても城方と徳川軍のにらみ合いがつづいており、堀川城《ほりかわ》（浜松市北区）に籠っていた兵士や百姓たちが徳川軍によって討ち取られる事件も起きたが、堀江城を力攻めにすることもできず、ここでも和睦交渉が進められた。四月になると堀江城をめぐる和睦が成立、大沢基胤らの城将が帰順し、そのまま城に残ることを認められた。そして五月六日、家康と氏真の和睦交渉がまとまり、氏真は懸川城を出て船に乗り、北条氏のもとに赴いた。こうして家康は懸川城を手に入れ、遠江のほとんどを領国に加えることに成功する。

武田信玄と徳川家康は、連携をとりながら今川領国に攻め入ったが、その結果は明暗の分かれるものとなった。駿河一国を押さえ、遠江にも入ろうと信玄は考えていたようだが、北条氏の反発に直面して苦境に陥り、駿府とその周辺を押さえただけの状況で帰国せざるを得なくなった。一方の徳川家康は、遠江の国衆を配下に収め、今川氏真と和睦することによって、遠江一国をほぼ手中に収めることに成功したのである。

信玄の駿河制圧

永禄十二年四月末に甲府に帰った武田信玄は、六月になってまた駿河に攻め入った。武田軍は伊豆の北条まで進んで北条軍と戦い、駿河に戻って富士《ふじ》郡の大宮《おおみや》城

（富士宮市）を攻めた。七月のはじめ、大宮城主の富士信忠《ふじのぶただ》が降伏して城を明け渡し、信玄は駿河東部の拠点を確保することに成功する。その後、信玄はいったん甲府に戻り、八月下旬に甲府を出て西上野に出陣、九月には武蔵に入って御嶽《みたけ》城や鉢形《はちがた》城を攻め、十月一日には北条氏の本拠である相模の小田原城を包囲した。これは明確な示威行為で、城を陥落させるつもりもなかったので、数日後に信玄は撤退し、あとを追ってきた北条軍と三増《みませ》峠で戦って勝利を収めた。

上野・武蔵・相模と広がる北条領国の奥深く攻め入って、武田軍の力をみせつけた信玄は、駿河への本格的出兵を企て、勝利を神仏に祈願した。十一月九日の願文（起請文）には、「駿河に出陣して蒲原城と興国寺《こうこくじ》城を手に入れ、駿河一国を静謐《せいひつ》にしたい」「駿河と伊豆の両国をわがものとしたい」という信玄の念願が明記されている。まもなく武田軍は駿河に攻め入り、十二月六日には蒲原城を陥落させた。武田勝頼（信玄の四男）と武田信豊《のぶとよ》（信玄の甥）が無謀にも城に攻め込んだので、信玄も心配していたが、結果的には勝利を収め、城主の北条氏信《うじのぶ》はじめ多くの部将が討死した。蒲原城は海に近い枢要の地で、ここを押さえることにより、信玄は富士川流域とその近辺を掌握することに成功したのである。

年明けて永禄十三年（元亀元年）、武田と北条の戦いはつづいていたが、武田の優勢は動かしがたく、五月には駿河の吉原《よしわら》（静岡県富士市）や沼津《ぬまづ》（静岡県沼津市）で戦いが展開され、八月には武田軍が伊豆の韮山《にらやま》まで攻め入った。徳川家康は遠江の見付にいたが、見付ではなく引間（浜松）を居城とすることに決め、六月に引間の古城（飯尾氏の居城）に移り、近くの丘に新たに城を築いて、九月にはこの「本城」に居を移した（『当代記《とうだいき》』）。この城は「浜松城」と呼ばれ、これから一六年の間、家康は浜松を居城として領国の統治を進めた。見付ではなく引間を居城とした理由は定かでないが、引間が宿場として栄えていたという経済的事情や、三河の吉田《よしだ》（豊橋市）や岡崎ともあまり遠くなく、連絡がとりやすいという地理的条件を考えた結果の選択だったのではないかと思われる。家康は本拠の岡崎に住みつづけるのではなく、遠江の浜松を新たな居城としたわけだが、敵対する武田信玄との戦いに対応できるよう、前面に出てきて居を据えたということだろう。越後の上杉輝虎との交渉も進められ、十月八日に家康は輝虎にあてて起請文を書き、「武田信玄と断交する方針に変わりはない」と誓約している。上杉と徳川の同盟は確固たるものとなったのである。

駿河における武田軍の攻勢はつづき、元亀二年（一五七一）一月には深沢《ふかさわ》城（静岡県御殿場市）が窮地に陥った。北条氏政は救援のため小田原から出陣したが、武田軍は金掘《かねほ》り（金山で採掘にあたっている人たち）を動員して本城の外張《とばり》まで掘り崩したので、城主の北条綱成《つなしげ》はこらえきれず城から退去した。信玄は深沢城を手に入れ、北条氏は駿河における拠点をすべて失った。戦いは武田の勝利に終わり、信玄はついに駿河平定を成し遂げたのである。武田の力をみせつけられた北条氏の側も、上杉と結んで武田と戦うより、もとのように武田と同盟するほうが得策だと考えるようになっていく。十月に北条氏康が死去すると、北条氏政は武田信玄に和睦を申し入れ、十二月には北条と武田の和議が成立した。信玄の駿河侵攻以来、北条は武田との戦いをつづけたが、三年後には同盟が結ばれ、両者の関係はもとに戻ったのである。

複雑な経緯はあったものの、今川氏の領国は解体、駿河は武田信玄、遠江は徳川家康の領国に組み入れられ、武田と徳川は対立しあう関係になった。この頃、朝倉・浅井《あざい》

信玄と家康の戦い

岐阜城主の織田信長が、将軍足利義昭《よしあき》（義秋の改名）のもとで中央の政治に関わりつつ、朝倉・浅井氏や本願寺との戦いをつづけていたが、信玄も家康も信長とは友好関係にあった。家康は早くから信長と同盟していたが、信玄と信長の間も円満で、使者を派遣して情報を交換しあう関係だった。

元亀三年一月、武田信玄は信長近臣の武井夕庵《たけいせきあん》にあてて書状を書き、「遠江や三河からあらぬ噂が流れているようだが、たとえ扶桑《ふそう》国の過半を手に入れたとしても、信長と疎遠になることはない」と、織田との関係を絶つことはないと約束している。北条と武田が和睦したことで脅威を感じた家康が、「強大になった信玄は織田と戦うつもりだろう」といった噂を流したのかもしれないが、これを知った信玄は「こうした虚説に惑わされず自分を信じてほしい」と信長に訴えかけたのである。

しかしこれから半年の後、信玄は信長との友好関係を断ち切り、遠江に攻め込むことになる。朝倉・浅井や本願寺に包囲されて信長は危うい状況にあり、将軍足利義昭も信長討伐を志して信玄に支援を求めた。そして、信長に勢いはないという情報を信じた信玄が、方針転換を決意したということだろう。ただ、信玄が信長と敵対することになった最大の要因は、徳川家康との敵対関係ではないかとも思える。信玄からみれば家康は「裏切り者」で、許すことのできない存在だった。信長との関係も大事だが、信長とつながっている家康は討伐しなければならない。そう考えていた信玄は、結局信長と断交して遠江に出陣したのである。

十月二十一日、奥三河の奥平道紋《どうもん》（定勝《さだかつ》）にあてて信玄は書状を書き、近日中に天竜川を越えて浜松に向かうと伝え、「三ヵ年の鬱憤をここで散らすつもりだ」と、その思いを吐露している。奥三河の奥平氏や菅沼氏、東美濃岩村《いわむら》（岐阜県恵那市）の遠山《とおやま》氏も武田に味方し、家康は窮地に陥った。十一月の末、武田軍が二俣《ふたまた》城を包囲し、水の手（水脈）を断ち切るという方法で城兵を苦しめた。やがて二俣城は武田の手に落ち、軍勢は西に進んでゆく。十二月二十二日、徳川家康は軍勢を率いて浜松城を出、三方原で武田軍に挑んだが、戦い敗れて居城に逃げ戻った。年明けて元亀四年（天正元年、一五七三）二月、武田軍は三河に入って野田城（新城市）を手に入れ、ここに布陣した。そのまま西に進んで岡崎に向かうかと思われたが、二月十七日、武田の軍勢は野田から退去し信濃に向かって帰っていった。

武田軍の退去によって徳川家康は窮地を脱した。武田信玄はすでに重い病に冒されていて、甲府に帰る途中、四月十二日に信濃伊那《いな》郡で死去した。四男の武田勝頼があとを継いだが、信玄の死去は秘匿され、信玄の名による文書もしばらくの間発給されつづけた。しかし、あれほど勢いのあった武田軍の行動が止まったのは不自然で、家康や地域の武士たちも信玄の死去を確信するにいたった。家康はすぐさま奥三河の長篠城に攻撃をしかけ、ここで徳川軍と武田軍のにらみ合いがつづいた。奥三河の国衆である奥平定能（道紋の子）は、状況を察知して徳川方に寝返り、九月には長篠城が徳川軍の手に落ちた。信玄の死去に乗じて家康は奥三河の拠点を確保したわけだが、長篠を失ったことは、武田勝頼にとっては大きな痛手だった。そしてこうした状況を挽回すべく、やがて勝頼も積極的行動に出るのである。

4　織田信長と長島門徒

織田軍の伊勢侵攻

永禄十年（一五六七）八月、美濃稲葉山城を手に入れた織田信長は、一色龍興が逃げ込んだ長島（桑名市）に攻め入って火を放ち、軍勢は楠（四日市市）のあたりまで進軍した。信長の最初の伊勢侵攻だが、この時は一時的なもので、まもなく帰陣している。年明けて永禄十一年二月、信長は本格的な伊勢出兵を実行し、北伊勢の国衆である神戸《かんべ》具盛《とももり》と長野具《とも》藤《ふじ》を屈服させ、三男の三七《さんしち》（後の織田信孝《のぶたか》）を神戸家、弟の織田信良《のぶよし》（後の信包《のぶかね》）を長野家の養子として送り込んだ。神戸氏は鈴鹿《すずか》郡神戸《かんべ》（三重県鈴鹿市）、長野氏は安濃《あの》郡長野《ながの》（津市）を本拠とする伝統的豪族で、両家の服属によって伊勢の北部一帯（桑名・員弁《いなべ》・朝明《あさけ》・三重《みえ》・河曲《かわわ》・鈴鹿・庵芸《あんき》・安濃の八郡）は織田信長の領国に組み入れられた。

この年の七月、越前にいた足利義昭が、織田信長を頼って美濃に赴き、立政寺《りゅうしょうじ》（岐阜市）で信長は義昭と対面した。かつて信長は義昭を支援する約束をしながら、これを破棄して美濃一色氏との戦いをつづけたという経緯があったが、一色が滅亡した今となっては、義昭を援助することに支障はなかったし、義昭のほうも朝倉より織田のほうが頼りになると感じて、こうした行動に踏み切った、ということらしい。九月七日に信長は軍勢を率いて岐阜を出発、近江に進んで観音寺《かんのんじ》城を乗っ取り、月末には京都に入って、あとからきた足利義昭を迎え入れた。十月に義昭は征夷大将軍に任じられ、信長が義昭を補佐しながら中央政治を主導する時代が始まった。ただ、信長は京都に移住したわけではなく、自身は岐阜城にいて、家臣たちを京都に派遣して統治にあたらせるというかたちをとった。

近江と京都を押さえた織田信長は、永禄十二年八月、軍勢を率いて伊勢の中部に攻め入った。信長は木造《こつくり》（三重県松阪市）に布陣し、木下《きのした》秀吉らの家臣が阿坂《あざか》城を攻め落とす。信長はさらに進んで、北畠具教《きたばたけとものり》・具房《ともふさ》父子の籠る大河内《おおこうち》城（松阪市）を攻撃した。北畠氏は一志《いちし》郡の多気《たき》（津市）を本拠としながら、長年にわたって独立の地域領主として盤踞していた名族であるが、ここにいたって大軍の来襲をうけることになったのである。多気の館も焼き払われ、抵抗できないと悟った具教父子は、ついに信長に降伏、十月四日、大河内城を織田軍に明け渡し、具教は笠木《かさぎ》城（三重県多気町）、具房は坂内《さかない》城（松阪市）に退去した。

北畠具教・具房父子の降伏にさいして、信長次男の茶筅丸《ちゃせんまる》（後の織田信雄）を具房の養子とすることが決まり、茶筅丸は大河内城に入り、やがて北畠具豊《ともとよ》と名乗った。北畠父子の屈服によって、一志郡と飯高《いいたか》郡も織田氏の支配下に属し、神宮管下の南部（飯野《いいの》・多気・度会《わたらい》の三郡）を除く伊勢北部・中部一帯が織田の領国となったのである。大河内城に茶筅丸（北畠具豊）を入れ、安濃津《あのつ》（津市）や木造は滝川一益《たきがわかずます》が押さえ、上野《うえの》城（津市）は織田信良が守るというかたちで、信長の伊勢支配は進められていく。

岐阜城下の繁栄

織田信長ははじめ尾張の那古野城にいて、その後清須・小牧と居城を変え、美濃の稲葉山城を手に入れると、岐阜城と名を改め、小牧からここに移った。家臣たちの多くは信長の居城に屋敷を構えており、信長が岐阜に移ると、家臣たちもこれにしたがって移り住み、岐阜の城下には家臣たちの屋敷が立ち並ぶことになった。さらに信長が京都を押さえ、中央政治を主導するようになると、京都の公家や畿内の町人たちが岐阜を訪れ、ここに滞在した。いわゆる「天下人」の居城となった岐阜には多くの人が集まり、町は活気づいた。

この当時の岐阜のようすについては、京都の公家の一人、山科言継《やましなときつぐ》が書きのこした日記（『言継卿記《ときつぐきょうき》』）から具体的にうかがうことができる。言継は何度か岐阜にきているが、最初の記事は永禄十二年七〜八月にかけてのものである。岐阜に着いた言継は、「塩屋《しおや》伝内《でんない》」の家を宿に決め、信長近臣の武井夕庵に連絡をとり、信長へのとりなしを依頼した。信長は山上の城にいたが、二日後に下山したので、「麓の屋敷」で対面することができた。

岐阜にいる間、信長の兄の織田信広《のぶひろ》、姉の「かぎ屋の御所」、家臣の坂井《さかい》文助《ぶんすけ》（利貞《としさだ》）などが言継のもとを訪れた。宿泊していた塩屋伝内の家は京都からきた場合の入口にあり、信長の屋敷からは遠かったので、言継は信長屋敷のそばにある風呂屋与五郎《ふろやよごろう》の家に移ることにした。七月十五日は盂蘭盆《うらぼん》で、おびただしい灯籠《とうろう》に驚いたが、あまりに人が多いので見物に行くのはやめにした。八月一日、言継は「城を見物するように」と信長にいわれ、七曲がりの坂を越えて山に登った。堺《さかい》の今井宗久《いまいそうきゅう》や、武井夕庵・松井《まつい》有閑《ゆうかん》なども同道し、晩餐ののち城中を見物し、「嶮難《けんなん》の風景」に目を見張った。

十一月にも言継は岐阜を訪れ、同じく風呂屋を宿所にし、坂井文助や島田秀満《しまだひでみつ》・松井有閑らと交流している。二年後の元亀二年（一五七一）十二月に岐阜にきた時には、武井夕庵・坂井文助や村井貞勝《むらいさだかつ》らと交わり、細川藤孝や明智光秀《あけちみつひで》も岐阜にいたことが日記にみえる。

信長の重臣たちは岐阜にいることが多く、京都や堺からの来訪者もいて、塩屋や風呂屋などを経営する人々が彼らの宿を提供していた。信長は山上の城にいたが、城下にも屋敷があり、山上と城下を往来しながら生活していた。町の人たちも元気で、灯籠見物にたくさんの人が押しかけるといったことも起きていたのである。

長島門徒の蜂起

永禄十三年（元亀元年）の春、織田信長は上洛するが、この時、各地の大名たちにも京都に上るよう命じている。北畠具教・徳川家康・姉小路嗣頼《あねこうじつぐより》も上洛したが、北畠具教は北伊勢の侍衆《さむらいしゅ》、徳川家康は三河・遠江の侍衆、姉小路嗣頼は飛驒の国衆たちをしたがえていた。姉小路嗣頼（はじめ良頼《よしより》）は飛驒の三木《みつき》氏の出身で、飛驒一国をまとめあげ、姉小路家の継承を認められた人物だが、織田信長とも関係を築き、命令にしたがい上洛したのである。

将軍足利義昭と織田信長が中央政治を司っていることを、大名たちにも知らせるために、上洛命令を出したものと思われるが、越前の朝倉義景はこれにしたがわず、討伐の対象となる。四月下旬、信長は朝倉討伐のため出陣し、越前敦賀《つるが》にいたるが、ここで浅井長政《ながまさ》（北近江を領する大名）の離反にあう。信長は朝倉・浅井の両者を敵に回し、苦境に陥るが、徳川家康の支援も得て、六月末に姉川《あねがわ》で朝倉・浅井の軍勢を破り、形勢をなんとか立て直した。

信長は義昭を奉じて天下をまとめようと企図していたが、浅井の離反によって挫折を余儀なくされ、信長に対決する姿勢をみせる勢力が増えていった。その最大のものが、摂津大坂に拠点を持つ本願寺である。九月七日、本願寺坊官《ぼうかん》の下間与四郎《しもつまよしろう》と、伊勢の門徒《もんと》の楠七郎左衛門尉《くすしちろうざえもんのじょう》が、伊勢員弁郡の西願《さいがん》御坊《ごぼう》にあてて連署状を出し、信長が本願寺に押し寄せるという情報があるので、桑名や長島の門徒に加勢するよう命じてほしいと頼んでいるが、この文書のなかに、信長は「仏敵」だという表現がみえる。仏法興隆を脅かす「仏敵」を滅ぼすために決起してほしいと、本願寺（門主《もんしゅ》の顕如《けんにょ》）は各地の門徒に呼びかけたのである。

門主の求めに応じて、長島の門徒たち（一向一揆《いっこういっき》）が決起する。長島の北の小木江《こきえ》城（愛知県愛西市）に織田信興《のぶおき》（信長の弟）がいたが、長島の門徒たちが城に攻め込み、城主の信興は天主に上って切腹してしまう。十一月二十一日のことだった。弟を殺された信長は、さすがに怒って、翌年（元亀二年）五月、長島に攻撃をしかけた。信長は尾張の津島（愛知県津島市）に陣取り、家臣たちが長島に乗り込んで所々に火を放ち、帰ろうとしたところ、長島の門徒たちに襲撃され、柴田《しばた》勝家《かついえ》が負傷、氏家卜全（桑原直元）は討死してしまう。

長島に攻め入ったものの、門徒たちの反撃に直面し、手痛い敗北を喫した信長は、長島周辺に潜伏している一揆衆の捜索を家臣たちに命じた。敵に加担する人が増えないよう、一揆衆をみつけたらすぐに斬首するよう指示したのである。猪子兵助《いのこひょうすけ》（高就《たかなり》）は美濃の大田《おおた》（岐阜県海津市）に赴いて一揆の者を殺害し、首を三つ信長のもとに届けた。信長は猪子に朱印状《しゅいんじょう》を遣わして、炎天下にもかかわらず奔走した労苦をねぎらい、「いよいよがんばって、悪逆の輩を討ち果たしてほしい」と頼んでいる。

長島門徒の壊滅

天台宗の総本山である比叡山延暦寺《ひえいざんえんりやくじ》も、本願寺と同様、浅井・朝倉と通じて信長と対立したが、元亀二年九月、信長は比叡山に攻め入って堂舎を焼き、多くの人々を殺害した。この後も信長と敵対勢力のにらみ合いがつづくが、元亀四年（天正元年）になると情勢が大きく変わる。将軍足利義昭が信長との協調路線を一転して対決姿勢をみせ、武田信玄が義昭の要請をうけて三河に攻め入り、朝倉・浅井側の勝利は目前のようにみえたが、武田軍の動きが止まったことで情勢は一変した。信長に対抗して決起した足利義昭は、結局降伏して河内若江《わかえ》城に退去し、信長は勢いにまかせて朝倉義景と浅井長政を滅ぼした。

宿敵を滅ぼした信長は、まもなく伊勢に向かって出陣する。九月二十四日に出陣した信長は、美濃の大田城に陣取り、家臣たちは桑名方面に出て、西別所《にしべっしょ》（桑名市）に籠っていた一揆勢を攻め破り、近隣にある坂井《さかい》城と深谷部《ふかやべ》城も手に入れた。十月八日に信長が東別所に布陣すると、近辺の土豪たちがみな服属してきた。長島の門徒を孤立させるために、信長はその西南部（桑名の西にあたる）に攻め入り、一帯を押さえることに成功したのである。

この戦いにさいして、桑名は織田方の拠点となり、各地の船がここに集められた。伊勢の大湊《おおみなと》（三重県伊勢市）からも船が出ていたが、このうちの何艘かが、無断で大湊に帰ってしまうという事件が起きる。一〇日分の賃銭をもらっていたので、一〇日が過ぎたから帰ったということだったようだが、桑名に出陣していた北畠具教が激怒し、北畠具房は大湊中に、「桑名浦で九鬼《くき》と相談し、御方様（具教）の陣所に行って謝罪するように」と指示している。この「九鬼」は志摩の九鬼嘉隆《よしたか》で、彼が水軍を率いて桑名に出ていたことが、具房の書状から確認できる。

いた。

桑名の西部を押さえた信長は、矢田《やだ》城（桑名市）に滝川一益を配置して、十月二十五日に帰途についた。長島の門徒たちは、織田軍が帰るところを待ち伏せして攻撃をしかけ、大きな損害を与えた。

年明けて天正二年（一五七四）七月、信長は岐阜を出て五明《ごみよう》（愛知県弥富市）に布陣、尾張や伊勢の海岸部一帯からたくさんの船が集められた。北畠具豊（信長の次男）は伊勢の侍衆を率いて参陣し、九鬼嘉隆も巨大な「安宅船《あたけぶね》」を送りこんだ。門徒たちは長島・篠橋《しのはし》・大鳥居《おおどりい》・屋長島《やながしま》・中江《なかえ》の五ヵ所に籠ったが、織田軍は篠橋と大鳥居を攻撃し、八月に両城は陥落した。長島にいた門徒たちも力尽き、九月船に乗って城を出てきたところを攻められて壊滅し、中江と屋長島にいた人々は焼き殺された。九月二十九日のことである。

長島門徒の精神的支柱だった願証寺《がんしようじ》の院家《いんげ》（住持）は、下間父子らとともに船に隠れていたところを捕えられ、信長の目の前で斬首された。一揆を討ち果たした信長は、ある人にあてた書状のなかで「一揆を退治したのは、信長一人のためではない。天下のためなのだから、万事をなげうって軍勢を入れ、このようにしたのだ。これで気が晴れた」と、自身の気持ちを吐露している。願証寺や門徒たちも、かなわないと悟って降伏を申し入れていたようだが、信長はこれを受け入れず、彼らを「根切り」にすると宣言していた。信仰をよりどころにしながら挑戦をつづける門徒たち（一向一揆）は、最も恐ろしい存在であり、根絶やしにしなければならないと信長は考えていたのである。

5　信長・家康と武田勝頼

武田勝頼の進撃

天正元年（一五七三）九月、三河長篠城が徳川軍に奪い取られ、武田勝頼は三河における拠点の一つを失った。これは痛恨事だったが、勝頼はひるむことなく、勢力拡大のため積極的行動に打って出た。天正二年一月末、勝頼は東美濃の岩村城に向かって出陣し、明智城を取り巻いた。しらせを聞いた織田信長は、二月五日に岐阜を出発し、高野《こうの》（岐阜県瑞浪市）まで進んだが、岩村城のなかで離反者が出て、城は武田軍に奪われてしまう。武田勝頼は岩村城を手に入れて東美濃に拠点をつくり、信長は高野城に河尻秀隆《かわじりひでたか》、小里《おり》城（瑞浪市）に池田恒興《つねおき》を置いて武田軍に備え、自身は岐阜に帰陣した。

甲府に戻った武田勝頼は、五月には遠江に出陣し、高天神《たかてんじん》城（静岡県掛川市）を攻めた。高天神城は東遠江一帯を遠望できる名城で、小笠原《おがさわら》氏が城主として警備にあたっていたが、武田の大軍に囲まれて窮地に陥ったのである。徳川家康は岐阜の織田信長に援軍派遣を求め、信長は、六月十四日に岐阜を出発、三河の吉田（豊橋市）に進んだ。六月十九日、信長は吉田を出て遠江に入り、浜名湖西岸の今切《いまぎれ》の渡し（静岡県湖西市）まで進むが、小笠原氏助《うじすけ》が武田に降伏して、武田軍が高天神城を押さえてしまったという知らせが届く。

小笠原氏助は早くから降伏を申し出ており、これが認められて、武田軍が城を押さえることになったのである。『信長公記』には「小笠原与八郎《よはちろう》（氏助）が逆心して、小笠原の惣領《そうりょう》を追い出し、武田四郎（勝頼）を引き入れた」と書かれているので、城主の小笠原（惣領）は徳川方だったが、一門の氏助が武田と通じたということかもしれない。真相は定かでないが、武田勝頼は遠江の東部に大きな足掛かりをつくり、一方の家康は、自らの領国であるはずの遠江のなかに、敵対する武田の拠点を築かれて、これから苦労を重ねることになるのである。

信長・家康の勝利

遠江東部に足掛かりをつくった武田勝頼は、天正三年四月、徳川家康の本拠を襲うべく、三河侵攻を決行する。山県昌景《やまがたまさかげ》が率いる武田の先鋒隊は、信濃から三河に入って足助《あすけ》城（愛知県豊田市）を攻め、城主を降伏させて城を手に入れた。そのまま岡崎に進む可能性もあったようだが、これはとりやめて東三河に進軍、野田城（新城市）を攻略し、吉田城に迫った。この頃には武田勝頼も三河にいたが、徳川家康は浜松を出て吉田城に籠り、徳川軍は吉田城東隣の二連木城に出て武田軍と戦った。武田軍は戦いに勝利して吉田城に迫り、家康は自ら城を出て敵と向き合った。武田の大軍を撃破することはできず、家康は城に戻るが、大軍が籠っている吉田城を簡単に攻略することはできないと悟った勝頼は、兵を引いて北に進み、長篠城を包囲した。二年前に徳川に奪われた城を取り戻そうとしたのである。

窮地に立った家康は、岐阜の信長に救援を依頼した。五月十三日、信長は岐阜を出発、翌日には岡崎に着き、さらに進んで牛久保（豊川市）に布陣した。信長と家康は東に進軍、武田勝頼も軍勢を率いて西に向かい、新城と長篠の間の一帯を舞台として、両軍の決戦がなされることになる。五月二十一日の朝に戦いは始まり、織田・徳川の連合軍が勝利を収めて、武田軍は敗北、山県昌景ら多くの部将がここで討死した。

戦いに勝利した織田信長は、その日のうちに長岡《ながおか》（細川）藤孝にあてて書状を出し、戦勝を伝えた。五日後の二十六日、信長はまた藤孝に書状を書いて、合戦のありさまを詳しく述べているが、「近年の鬱憤を散らした」と、その心情を吐露し、「京都や近江・越前のことで、自分が困っていた時（足利義昭と朝倉・浅井が結んで信長を苦しめた時期）に、信玄入道が表裏を構え、重恩を忘れ、ほしいままの働きをした。四郎（勝頼）も同じことだ」と、武田信玄と勝頼に対する恨みを書き連ねている。もともと友好関係を築いていたはずの武田信玄に裏切られたというのは、信長にしてみれば許しがたいことだったのである。

図1-3　長篠城跡（新城市提供）

織田信長はまもなく岐阜に帰るが、織田信忠《のぶただ》と佐久間信盛《さくまのぶもり》は三河に残り、奥三河の武節城《ぶせつ》（豊田市）を攻めて、六月にはこの城の攻略を果たした。三河から武田の勢力を一掃した信長は、武田に奪われた美濃の岩村城を奪回しようと、軍勢を差し向けた。武田勝頼も岩村救援のため出馬し、十一月十日の夜、武田軍は織田軍の陣地に夜討ちをしかけたが、織田信忠率いる軍勢は敵を撃破し、城兵たちは苦境に陥った。十一月二十一日、秋山伯耆守（虎繁）らは降伏して城を出るが、すぐに捕えられて岐阜に送られ、長良川の河原で磔《はりつけ》にされた。岩村城を手に入れた織田軍は、遠山一門の籠る城を陥落させ、東美濃の反対勢力を一掃した。武田勝頼は致し方なく甲府に戻り、織田信忠は岩村城に河尻秀隆を置いて岐阜に帰陣した。

そのすぐあとの十一月二十八日、織田信長は嫡男信忠に家督を譲り、尾張と美濃の統治を信忠に委ねた。信忠（はじめは信重《のぶしげ》と名乗っていた）は、二年前から尾張の統治に関与し、文書を発給しているが、一九歳で正式に織田の家督として認められ、尾張と美濃を領国とすることになったのである。

武田との決戦に勝利した徳川家康は、武田方の籠る遠江の光明《こうみょう》城（浜松市天竜区）や小山《こやま》城（静岡県吉田町）に攻撃をしかけた。武田勝頼は苦戦していたが、高天神城は確保しており、遠江や三河・美濃への勢力拡大をあきらめたわけではなかった。天正三年十二月、勝頼は来年の出陣に備えて定書をつくり、家臣の軍役などを細かく規定しているが、その冒頭で「来年には尾張・美濃・三河・遠江に攻め込み、当家興亡の一戦を遂げるつもりだ」と明言している。勝頼はあくまでも意気軒昂で、家康も武田との戦いをつづけることになるのである。

〔参考文献〕

池上裕子『織田信長』吉川弘文館、二〇一二年

大石泰史編『今川氏年表』高志書院、二〇一七年
大石泰史『今川氏滅亡』KADOKAWA、二〇一八年
奥野高広・岩沢愿彦校注『信長公記』角川書店、一九六九年
小和田哲男『東海の戦国史』ミネルヴァ書房、二〇一六年
木下聡編『論集戦国大名と国衆16 美濃斎藤氏』岩田書院、二〇一四年
木下　聡『斎藤氏四代』ミネルヴァ書房、二〇二〇年
黒田基樹編『北条氏年表』高志書院、二〇一三年
柴　裕之『徳川家康』平凡社、二〇一七年
武田氏研究会編『武田氏年表』高志書院、二〇一〇年
平山　優『敗者の日本史9 長篠合戦と武田勝頼』吉川弘文館、二〇一四年
同　『検証 長篠合戦』吉川弘文館、二〇一四年
同　『徳川家康と武田信玄』KADOKAWA、二〇二二年
本多隆成『定本徳川家康』吉川弘文館、二〇一〇年
同　『徳川家康と武田氏』吉川弘文館、二〇一九年
丸島和洋『武田勝頼』平凡社、二〇一七年
『愛知県史 資料編11 織豊1』愛知県史編さん委員会、二〇〇三年
『愛知県史 資料編14 中世・織豊』愛知県史編さん委員会、二〇一四年
『愛知県史 通史編3 中世2・織豊』愛知県史編さん委員会、二〇一八年
『岐阜市史 史料編 古代・中世』岐阜市、一九七六年

『静岡県史　資料編7　中世三』静岡県、一九九四年
『静岡県史　資料編8　中世四』静岡県、一九九六年
『静岡県史　通史編2　中世』静岡県、一九九七年
『四日市市史　第十六巻　通史編古代・中世』四日市市、一九九五年

コラム１

古戦場に暮らす人々

湯浅　大司

長篠《ながしの》・設楽原《したらがはら》の戦いの決戦が行なわれた設楽原。織田《おだ》・徳川《とくがわ》連合軍が設楽原に布陣したのが五月十八日。すぐさま連合軍は設楽原の中央を流れる連吾《れんご》川沿いに馬防柵《ばぼうさく》を築き始める。一方、武《たけ》田《だ》軍は二十日に長篠城の囲みの一部を解き、設楽原への布陣を行なう。

翌二十一日、早朝に始まった決戦はその日のうちに連合軍の勝利で決着した。

このわずか三日の間、設楽原に住む人々はどのように過ごしていたのであろうか。そして、地域としてこの戦いをどのように後始末をしたのであろうか。

戦いに関わる史料は比較的残されているが、その周辺にいる庶民に直接関わる資料はほとんど残されていないため、地域に残されている伝承に頼らざるを得ない。

設楽原という地名は合戦当時の史料にはでてこない。決戦のあった場所は設楽郡の政治的中心地であったとされ、郡司の流れをくむ設楽家の領地の一角であり複数の村をまたがった地域である。「設楽原」は地名を表す「設楽」と地形を示す「原」を合わせた地名であり、江戸時代の史料にはでてくる。しかし、その使用は主に決戦のあった場所を表現するときであり、それ以外に使われることは少ない。

この設楽原は家康《いえやす》の国衆《くにしゅう》である設楽家の領地であったが、武田方も深く関与していた時期もある地域であったため、この地域に住む人々は微妙な立場に置かれていた。

地域に伝わる伝承などから、古戦場に住む人々の動きをみていくこととしよう。

この戦い当時の設楽家に関わる記録もほとんど残されていない。設楽家のはっきりとした動きは酒井忠次《さかいただつぐ》による鳶ケ巣《とびがす》山奇襲攻撃に従い豊川《とよがわ》を越え、設楽原の豊川を挟んだ対岸（樋田《といだ》）に陣を敷き、奇襲後に鳶ケ巣山方面から落ちてくる武田兵に備えたということぐらいである。

長篠城に籠城した奥平《おくだいら》軍五〇〇名、それ以前に野田《のだ》城に籠城した菅沼《すがぬま》軍が四〇〇名ほどということを考えると、設楽家が動員できる人数は二〇〇～三〇〇名ほどであろうか、それほど多くの兵を持っていたとは考えられないが、領民がかなり駆り出されていたと思われる。設楽原に布陣した連合軍がまず手をつけた作業は馬防柵の構築である。設楽家がどのように関わったのか、地域住民がどのように関わったのか一切記録がないのではっきりとしたことはわからないが、一刻も早く馬防柵を完成させるためにはより多くの人を動員する必要があったと考えるならば、地域住民も巻き込まれた可能性は高い。

設楽原の北に連なる雁峯《かんぽう》山。戦の最中、地域住民はこの雁峯山の奥にある「小屋久保《こやんくぼ》」と呼ばれる場所に避難していたと伝えられている。私も小屋久保へ行ったことはあるが、「こんなに山奥まで避難したのか」と思えるほど山の中であり、そこからは戦いの様子をうかがい知ることはまったくできない。戦に対する恐怖心がここまで避難させたのかというような場所である。「小屋久保」はある程度の広さはあるが、設楽原に住む人々すべてが一ヵ所に避難したとは思えないので、雁峯山のあちこちに避難したのだろう。

また、地域に伝わる謎が一つある。戦場の真ん中にある松楽寺《しょうらくじ》（後に勝楽寺に改称）の本尊や住職が長篠城の北方へ避難していたという伝承が残されている。設楽原を治める設楽家が徳川方であるならば、より安全な地域である南の方へ避難すべきところであるが、長篠城の北方は武田軍の背後にあたる。もしかしたら、設楽原に住む知識層は武田軍の勝利を想定していたのかもしれない。

戦が終わると、設楽原には多くの戦没者の遺体が累々と横たわっていた。五月二十一日は梅雨明け直後の暑い盛りである。遺体を放置することは許されない季節である。少しでも早く埋葬しなくてはならない。連合軍の主立った武将は翌日には設楽原を後にしている。このため、地域の戦後処理は設楽家をはじめとした地域住民が中心となって行なわざるを得ない。両軍合わせて、一万五〇〇〇もの戦没者があったとされており、田畑の耕作に支障のない設楽原のあちこちに埋葬されたものと考えられている。おそらく地域の国衆らがその指揮をとったのであろう。その数ある埋葬地のなかで象徴として伝えられている場所が信玄塚《しんげんづか》と呼ばれる所である。信玄塚は伊那《いな》街道の脇にあるため、埋葬直後は臭いと虫に悩まされたという。これを追い払うために、火を灯したたいまつを振り回した。これが火《ひ》おんどりの始まりであり、やがて、戦没者の供養へと変容していった。連合軍の戦没者・武田軍の戦没者、分け隔てなく、四五〇年近く欠かすことなく、供養の火おんどりが行なわれている。

この年、設楽原の田畑は踏み荒らされ、作物がほとんど収穫できなかったことが予想される。しかし、この戦の影響で地域住民が困窮したという伝承がまったく残されていないので、家康らによってしっかり手当がなされていたものと考えられる。

二　織田・徳川領国の時代

柴　裕之

1　織田政権と徳川家康

天下人信長と信忠の家督継承

天正三年（一五七五）五月二十一日の「長篠合戦」での勝利によって、織田・徳川両家は東の敵対勢力であった甲斐武田家の脅威を砕き、東方面での勢力を維持することに成功した。これを機に、織田・徳川勢は、武田家の影響下にあった奥三河を平定、織田信長の嫡男信忠を総大将とした軍勢は東美濃へと進軍した。また、徳川家康は武田方の諏訪原《すわばら》（静岡県島田市）・二俣（静岡県浜松市天竜区）などの遠江諸城を攻略、武田家の勢力を高天神城（静岡県掛川市）・小山城（静岡県吉田町）などの遠江国東部に後退させた。

一方、美濃岐阜城（岐阜市）に戻った織田信長は、八月に越前一向一揆を鎮圧し、十月には劣勢となった大坂本願寺からの求めに応じて和睦した。こうして信長のもとに「天下静謐」（中央秩序の安泰）が実現しつつある情勢をうけて、十一月に朝廷は、信長に従三位《じゅさんみ》権大納言《ごんだいなごん》兼右近衛大将《うこんえのだいしょう》の官位を

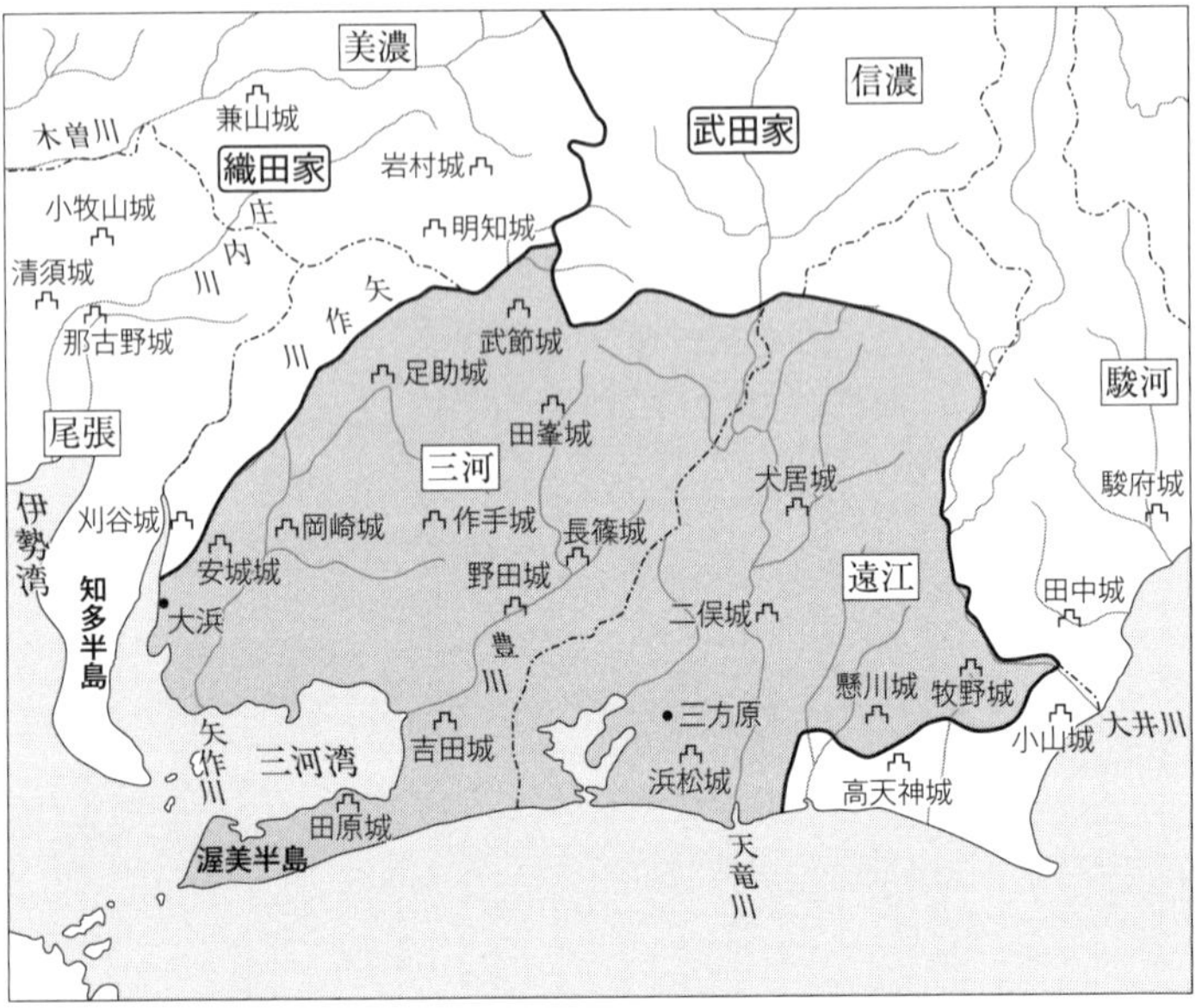

図 2-1　長篠合戦後の徳川領国と周辺図（黒田基樹 2023）

授け、足利将軍家に代わる天下人として公認した（最終的には正二位《しょうにい》右《う》大臣《だいじん》にまで昇進する）。ここに天下人信長を主宰者とした中央政権としての「織田政権」が本格的に始動する。

その頃、東美濃に進軍した織田信忠が率いる軍勢は、武田方の要衝にあった美濃岩村城（岐阜県恵那市）を攻めていた。同城はもともとは織田・武田両家に双方に属して活動する国衆、岩村遠山家の居城だった。だが、同家は元亀三年（一五七二）八月の当主景任《かげとう》の急死によって、動揺が起きた。この事態にあたって、織田信長が軍勢を派遣し鎮静に努めたが、織田家の介入に反発した岩村遠山家の家臣は、武田家への従属を示し織田方勢力の排除を求めた。この岩村遠山家内部の要請をうけて、同年十一月に武田信玄は軍勢を派遣し、武田家の勢力下に収めた。そのうえで翌元亀四年（天正元年）三月になると、重臣の秋山虎繁を岩村城でその管轄地域（岩村領）の統治に携わる郡司《ぐんじ》として配置し支配を進めるとともに、その後信玄の跡を継いだ武田勝頼は東美濃における勢力を拡大していった。織田家にとって、岩村領をはじめとした武田家の東美濃における勢力拡大により、居城である岐阜城のほど近くにまで敵対勢力がせまってくる事態となり、織田領国における東方面の安泰を維持するためにも、早急な対処が求められた。そこで、信忠が率いる織田勢は東美濃の攻略を進め、天正三年十一月に勝頼の救援を得られなかった秋山虎繁が守る岩村城を落とした。

岩村城を攻略し東美濃を平定した信忠は、その功績を賞され朝廷から秋田城介《あきたじようのすけ》に任じられる。さらに十一月二十八日には、天下人の立場に専念することになった信長から織田家の家督を譲られた上、織田家当主の直轄領域（本領国《ほんりようごく》）である尾張・美濃両国の統治を任された。すでに信忠は、信長が天下人へと歩むなかで、尾張・美濃両国の統治に関わってはいたが、ここに織田家当主としての尾張・美濃両国統治が本格的に開始された。

その後、信忠は尾張・美濃両国の支配を進めていく一方、天正五年十月には従三位左近衛権中将《さこんえのごんのちゆうじよう》となり、軍事面でも信長に代わって総大将を務めるなど、天下人信長の後継者としての立場をより強く示していく。

北畠信雄の登場

天正三年（一五七五）六月、織田家に従属する伊勢北畠家の養子に入っていた、織田信長の二男具豊《ともとよ》（幼名は茶筅《ちやせん》。後の織田信雄）が家督を相続した。その歳に、具豊は実名を織田家御一門衆としての立場を示した「信意《のぶもと》」に改め、代替わりに伴っての徳政《とくせい》を実施した。また居城を田丸《たまる》城（三重県玉城町）へ移し、十一月には正五位下左近衛権中将となっている。以後、北畠領国の経営は当主の信意とその補佐役を務めた津田一安《かずやす》のもとで進められていったが、やがて北畠具教《とものり》（北畠家の前々当主、信意の岳父）と家中の一部は対立の姿勢をみせ始めていく。この結果、天正四年十月ごろに織田政権の支持の上で具教をはじめとした北畠家一族・重臣は殺害され、前当主の具房《ともふさ》は籠居させられた。

ところが、その翌十二月、今度は信意の補佐役にあった津田一安が、伊勢国衆木造《こづくり》家より新たに信意の家臣となった滝川友足《ともたり》（後の雄利《かつとし》）・柘植《つげ》三郎左衛門の讒言に端を発して、信意によって田丸城内で殺害されている。この背景には、北畠一族・重臣の粛正によって立場を強めた一安との対立があり、信意はこの二度にわたる粛正をへて、北畠家中を取りまとめ領国の支配を行なうことになった。その一方で、具教の弟北畠具親《ともちか》を擁した反勢力の討伐を進め、領国内における反勢力の拠点を平定し、具親を逐った。

その後、信意は新たに実名として「信直《のぶなお》」を名乗り、新たな居城として松ヶ島城（三重県松坂市）を築き移った。そして天正七年九月には、信直は伊賀国へ出兵する。この背景には、伊勢国から逃れた反信直方勢力の討伐があり、そのため信直は、信長から指示された摂津伊丹城（兵庫県伊丹市）攻めに参加せず、伊賀国への出兵を優先してしまう。その結果、伊賀衆との戦いで重臣の柘植三郎左衛門が戦死するなど敗北したこともあって、戦後に信長より強く叱責されてしまう。このことが契機となったのか、翌天正八年二月までに実名を「信勝《のぶかつ》」に改めた後に、さらに「勝」の字を改めて「信雄」を名乗る。

信雄に対する信長の勘気も解け、いまだ不安定な伊賀国に対し、天正九年九月に信雄は総大将として信長から遣わされた滝川一益・惟住《これずみ》（丹羽《にわ》）長秀《ながひで》ら大軍勢を率い、伊賀衆への攻撃を実施した。この織田勢の攻撃をうけ、伊賀国は制圧されて、阿拝《あはい》・阿我《あが》・名張《なばり》の三郡（三重県名張市・伊賀市など）が信雄、山田郡（三重県伊賀市の一部）が叔父の織田信兼《のぶかね》（信包）の領有となった。しかし、伊賀国の情勢不安定はその後もつづき、天正十年六月の本能寺の変時も信雄は対応に追われていく。

信康・築山殿事件の勃発と遠江高天神城攻撃

一方、遠江国東部まで勢力の回復を遂げた徳川家康は、相模北条家のもとから頼ってきた、旧主の今川宗誾《そうぎん》（氏真）を武田方勢力との最前線に位置した遠江諏訪原改め牧野《まきの》城（島田市）に据え、遠江平定さらには駿河経略の意志を示す。徳川勢の攻勢に対し、武田勝頼は遠江従属国衆の小笠原信興《のぶおき》が治める高天神領を収公して武田家の直轄領域とした上、在番兵を配置して高天神城の守衛を強化した。天正五年閏七月、家康は高天神城を攻撃、これに対し勝頼も自ら出陣して、十月まで対陣しつづけた。その後、徳川家は牧野城と横須賀《よこすか》城（掛川市）、武田家は高天神城と駿河田中《たなか》城（静岡県藤枝市）を拠点にして攻防はつづき、長期化をみせていった。

徳川・武田両家による一進一退の攻防がつづくなか、翌天正六年三月の上杉謙信の死去にともなって、越後上杉家では、後継当主の景勝《かげかつ》と、景勝と対立する勢力が擁した景虎《かげとら》（相模北条家出身の謙信養子）との間で内乱（御館《おたて》の乱《らん》）が起きた。武田勝頼は、この内乱に北条家との同盟関係から関与し景勝・景虎双方の和睦を図るが実現せず、その後接近してきた景勝と同盟を結んだ。それにともない、勝頼は北条家との同盟を破棄、北条氏政は武田家と敵対する織田・徳川両家へ接近し、対武田家同盟の締結を求めた。

そのなかの天正七年八月、家康は三河岡崎城（愛知県岡崎市）に入り、嫡男の松平信康《のぶやす》を大浜《おおはま》（愛知県碧南市）、さらに遠江堀江城（浜松市西区）へと逐った。その上で、岡崎城に松平一族や従属国衆を集めて、信康と以後は関わらないという起請文（誓約書）を提出させた。その後、信康は遠江二俣城へ移され、九月十五日に家康の命令で自刃した。また八月二十九日には、家康とはこの頃不仲にあり、岡崎城にいた信康の生母で後見人を務めていた築山殿《つきやまどの》が、浜松への護送中に遠江国富塚《とみつか》（浜松市中区）で命を絶った。いわゆる「信康・築山殿事件」である。

この事件については、史料が少なく真相が不明なことが多い。ただ、その背景には、甲斐武田家との戦争の続行を求める家康を中心とした主戦派と、長期にわたりだした事態に敵対を見直そうとする信康・築山殿の周辺とで、徳川家内部での路線対立が再燃をみせていたようだ。そして、この対立は徳川家内部だけに止まらず、武田家に対抗するため従属関係を強めていた織田家との関係にも関わっていた。そこで家康は、武田家との戦争続行と反対派処断の意向を信長に伝えた上で、築山殿と信康の処罰に踏み切ったようだ。この事件の直後、家康は北条家との同盟を結び、駿河国へ侵攻し当目坂《とうめざか》（静岡県焼津市）・用宗《もちむね》（持船《もちふね》、静岡市駿河区）の両城を攻撃した。この事態に対し武田勢が駿府まで出兵したのをうけ、家康は遠江国へ引き上げたが、その後も家康は遠江国東部の平定のため出陣しつづけた。

一方、武田勝頼は、この頃北条家に対抗するために常陸の佐竹義重《さたけよししげ》との同盟（甲佐同盟《こうさどうめい》）を結んだ上、十一月になると、佐竹義重を通じて織田家との講和（甲江和与《こうごうわよ》）交渉を進めていった。これは東西から挟撃されかねない事態となった武田勝頼が、織田家との和平交渉を通じて、徳川家との和睦の道を開き、北条家との対立に専念していこうとする意図よりなされた。しかし、講和交渉は、翌天正八年三月に北条氏政が信長に使者を遣わし従属を示したことで、実現しなかった。

そのなか、家康は遠江高天神城の周辺に攻囲のための砦の構築を進めていき、天正八年十月になると、高天神城の総攻撃に本格的に乗りだした。この家康の総攻撃を支援するために、十二月に織田信長は家臣の猪子高就・福富秀勝《ふくずみひでかつ》・長谷川秀一《ひでかず》・西尾吉次《にしおよしつぐ》を遣して陣営を検分させた上、翌天正九年正月に三河刈谷城（愛知県刈谷市）の水野忠重《ただしげ》らの軍勢を派遣した。

徳川勢の総攻撃が強まるなか、城将の岡部元信《おかべもとのぶ》ら高天神城籠城勢は高天神・小山・滝堺《たきさかい》（静岡県牧之原市）の三城を譲渡することを引き替えに助命嘆願をしたが、その旨の報告をうけた信長は、高天神城を落城させた場合の武田領国に与える影響を考慮し、家康に攻撃の続行を指示した。この信長の指示にしたがい家康は総攻撃を続行、三月に城将の岡部元信らを討ち取り、高天神城を落城させた。織田家との和睦交渉をあきらめず進めていたことから救援を果たせなかった武田勝頼は、この高天神落城によって遠江国での勢力を東部の一部を除いて喪失した上、世間の評価（「天下の面目」）を著しく失墜させた。その一方、家康は武田家と領有争いに苦しめられつづけた遠江国の平定をほぼ成し遂げた。

織田政権の「東国御一統」と親類大名徳川家康

天正十年正月、武田勝頼に対して、武田家親類衆でもあった信濃国衆の木曽《きそ》義昌《よしまさ》が離反し、織田家に従属した。義昌の離反は、木曽領が織田領国との勢力境界（「境目」）に位置し、政治的・軍事的保護者としての立場が揺らぎだした勝頼を頼りとすることができない結果、とられた対応だった。義昌の離反に、勝頼は討伐に動く。この事態に対して、義昌は織田信長に救援を求めた。それをうけて、二月、信長は駿河方面から徳川家康、関東方面から北条氏政・氏直《うじなお》父子の出勢を指示、嫡男の信忠を総大将とした軍勢を信濃国伊那郡方面から進軍させた。

信長の指示をうけた徳川家康は、二月十八日に遠江国懸川（掛川市）へ出陣した。すでに遠江小山城から武田勢は撤退しており、家康は駿河国へ軍勢を進軍させた。徳川勢が駿府（静岡市葵区）へと進軍すると、武田家一門衆で駿河江尻《えじり》城（同清水区）の城将穴山梅雪《ばいせつ》（信君）は、織田家への従属を示し、家康に接近してきた。家康は、梅雪の織田家への従属を承認した上、重臣の酒井忠次を駿府、本多重次《しげつぐ》を江尻城の守衛に配置して、甲斐国へ進軍する。

一方、信忠が率いる織田勢の進撃を目にして、信濃国衆は相次いで武田家から寝返り、信濃国諏訪《すわ》（長野県諏訪市）に出陣していた武田勝頼は、穴山梅雪の離反もあって、居城の甲斐新府《しんぷ》城（山梨県韮崎市）へ撤退した。信濃国では織田勢の侵攻に対抗したのは、勝頼庶弟の仁科《にしな》信盛《のぶもり》が守る信濃高遠《たかとお》城

（長野県伊那市）のみで、三月三日の同城の落城をうけ、勝頼は新府城で織田勢を迎え撃つことを諦め、態勢を立て直すべく譜代家老衆《ふだいかろうしゅう》の小山田信茂《おやまだのぶしげ》が管轄する甲斐国都留《つる》郡へと向かった。ところが小山田信茂が勝頼に離反したため、勝頼一行は追われ、三月十一日に織田方の軍勢の攻撃をうけ、田野《たの》（山梨県甲州市）の地で自刃、ここに戦国大名武田家は滅亡した。この武田家の滅亡によって、関東・奥羽で天下人の信長に敵対する勢力は越後上杉家とそれに関係する勢力を除いていなくなり、その政治的・軍事的保護下にゆるやかながらもほぼ従うという「東国御一統《とうごくごいっとう》」の情勢となった。

三月二十九日、信長は武田家討伐の恩賞として、重臣の滝川一益に上野国と信濃国佐久《さく》郡、信忠付き重臣の河尻秀隆には甲斐国と信濃国諏訪郡、森長可《もりながよし》には信濃国川中島《かわなかじま》四郡、毛利秀頼《もうりひでより》（当時の実名は長秀《ながひで》）に信濃国伊那郡を与えるとともに、徳川家康には駿河国を授けた。ここに、家康は駿河・遠江・三河の三ヵ国を統治する大名となったが、駿河国の拝領は滝川一益ら織田家の家臣とともに臣下大名として行なわれた。ただ、織田政権内部での立場は、かつて信長の娘の岡崎殿《おかざきどの》（五徳《ごとく》）が嫁いだことから織田家親類として扱われたのである。

戦後処理を終えた信長は、四月十日に自身の政庁である近江安土城（滋賀県近江八幡市）へ東海道から帰路についたが、そのさいに家康は家臣に命じて、領国内の街道・橋梁の整備を行ない、信長をもてなした。そして四月二十一日、信長が安土城に帰着すると、五月十一日に家康は信長から織田家の従属国衆として認められた穴山梅雪と共に、織田政権のもとで領国保証と拝領を得た「御礼」（臣従の挨拶）のため、安土城に向けて出発した。そして、同月十五日に安土に到着した家康一行は、信長から丁重なもてなしをうけ、「御礼」を無事に終えた。

その後、家康は信長の勧めをうけ織田信忠の案内のもとで、家臣や穴山梅雪と共に京都や和泉国堺（大阪府堺市）などの畿内観光に向かった。家康ら一行は、まず京都を訪れ、父信長の上洛を急遽待つことにした信忠と別れた後、織田家臣の長谷川秀一に連れられて、堺へ見物に向かう。そのさなか、京都では信長・信忠父子の身に思いもよらぬ〝事件〟が起きるのである。

2 本能寺の変から小牧・長久手合戦へ

本能寺の変と「伊賀越え」

天正十年（一五八二）六月二日、京都にいた織田信長・信忠父子が、重臣の惟任《これとう》（明智）光秀が率いる軍勢によるクーデターで瞬く間に討たれた。信長・信忠父子を討ち果たし、京都を制した光秀は、その後近江国へ進軍し、六月五日には織田政権の政庁である安土城に入城を遂げた。

この光秀によるクーデターである「本能寺の変」の要因には、光秀の怨恨説や野望説、さらにはその背後に朝廷や室町幕府将軍足利義昭の関係などをみる「黒幕」説と、現在でもその論争は尽きることがない。ただ、その背景には、信長ら政権中枢と重臣の光秀との政治的な対立があったことは間違いないだろう。

このクーデターを、徳川家康はちょうど和泉国堺を発ったさいに知り、急ぎ難路の甲賀・伊賀路をへて伊勢国白子《しろこ》（三重県鈴鹿市）に出て、船路にて三河国に着き岡崎城へと帰還した。後に「伊賀越え」と称されたこの脱出行は、家康にとって雑兵も含めて二〇〇人余を討たれる命がけの困難をともなうものであった。家康と別行動をとった穴山梅雪は、帰還途中で命を落としている。

帰還した家康は、本能寺の変の影響で尾張清須城（愛知県清須市）に難を逃れていた信長の嫡孫三《さん》法師《ぼうし》（後の織田秀信《ひでのぶ》）を擁した「上洛」を掲げた上、信長の弔い合戦として惟任光秀を討つべく、六月十四日に尾張国鳴海《なるみ》（名古屋市緑区）へと出陣した。その一方で、本能寺の変をうけ動揺をみせていた織田領国の甲斐・信濃両国の鎮静化にあたっていった。

その頃、中央では六月十二日に中国地方の戦陣から安芸毛利家との和睦を成し遂げ駆けつけた羽柴秀吉の軍勢を加え勢いを得た、織田信孝（信長の三男）を主将とした織田家諸将の軍勢が惟任光秀の軍勢を山城国山崎《やまざき》（京都府大山崎町）の地で破った。さらに、勢いを得た信孝・秀吉らは、光秀に与した勢力を平定していった。

この情報は鳴海にいた家康にも伝わり、津島（愛知県津島市）へ軍勢を進め情勢を確認した後、領国へ帰還した。そして家康は、混乱をつづける甲斐・信濃両国の平定を織田家に申し出た。これは、徳川家が織田政権に従う大名（織田大名）であったためである。

家康の五ヵ国大名への飛躍

徳川家康は、織田家の了承を得た後、甲斐・信濃領国への侵攻を開始した。ところが、甲斐・信濃両国の平定を進める徳川勢の前に、神流《かんな》川《がわ》合戦で滝川一益を破り織田領国であった上野国の平定を果たした相模北条家の軍勢が信濃国へ侵攻し、さらに信濃国の攻略にあたっていた徳川勢を追撃して、甲斐国へと進軍した。家康は軍勢数の圧倒的不利な状況のなか、若神子《わかみこ》（山梨県北杜市）に陣を置いた北条勢と甲斐新府城（韮崎市）に陣を据えて対峙しつづけ、ここに旧武田領国の領有をめぐる争乱（天正壬午《てんしょうじんご》の乱《らん》）の火蓋が切られた。

徳川・北条両勢の対陣がつづくなかの八月十二日、甲斐国都留郡から進軍する北条勢を、重臣の鳥《とり》居《い》元忠《もとただ》らが黒駒《くろこま》（山梨県笛吹市）で迎撃し、三〇〇〇人余を討ち取っている。また、駿河・伊豆両国の国境地域では、駿河三枚橋《さんまいばし》城（静岡県沼津市）に配置されていた松井《まつい》忠次《ただつぐ》が北条勢と対戦を繰り返し、重臣本多重次の指揮下では向井《むかい》政綱《まさつな》ら水軍が北条方の伊豆網代《あじろ》城（静岡県熱海市）を攻略している。さらに信濃国では、佐久郡で依田《よだ》信蕃《のぶしげ》が孤軍奮闘をつづけるなか、八月下旬に木曽義昌が従属、九月には越後の上杉景勝と軍事協定を締結、そのうえ真田《さなだ》昌幸《まさゆき》が従属し、軍勢数で不利な戦況を次第に好転させていった。

一方、この状況を打開するために、家康は北条氏政・氏直父子と対立する常陸の佐竹義重、下野の宇都宮《うつのみや》国綱《くにつな》、下総の結城《ゆうき》晴朝《はるとも》ら「東方之衆《とうほうのしゅう》」（北関東大名・国衆連合）との対北条家外交を展開していった。また、織田政権にも戦況を報告し、援軍の派遣を求めた。だが織田政権は、この頃内部での政争のため、軍勢を派遣できず家康に北条氏政・氏直父子との和睦を要請する。

織田政権の和睦要請をうけ、家康は北条氏政・氏直父子と和睦交渉を進め、十月二十九日に両者の和睦がなり、天正壬午の乱は終わる。このさいに北条氏と交わした国分協定によって甲斐・信濃両国の領有を獲得し、徳川家は三河・遠江・駿河・甲斐・信濃（ただし北部の川中島四郡は、越後上杉家の

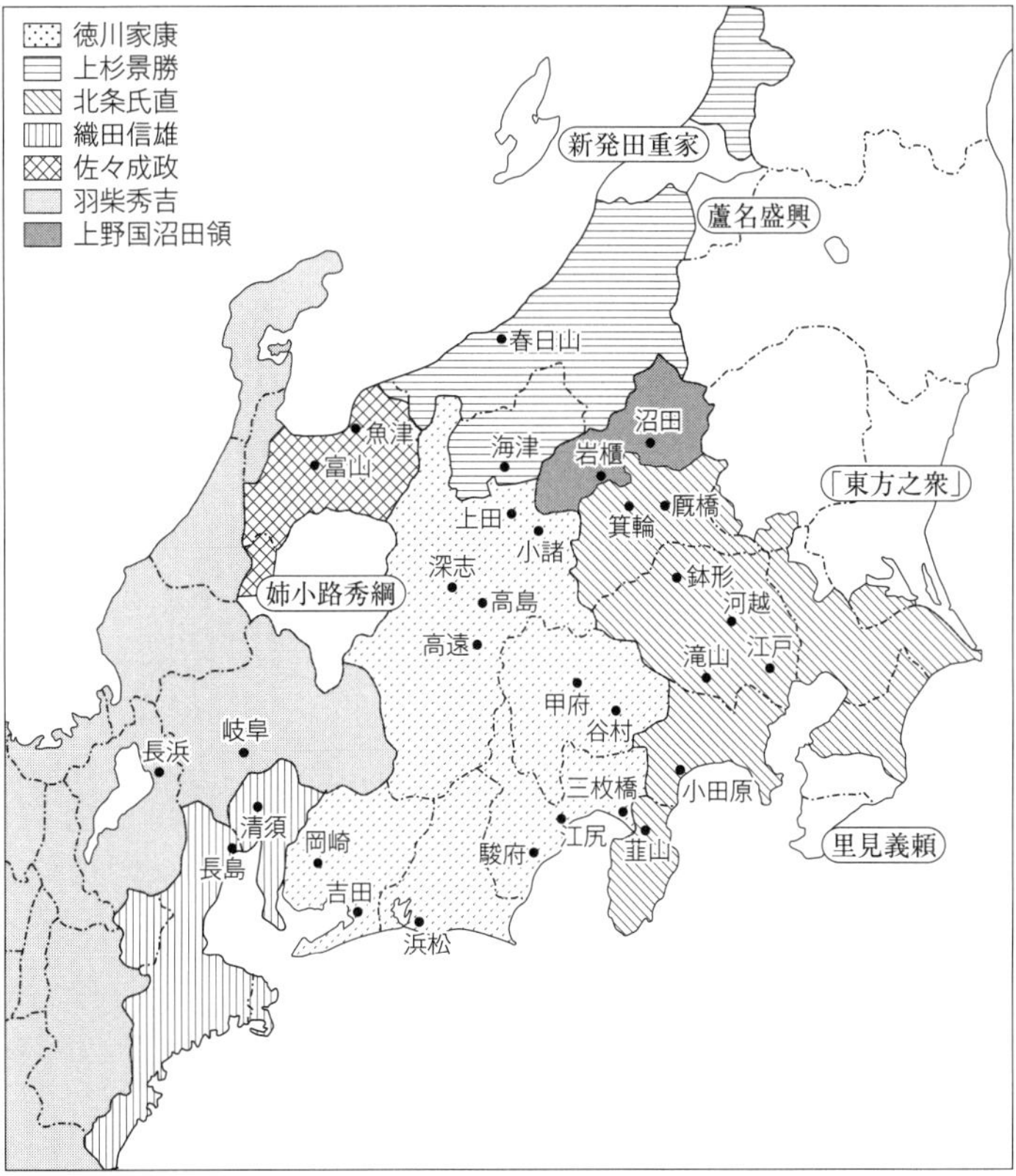

図 2-2　天正 11 年ごろの勢力状況図（柴裕之 2017 をもとに作成）

管轄領域となり除く）の五ヵ国を治める大名となった。ただし、その領国は一律均質ではなく、それぞれの地域的な事情を前提とした国衆領や新たに設立された支城領の自治を認めた複合的な構造のもとに経営が行なわれ、家康はそれぞれ統べることによって統治していくことになる。

また家康は、天正壬午の乱が「東方之衆」との対北条家外交とともに進められたことから、終結後に「東方之衆」へ織田信長の在世時のように「惣無事《そうぶじ》」に努めるよう指示し、北条家との停戦を求めた。つまり家康は、織田政権のもとで「東国御一統」時にゆるやかながらも進んでいた統制・従属（「惣無事」）にともなう情勢の再興を図ったのである。これによって、徳川家は五ヵ国の領有だけでなく、関東にも影響力を持つ有力大名へと飛躍を遂げた。

しかし、北条家と「東方之衆」との対立は以後もつづき、家康は関東情勢の鎮静化（「関東惣無事」）の実現を図るべく活動する。その一方で、信濃国内で真田昌幸ら従属国衆が従順の姿勢を示さず、なおかつ彼らを援護する越後上杉家との間に緊張状況が生じていた。その対応も含めて、家康は北条家の当主氏直に娘の督姫《とくひめ》を嫁がせ、同盟関係を強めていった。だが、北条家との同盟の強化は、北条家と「東方之衆」との対立を家康が黙認することにもなってしまい、「関東惣無事」の実現は困難な道をたどっていく。

清須会議　天正十年六月、惟任方の勢力を討滅した織田信孝・羽柴秀吉ら織田勢は、尾張清須城に向かった。清須城に向かったのは、信長の嫡孫三法師が清須城に滞在していたからである。

三法師は、天正八年に信長の後継者である信忠の嫡男として生まれ、この時はまだ数え年で三歳に過ぎなかった。しかしながら、信長が生前時から信忠に織田家の当主を継がせ、さらには天下人の後継者にするとして進めてきた、織田家嫡系が天下人として君臨するという方向性が依然として影響を残していた。このため、信長・信忠父子が亡きいま、嫡系の三法師こそが、織田家の正統な家督継承者になり得るという状況にあった。

その後、信長の二男である北畠信雄と北陸で越後上杉家と交戦中にあった重臣の柴田勝家が清須城に到着した上で、六月二十七日に柴田勝家・羽柴秀吉・惟住長秀・池田恒興によって、今後における織田政権の運営と所領配分を決めるための「談合」が行なわれた。「清須《きよす》会議《かいぎ》」である。この会議で、最も争点となったのは、三法師が成人するまでの家督代行者（「名代《みょうだい》」）、すなわち暫定的な当主を、信長の子息で三法師の叔父にあたる信雄と信孝のどちらが務めるかであった。この背景には、信雄・信孝の兄弟が、これまでのそれぞれの立場や活動もあり、「名代」の立場獲得を譲り合おうとしなかったからである。こうした事態にあたり、秀吉・勝家ら重臣は、信雄・信孝を「名代」とせず、幼少の三法師を当主に勝家・秀吉・長秀・恒興の四人の宿老が支えながら、合議によって政権運営を行なうことを決した。

また所領配分では、安芸毛利方勢力との対陣を切り上げ、織田勢を勝利に導いた功績から、秀吉が勢力を一層伸張させたが、勝家・長秀もそれぞれの立場やこれまでの領有地との関係から新たな所領を得ている。したがって、この頃の秀吉は、まだ重臣の一人に止まっていた。この所領配分によって、尾張国は北畠信雄、美濃国は織田信孝に与えられた。

しかし、その後に美濃岐阜城に入った信孝が近江安土城を修築の間、岐阜城に滞在していた三法師を後見することよって、信長後継の天下人として振る舞い織田政権を主導していこうとする。

この頃、織田信雄（清須会議後に苗字を織田に改姓）と信孝は、それぞれが治めることになった尾張・美濃両国の国境をめぐって、信雄が尾張・美濃両国の区画に基づいた「国切」を主張したのに対し、信孝は木曽川の流路にもとづいた「大河切」での設定を求め、対立していた。そのうえ信孝の信長後継の天下人としての振る舞いに、信雄は反発を強めていく。さらに清須会議での所領配分によって山城国を治めることになり、山崎（京都府大山崎町）の地に城を築いて、京都の支配にも携わっていた宿老の羽柴秀吉も、信孝の振る舞いを危惧し始める。一方、信孝は秀吉が山崎城を築き、清須会議で取り決めた四人の宿老による合議を経ずに織田政権の運営を主導していこうとした態度を批判、同じく秀吉に反感を持っていた宿老の一人であった柴田勝家と関係を深め、秀吉に対抗していく。この秀吉と信孝・勝家との関係悪化は、十月に秀吉が信長の葬儀を京都大徳寺《だいとくじ》（京都市北区）にて強行したことから、一層深まってしまうことになる。

葬儀後、秀吉は惟住長秀・池田恒興を味方につけ、三法師を掌中に置く信孝・勝家に対抗するために、同じく信孝と対立している信雄を三法師の「名代」としての当主に擁立する。ここに織田家内部は、三法師を掌中に置き織田家を主導しようとする信孝と、当主信雄を擁立し、その補佐のもとに政治運営を進めようとする秀吉らとに分裂し、それぞれを支持する勢力が分かれ、やがて対立を始めていった。そして十二月、信雄は自身の陣営につき信孝に敵対した諸将を救援するため、また秀吉も三法師の奪還と信雄を近江安土城に迎え入れるために、美濃国へ出陣する。この信雄・秀吉勢の攻勢を前にして、勝家が深雪により動けないなど、不利な情勢を悟った信孝は服従を示した。

その後、三法師は秀吉方の軍勢に供奉されて、信雄とともに近江安土城へ入る。そして信雄は翌天正十一年閏正月に諸人より御礼をうけて、三法師「名代」としての当主の立場を認められた。これにより織田政権は、当主信雄とそれを補佐する宿老の羽柴秀吉・惟住長秀・池田恒興のもとで運営が進められていくことになる。

引きつづく織田家内部の対立

三法師「名代」の当主織田信雄とそれを補佐する宿老の羽柴秀吉・惟住長秀・池田恒興のもとでの政権運営に対し不満を示したのは、柴田勝家と滝川一益だった。勝家は政権運営から外される状態にあり、一益は相模の北条氏直との神流川合戦に敗れた後、伊勢国内の所領に戻って復権を試みていたが、その行動が取り締まられたことによる。

この勝家と一益の姿勢に対し、天正十一年二月、秀吉は討伐に動き、近江国長浜（滋賀県長浜市）へ出陣する。この秀吉の出勢に対して、長浜城にいた勝家の甥の柴田勝豊《かつとよ》は服従する。その後、秀吉は一益討伐のため北伊勢へ向かう。北伊勢に進軍した秀吉勢は、一益の居城であった長島城（三重県桑名市）近所を放火の上、亀山《かめやま》（三重県亀山市）・峯《みね》（亀山市）・国府《こう》（三重県鈴鹿市）の三城を攻撃、同月二十八日には信雄も加わった。

この信雄・秀吉方の攻勢に対抗し、柴田勝家は遂に動きだす。勝家は、この時備後国鞆《とも》（広島県福山市）にいた室町幕府将軍足利義昭の帰京を積極的に応援することで、義昭を補佐していた安芸の毛利輝元と結びつき、秀吉方への牽制を働きかけた。そして深雪のなかを、加賀・能登・越中の北陸各国の軍勢を率いて、近江国北部へ出陣した。

この事態にあたり、秀吉は信雄に北伊勢での戦陣を委ね、柴田勢の迎撃に江北《ごうほく》へ向かい、柳瀬《やながせ》（滋賀県長浜市）に陣を据えた柴田勢と対峙した。そして、若狭の惟住長秀が率いる軍勢を越前国敦賀（福井県敦賀市）へ進攻させて、柴田勢を牽制した。また秀吉方に味方することを示した本願寺には、加賀国で柴田勢を牽制するよう、一揆の蜂起を促した。

そのなか、四月になると、勝家の出陣に応じて、復権を企てる織田信孝も挙兵した。信孝の挙兵を知った秀吉は人質として差し出されていた信孝の母の坂氏《さかし》らを磔刑に処した後、四月十六日に信孝を討つため、美濃大垣城（岐阜県大垣市）に着陣した。

この秀吉の動きをうけ、四月二十日に、柴田勝家は甥の佐久間盛政《もりまさ》に賤ヶ岳《しずがたけ》の秀吉方陣営を攻撃させ、中川清秀《なかがわきよひで》らを討死させる。この柴田側の動きを聞いた秀吉は、大垣から簗瀬《やなぜ》にとって帰り、翌二十一日に柴田勢と交戦し勝利した。「賤ヶ岳合戦」である。

その後、さらに柴田勢を追撃して、勝家の居城であった越前北庄《きたのしょう》城（福井市）を攻め囲んだ。秀吉勢の攻撃に、勝家は対抗できず、四月二十四日に妻の小谷《おたに》の方《かた》（信長の妹で養女、もと浅井長政室）とともに自刃し北庄城は落ちた。その上で翌二十五日には、秀吉は加賀国金沢《かなざわ》（金沢市）まで進軍し、柴田方勢力の服従を確認した。

またいったん、伊勢国から近江安土城に戻っていた信雄は、四月二十四日に秀吉の勝利をうけて信孝の討伐のため美濃国へ向かい、岐阜城を攻略した。信孝は信雄により尾張国内海《うつみ》（愛知県美浜町）の大御堂寺《おおみどうじ》に連行され、五月二日に自刃した。

そして六月には、滝川一益も降伏する。ここに、信雄・秀吉は、彼らが主導する織田政権の運営を阻害した反勢力の平定を成し遂げたのだった。

秀吉の天下人への台頭と信雄・家康

織田信孝・柴田勝家ら反勢力を討ち果たしたことによって、織田政権の運営は当主の信雄を、宿老の羽柴秀吉が万事を補佐して、進められることとなった。

それまで重臣の一人であった秀吉が、次第に独自の判断で政権運営を進めるようになっていったのは、秀吉が反勢力の討滅を実質的に主導したからにほかならない。

秀吉は、この信雄補佐役という立場から戦後処理を実施し、惟住長秀には越前国、池田恒興には美濃国を与えるなどして、織田家諸将を従えていき、彼らの上に立つ政治主導者としての威勢を増していった。この流れのなかで、織田家当主の信雄に代わり秀吉に中央に君臨する執政者として、「天下」の政務を求める状況が起きてくる。

これをうけて、秀吉は六月二日に信長の一周忌法要を行なった後に、池田恒興を移封《いほう》させることで得た、畿内《きない》の要所に位置した摂津大坂城《おおざか》（大阪市）に入った。そして、自身が信長後継の天下人であるという態度を示し始め、信雄でなく自身の判断のもとに「天下」の政務を行ないだす。

その上で、近江安土城にいた織田家の当主信雄には尾張・伊勢・伊賀の三ヵ国の領有を認めた上で帰国させ、正統な家督にあった三法師を近江国坂本《さかもと》（大津市）へ移し、庇護下に置いた。これにより、秀吉は自身が織田家に代わる天下人であることを世間に明確に示していった。

この直後の八月から、秀吉は花押《かおう》のみではなく、新たに独特な糸印《いといん》を用いた「朱印状」を使用し始める。また、近江安土城に代わって天下人としての自身の政庁となる摂津大坂城の普請を始めた。さらには、「東方之衆」が相模北条家からの各々の存立保護を求めてくるのをうけ、秀吉は彼らに信長生前時における政治関係の継承を求めるとともに、徳川家康には進んでいない「関東惣無事」の実現を督促した。この秀吉からの督促をうけ、十一月、家康は相模北条家に「関東惣無事」の指示を伝達し、熟慮の上に対応を示すよう指示した。ここに天下人を目指す秀吉が、関東情勢にも関わり始めていったのである。

一方、近江安土城を逐われ尾張清須城に戻った信雄は、その後、新たに北伊勢を得たことで、伊勢長島城へ居城を移した。その上で、この年始めより着手していた、領国内の検地《けんち》に本格的に取り組み、貫高制《かんだかせい》を基準とした統一的知行《ちぎょう》・賦課体系の整備を進めている。そして十月より、信雄は父信長の「天下布武《てんかふぶ》」印に似た「威加海内《いかかいだい》」の印文を刻んだ馬蹄形の印判を使用して、領国支配を行なっていく。こうして信雄は、自身こそが天下人にふさわしい織田家の当主であることを改めて表明したといえる。

このように秀吉・信雄がそれぞれ活動を進めるなかで、十一月になると、信雄が畿内で切腹したとの風聞が流れる険悪な情勢が生じた。しかし実際のところ、秀吉と信雄は、この時点ではまだ対立を表面化させてはいない。その背景には、秀吉と親交を持っていた信雄宿老の津川雄光《つがわかつみつ》・岡田重孝《おかだしげたか》らの働きかけがあり、両者の関係が維持されるよう努めていたからであろう。

だが、信雄の復権を求める織田家内部の反秀吉派の動きは収まらず、翌天正十二年三月に徳川家康を巻き込んで〝事件〟が起こることになる。

小牧・長久手合戦の勃発と展開

天正十二年三月六日、織田信雄は、復権を求める織田家内部の反秀吉派の動きのもとで、居城の伊勢長島城にて親秀吉派の宿老津川雄光・岡田重孝らを殺害し、対秀吉の姿勢と「上洛」の意向を示した。この信雄による津川・岡田らの殺害は、秀吉との断交を世間に意思表示した政治行為であった。信雄は、この殺害を徳川家康とも相談の上で実行した。

家康が信雄とともに秀吉との断交・敵対に歩んだのは、織田家親類の立場にあり、なおかつ秀吉らが信雄を当主に擁立したさいに織田大名として承認していたことによるもので、また家康が携わる関東情勢に秀吉が天下人として振る舞い関与し始めたことへの牽制という意味もあった。家康は信雄が殺害を実行すると、すぐに出陣し、三月十三日に自身は尾張清須城で信雄と対面している。

この信雄・家康の敵対行為に対して、秀吉は三月十日に摂津国大坂を発ち、京都で諸勢を参集させた上で、信雄討伐に向け伊勢・尾張両国へ進軍した。この時、織田家一族や惟住長秀・池田恒興らをはじめ織田家諸将の多くは、秀吉を支持し彼に従う態度を示した。これは、彼らにとって存立をもたらしてくれる主が、もはや織田家当主（信雄）ではなく、秀吉であったことを示している。

そして、秀吉方の先勢により、程なくして信雄の領国であった伊賀国は攻略、伊勢国へも侵攻される。また、秀吉支持の立場を示した美濃国の池田恒興・元助《もとすけ》父子と森長可（池田恒興の娘婿）らは、尾張国へ出陣し、三月十四日に犬山城（愛知県犬山市）を攻略した。これにより当初、伊勢方面への備えを固めていた信雄・家康は、尾張国北部でも羽柴勢に対し備える必要性が生じた。そこで三月十七日、家康は重臣の酒井忠次が率いる軍勢を派遣し、進軍してきた池田・森勢を羽黒《はぐろ》（犬山市）で破った上で、家康は信雄とともに小牧山城（愛知県小牧市）に入る。これに対して、尾張国へ進軍した秀吉は楽田《がくでん》城（犬山市）に陣取り、小牧山周辺に諸勢を配置し、織田・徳川両勢に対峙する。ここに、「小牧・長久手合戦」は始まる。

織田・徳川勢との対峙がつづくなか、四月六日に秀吉は事態の進展を図って、甥の三好信吉《のぶよし》（後の羽柴秀次《ひでつぐ》）を総大将に、池田恒興・元助父子、森長可、堀秀政《ほりひでまさ》ら二万四〇〇〇人ほどの軍勢を三河方面に進軍させ、織田・徳川方の尾張岩崎《いわさき》城（愛知県日進市）を攻略させた。この事態にあたり、家康は小牧山城を出陣し、三月九日に岩崎周辺にて三好信吉らの軍勢を追撃して破った。この「長久手合戦」で、羽柴方は池田恒興・元助父子、森長可らが戦死した。敗報を聞いた秀吉は、すぐに竜泉寺《りゅうせんじ》（名古屋市守山区）に向かうが、家康はすでに撤退していたため、秀吉は楽田城へ帰陣の上、岐阜方面へ移る。開始当初の長久手合戦で家康が羽柴勢を破ったことから、小牧・長久手合戦は秀吉のその後に大きな影響を与えた戦争として知られるが、戦闘は尾張・伊勢両国を主舞台にその後もつづく。

五月、羽柴勢は織田方の尾張加賀野井《かがのい》城（岐阜県羽島市）を攻略した上、織田方の将であった不破《ふわ》

図 2-3　小牧・長久手合戦関係図（柴裕之編著 2020）

図 2-4　小牧長久手合戦図屏風（名古屋市博物館所蔵）

広綱《ひろつな》が守る竹鼻城《たけがはな》（羽島市）を水攻めし、六月十日に開城させた。一方、家康は十二日に清須城に移り、この時は羽柴方であった滝川一益の蟹江《かにえ》城（愛知県蟹江町）を攻撃、七月三日に一益を降伏させた。その一方で、信雄・家康は土佐の長宗我部《ちょうそかべ》元親《もとちか》と対秀吉の外交を展開、また家康は同盟関係にある相模北条家に援兵の派遣を求めた。だが北条氏直は、秀吉に従う常陸の佐竹義重ら「東方之衆」と下野国沼尻《ぬまじり》（栃木県藤岡市）で対峙しつづけ、援軍の派遣は果たせずにいた。

　そうしたなか、次第に軍勢数や兵站《へいたん》で勝る羽柴勢が優勢になってくると、秀吉と信雄・家康の両者は九月に講和を試みたが、交渉は決裂した。その後、羽柴勢は南伊勢の攻略を成し遂げた上、十一月六日には信雄居城の伊勢長島城の近辺にまで進軍し、もはや家康の援軍を得られない戦況にあった信雄を講和（実質的には降伏）に追い込んだ。そのさいに、信雄はこの合戦中に秀吉方の占領下となった南伊勢と伊賀国を割譲、人質に自身や叔父織田長益《ながます》（後に出家し、有楽斎《うらくさい》を称す）の実子、重臣らの母や実子を差し出した。信雄の講和をうけ、家康も秀吉に、人質として二男の於義伊《おぎい》（後の結城《ゆうき》秀康《ひでやす》）と重臣石川数正《いしかわかずまさ》の子を差し出して講和を求める。この結果、家康とも講和がなり、小牧・長久手合戦は秀吉の勝利のもとで幕を閉じる。

この合戦の勝利によって秀吉は、織田家当主であった信雄と主従関係を逆転させ、自らの天下人としての立場を確固たるものとしたのである。

3　豊臣大名織田・徳川両家

図2-5　豊臣秀吉像（高台寺所蔵）

信雄の臣従と「家康成敗」

羽柴秀吉は、小牧・長久手合戦の終結直後にあたる天正十二年（一五八四）十一月二十二日に朝廷からも天下人の立場を認められ、従三位権大納言となった。これによって、秀吉は国内における身分秩序のもとで序列を示す官位においても、正五位下左近衛権中将にあった主君の織田信雄を凌駕することになった。ここに、天下人秀吉のもとでの中央政権としての「豊臣政権」が名実ともに本格的に始動する。

翌天正十三年二月二十二日、織田信雄は摂津大坂城の秀吉のもとへ出頭し、天下人秀吉に臣従する姿勢をはっきりと示した。ここに秀吉は、名実ともに織田家を臣従させたことを世間に示し、信長の死後も政局を規定しつづけてきた織田政権の体制（「織田体制」）は解体された。その上で、秀吉は七月十一日に従一位《じゅいちい》関白《かんぱく》となり、公武における最高位を獲得し、天下人の立場を不動のものとした。そして中央の畿内周辺を鎮めた秀吉は、信長の国内諸勢力の統合事業を継承し、強大な軍事力をともなった権勢で、国内各地の戦国大名・国衆による抗争を取り締まり従えていく、「惣無事」による「天下一統《てんかいっとう》」に取りかかっていく。

そのなかで天下人秀吉に臣従した織田信雄は、豊臣大名織田家当主としての立場を確固たるものとしていった。もともと信雄は、正統な家督継承者の三法師が幼少につき、成人するまでの暫定的な当主に過ぎなかった。いま信雄は、豊臣大名織田家の当主として位置づけられ、徳川家康や越中の佐々《さっさ》成政《なりまさ》らを秀吉に臣従させるよう務めを課され活動していく。

その頃、徳川家康は、小牧・長久手合戦終結時の和議締結にさいして、二男の於義伊を人質に差し出してはいたが（その後、於義伊は秀吉の養子として扱われ、元服して秀康を名乗る）、秀吉との関係については今後の情勢を見極めた上でどのような対処をしていくべきか、模索中だった。

その一方、家康は相模北条家との同盟強化にあたり、北条家から天正壬午の乱終結時に交わした領土協定（国分《くにわけ》）にもとづいて、上野国沼田《ぬまた》領（群馬県沼田市以北の地域）の引き渡しを求められていた。徳川家に従属し、沼田領を管轄していた信濃国衆の真田昌幸が、北条家の割譲要求に応じることなく、抵抗をつづけていたからだ。家康は北条家からの求めに従い、真田昌幸に沼田領の割譲を指示した。だが、昌幸は家康の指示を拒否し、天正十三年六月に徳川家との従属関係を解消し、越後の上杉景勝に政治的・軍事的保護を求め従属してしまう。

この真田昌幸の離反行為に怒った家康は報復として、甲斐・信濃両国で軍政を担当していた重臣の鳥居元忠・平岩親吉《ひらいわちかよし》・大久保《おおくぼ》忠世《ただよ》ら諸将を派遣し、閏八月に真田家居城の信濃上田城《うえだ》（長野県上田市）を攻撃させた。だが、真田勢の挑発による攻撃をうけ、徳川勢は敗退した（第一次上田合戦）。その後、真田昌幸は秀吉に政治的・軍事的保護を求め従属、また信濃国衆の小笠原貞慶《さだよし》も離反し、秀吉に従ってしまう。こうして、徳川家の信濃国における勢力圏は縮減し、その領有にも動揺が走りだす事態となった。

同時期、秀吉は徳川家に対し自分に敵対した越中の佐々成政との連携を疑い、宿老らの人質の差し出しを求めた。これに対して十月、家康は松平一族や宿老らとの協議のもとで、秀吉の要求を拒絶し、相模北条家との同盟のもとで抗戦をも辞さぬことを決した。また、秀吉との対立に備えて本願寺門徒を味方につけるため、かつて対立した佐々木上宮寺・針崎勝鬘寺・野寺本證寺などの七ヵ寺の帰還を許し、領国内での活動を本格的に認めた。

ところが、翌十一月に思わぬ事件が起こる。宿老の石川康輝《やすてる》（数正）が秀吉のもとへ出奔したのだ。石川数正は信康・築山殿事件の後、三河岡崎城の城代を務め、なおかつ宿老としてこれまで羽柴家との交渉を担当してきた。そうした数正の働きに報いてか、家康は「康」の一字を与え、数正は「康輝」と実名を改めていた。康輝は、秀吉との融和を徳川家内部で主張しつづけていた。だが、秀吉との緊迫した情勢が強まっていき、さらに従属時より後見を務めてきた信濃国衆の小笠原貞慶が離反した責任を問われ、康輝は発言権を失い孤立を深めた。そして、秀吉との抗戦を辞せずの対応に決すると、立場を失った康輝は、徳川家を出奔したのだった。その後、康輝は実名を「吉輝《よしてる》」と改め羽柴家臣として活動する。

人質差し出しの拒否、交渉担当者（取次）だった康輝の出奔をうけ、秀吉は「家康成敗」のため、来春の出陣の意向を示す。こうした事態にあたり、家康は領国内の動揺を押さえつつ、三河東部《とうべ》城（愛知県幸田町）などの普請を実施して、秀吉襲来への備えに追われた。秀吉襲来の危機は、目前に迫っていたのである。

家康の臣従

そうした緊迫した状況のなか、十一月二十九日の夜半に「天正地震《てんしょうじしん》」が起きた。この地震は、畿内周辺では倒壊や死者の甚大な被害をもたらし、秀吉は出陣を延期とした一方で、並行して行なわれていた織田信雄を通じた融和路線を進めていった。

秀吉の意向をうけた信雄は、翌天正十四年正月に三河岡崎城で家康と対面して、秀吉との和睦を促した。家康は信雄の和睦調停に、現状の事態打開のために応じ、秀吉に臣従することとした。これをうけて二月、秀吉は家康を「赦免《しゃめん》」し「家康成敗」を中止とした。これにより、家康は目前の危機をとりあえず回避した。

それにともなって、家康は三月に相模北条家の前当主で最高主導者であった「御隠居様《ごいんきょさま》」氏政と伊豆国三島《みしま》（静岡県三島市）・駿河国沼津（沼津市）で二度にわたり会見をしている。家康は、いま秀吉への臣従の道を歩むこととなったが、その一方でこの会見を通じて北条家との同盟関係の継続を確認したのであろう。

家康は秀吉への臣従にあたって、今後の立場獲得と領国の存立保護を求めた。この家康の要求を受け入れて、五月に秀吉は妹の旭《あさひ》（朝日）を嫁がせ家康を義弟とし、徳川家を羽柴家の親類とした。さらに秀吉は、家康に離反した信濃国衆の真田昌幸・小笠原貞慶・木曽義昌を政治的・軍事的配下の与《よ》力小名《りきしょうみょう》として従えることを認めた。ところが、この秀吉の措置に真田昌幸は従わなかったため、七月に家康は秀吉から「真田成敗」を行なうことを許され、出陣の準備を進めていく。しかし、八月に上杉景勝の取り成しもあって、秀吉は真田昌幸を赦した。この結果、「真田成敗」の実施は中止となり、真田家は徳川家の政治的・軍事的配下にある与力小名であることが確定した。そして徳川領国は、秀吉への従属によって、五ヵ国領有への飛躍時以来さいなまれてきた内外の危機を解消し、存立と安泰を得たのである。

その上で秀吉は、十一月の正親町天皇の譲位にあわせ、家康に臣従をはっきりと示すよう一刻も早い上洛を求めた。九月、家康はこの秀吉の要請をうけ上洛を決め、上洛にあたって身に危害を加えないよう保証を求めた。この求めに応じて、秀吉は母の大政所《おおまんどころ》を人質に差し出した。そして、大政所が人質として三河岡崎城に入ったことを確認した上で、十月に上洛し、同月二十七日、摂津大坂城で秀吉と対面し臣従を誓い、秀吉に従う「豊臣大名」に列した。

その後、秀吉に臣従した信雄は旧主として、家康は秀吉の義弟（羽柴家親類）として、いずれも豊臣政権下で天下人秀吉に次ぐ高位の大名に位置づけられ活動していく。

豊臣大名織田・徳川両家の領国支配

徳川家康が秀吉に臣従を示した頃、織田信雄は領国対応に追われていた。それは、信雄の領国が小牧・長久手敗戦での結果によって尾張国と北伊勢のみに縮小した上、天正十三年十一月二十九日に発生した「天正地震」によって、居城の伊勢長島城が倒壊するなどの大被害をこうむったためである。天正十四年正月に信雄が、三河岡崎城に赴き家康に秀吉との和睦を促したのも、この地震被害の対応に専念したかったという事情があったからなのだろう。この直後の二月、信雄は尾張清須城へ居城を移す。その上で、城下の大規模な改修を進めるとともに、七月には領国内に検地を実施して、家臣や寺社へ所領の再給与や所領替えを行なった。このように、信雄は小牧・長久手合戦での戦禍、天正地震と相次いだ領国の存立危機に対し、再興と支配体制の整備に努めていった。

一方、天正十四年十一月、秀吉への臣従を示した上、正親町天皇の譲位式に参列するなど上洛行事を終えて遠江浜松城に帰着した家康は、十二月四日、先立つ九月に新たな領国の本拠と定めていた駿河国府中（駿府）へ戻り、豊臣大名徳川家の居城として築城を本格的に開始した。駿府を領国の本拠としたのは、秀吉に臣従し政治的・軍事的保護を得た徳川家にとって、同地が五ヵ国におよぶ領国の政治・経済の中枢地に位置したからである。また豊臣大名となった徳川家には、領国の政治的・軍事的保護を得た代わりに、「天下一統」の達成のため、外交・軍事力を行使した「関東・奥両国惣無事」（関東・奥羽地方の統制と従属）の実現への務め（奉公《ほうこう》）が求められた。家康がその活動を担うのにも、同地は適していたことによる。

そのなかで築かれた駿府城は、徳川家の領国拠点の居城としてだけでなく、豊臣政権の関東・奥羽方面に備えた勢力東端の要城として、羽柴家親類の有力大名であった家康のもとで築城され、天守《てんしゅ》・小天守を兼ね備えていた。二〇一六年から行なわれた静岡市の発掘調査で、慶長期駿府城の天守台遺構のうちから天正期の天守・小天守両台の遺構がみつかった。その遺構から露わになった石垣は、羽柴家居城の摂津大坂城や政庁の京都聚楽第《じゅらくてい》と同様に巨石を積んだ、当時の最新技術が使用されていた。このことから、同城の築城のさいに豊臣政権からの技術提供や援助を得た可能性がある。

しかし、豊臣政権のもとでの活動は領国の経営とともに支出を増大させ、それまでの災害や戦争による疲弊の上に財政に重くのしかかっていった。そこで、天正十五年から翌同十六年にかけて、家康は財政の補塡に追加徴税として、「五十分一役《ごじゅうぶいちやく》」を賦課した。「五十分一役」とは、蔵入地《くらいりち》・給人領《きゅうにんりょう》・寺社領を問わず、駿河・遠江・三河の三ヵ国では定納《じょうのう》（諸税賦課基準）高、甲斐国国中領《くになか》（甲府盆地一帯の甲斐国の中心地域）では知行高から五〇分一（二％）の額を徴収した税で、徳川家が直接管理する駿河・遠江両国と従属国衆奥平家の領国（設楽郡《したら》）を除いた三河国、甲斐国国中領で構成された「本領国」で徴収された。自治運営を認められた従属国衆領や重臣の鳥居元忠が経営する甲斐国郡内領《ぐんない》（山梨県都留市周辺）など支城領は対象外である。

だが補塡をつづけるだけでなく、財政の確保を図らねばならない。そこで、家康は財政を立て直すための領国改革に乗りだす。なお、この領国改革も対象は本領国が対象で、従属国衆領・支城領ではそれぞれの対応が委ねられた。この改革のなかで、まず知行高を確定し税を賦課する基準を新たに設定するための事業が、天正十七年二月から翌十八年正月にかけて実施された検地である。この検地は、伊奈《いな》忠次《ただつぐ》や彦坂元正《ひこさかもとまさ》ら奉行人《ぶぎょうにん》（政策執行者）のもとで進められ、各村の納める俵高《ひょうだか》（米の分量を示す「俵」で表した基準値）による税賦課額が算出された。その上で、各村に検地結果の了承を得た上で、給人や寺社への知行が保証された。また、天正十七年七月から翌同十八年二月にかけて「七カ条定書《ななかじょうさだめがき》」を各村に出し、村の請負にもとづく納入（村請《むらうけ》）を前提に諸税の賦課額を定め、給人・代官の恣意を排除した上、徳川家が領国の存立に努める公権力（公儀《こうぎ》）であることを示した。

こうして家康は、この領国改革で設けた俵高による統一的知行・賦課体系（俵高制）のもとで、豊臣政権下の有力大名としての活動基盤を確固たるものとしたのである。

家康の関東移封と信雄の改易

豊臣政権より「関東・奥両国惣無事」の務めを任された徳川家康の最優先課題は、相模北条家を従属させることであった。家康の執拗な豊臣政権への従属交渉に、北条氏政・氏直父子は一時は抵抗をみせたが、秀吉に臣従することにし、天正十六年八月、当主氏直の叔父である氏規《うじのり》が上洛して豊臣政権に従う大名となった。ところが、その後に秀吉によってなされた上野国沼田領の領有問題の解決に不服を持った北条家臣が率いる軍勢が、真田家に残されていた上野名胡桃《なぐるみ》城（群馬県みなかみ町）を奪い取ってしまった。秀吉は、名胡桃城奪取のことを聞き、「征伐」の意向を示すとともに、北条家側に名胡桃城奪取についての返答と一刻も早く北条家の最高主導者であった「御隠居様」氏政を上洛させるよう、「最後通告」を行なった。しかし、北条家側は申し開きを述べるばかりで、この結果、天正十七年十二月、秀吉は北条家討伐の実施を取り決め、「小田原合戦」が起こることになる。

秀吉は、小田原合戦にさいして、徳川家康に三万人の軍勢を率いた先陣での出陣を命じた。家康が先陣となったのは、秀吉が進めている「関東・奥両国惣無事」に支障が生じた場合、真っ先に軍事的解決に努めることが豊臣大名としての役割であったからであった。また、信雄は家康を補佐する立場にあったため、徳川勢に次ぐ二番手で一万五〇〇〇人の軍勢を率いての出陣を命じられた。

秀吉の命令をうけ、家康は翌天正十八年二月十日に出陣、居城の駿府城ほか東海道上の領国内の諸城を後続の豊臣勢に明け渡し、北条領国へ進軍した。そして三月一日、京都を出陣した秀吉は、四月には北条家の居城である相模小田原城（神奈川県小田原市）を諸大名・小名の水陸にわたる大軍勢にて包囲、また関東の北条方諸城の攻略を進めた。豊臣勢のゆるぎない攻勢を目のあたりにして、七月に北条氏直は投降、関東に覇を唱えた有力大名の相模北条家は滅亡した。

戦後、徳川家康は関東へ移封（国替え）されることになった。それは、家康がこれまで豊臣政権のもとで「関東・奥両国惣無事」の実現に努めてきた役割の延長で、小田原合戦後の関東の安定といまだ不安定な奥羽情勢に対する抑えを任されることによって行なわれた。

一方、織田信雄も徳川関東領国（関東移封によって設けられた徳川家の統治する領国）の後方に位置した、駿河・遠江・三河・甲斐・信濃の各国で構成されていた旧徳川領国へ移封されることになった。この秀吉からの移封の指示は、小田原合戦さなかの天正十八年六月には現実味を帯びて俎上にあがっていて、噂としても広まっていた。この噂をうけ、織田領国内では移封に対する「騒動」が起き、信雄はその対処に追われていた。この事態もあり、信雄は移封を拒絶した。その結果、秀吉の怒りを買って改易《かいえき》となってしまう。その後、信雄は下野国那須《なす》（栃木県那須烏山市）にわずかな従者のみをともなって配流《はいる》されたが、天正十九年閏正月に家康の尽力によって、秀吉の赦しを得て上洛、嫡男の秀《ひで》雄《かつ》に家督を譲った後、出家して法名の「常真《じょうしん》」を称した。

こうして東海地方では、織田・徳川領国の時代は終わり告げ、「天下一統」を成し遂げた豊臣政権のもとで新たな歴史的な局面を迎えることになる。

〔参考文献〕

跡部　信「服属の作法と人質―家康臣従過程を再検討する―」『豊臣政権の権力構造と天皇』戎光祥出版、二〇一六年（初出二〇〇五年改稿）

小川雄・柴裕之編著『図説　徳川家康と家臣団』戎光祥出版、二〇二二年

尾下成敏「清須会議後の政治過程―豊臣政権の始期をめぐって―」『愛知県史研究』一〇、二〇〇六年

黒田基樹『敗者の日本史10　小田原合戦と北条氏』吉川弘文館、二〇一二年

同　『家康の正妻　築山殿―悲劇の生涯をたどる―』平凡社、二〇二二年

同　『徳川家康の最新研究』朝日新聞出版、二〇二三年

黒田基樹編著『シリーズ戦国大名の新研究3　徳川家康とその時代』戎光祥出版、二〇二三年

斎藤慎一『読み直す日本史　戦国時代の終焉―北条の「夢」と秀吉の天下統一―』吉川弘文館、二〇一八年

柴　裕之『徳川家康―境界の領主から天下人へ―』平凡社、二〇一七年

同　『シリーズ実像に迫る17　清須会議―秀吉天下取りへの調略戦―』戎光祥出版、二〇一八年
同　『織田信長―戦国時代の「正義」を貫く―』平凡社、二〇二〇年
同　「徳川家康の対北条氏外交と戦略」『戦国北条フェスオフシャルブック』一、二〇二四年
柴裕之編『論集戦国大名と国衆20　織田氏一門』岩田書院、二〇一六年
柴裕之編著『図説　豊臣秀吉』戎光祥出版、二〇二〇年
柴裕之編著『シリーズ・織豊大名の研究10　徳川家康』戎光祥出版、二〇二二年
戦国史研究会編『織田権力の領域支配』岩田書院、二〇一一年
谷口　央「小牧長久手の戦い前の徳川・羽柴氏の関係」『人文学報』四四五、二〇一一年
長久手市郷土史研究会『書簡に見る小牧・長久手の戦い』ゆいぽおと、二〇二三年
西尾大樹「豊臣政権成立への歴史的前提―小牧・長久手の戦いに至る政治過程―」『龍谷大学大学院文学研究科紀要』四三、二〇二一年
竹井英文『織豊政権と東国社会』吉川弘文館、二〇一二年
同　『列島の戦国史7　東日本の統合と織豊政権』吉川弘文館、二〇二〇年
平野明夫『徳川権力の形成と発展』岩田書院、二〇〇六年
平山　優『武田遺領をめぐる動乱と秀吉の野望―天正壬午の乱から小田原合戦まで―』戎光祥出版、二〇一一年
同　『増補改訂版　天正壬午の乱―本能寺の変と東国戦国史―』戎光祥出版、二〇一五年
同　『武田氏滅亡』KADOKAWA、二〇一七年
同　『徳川家康と武田勝頼』幻冬舎、二〇二三年

藤木久志『豊臣平和令と戦国社会』東京大学出版会、一九八五年
藤田達生『天下統一論』塙書房、二〇二一年
堀　新『日本中世の歴史7　天下統一から鎖国へ』吉川弘文館、二〇一〇年
堀新・井上泰至編『家康徹底解読―ここまでわかった本当の姿―』文学通信、二〇二三年
本多隆成『定本　徳川家康』吉川弘文館、二〇一〇年
同　『徳川家康と武田氏―信玄・勝頼との十四年戦争―』吉川弘文館、二〇一九年
丸島和洋『武田勝頼―試される戦国大名の「器量」―』平凡社、二〇一七年
渡邊大門編『秀吉襲来』東京堂出版、二〇二一年
『愛知県史　通史編3　中世2・織豊』愛知県史編さん委員会、二〇一八年
『静岡市埋蔵文化財調査報告　駿府城本丸・天守台跡』静岡市教育委員会、二〇二二年

三　豊臣の世から徳川の世へ

平野仁也

1　秀吉の天下統一と諸大名の移封

東海道筋の諸大名

天正十八年（一五九〇）七月、豊臣秀吉の率いる圧倒的な兵力を前に、小田原の北条氏は城を開けて降伏、氏政・氏照《うじてる》兄弟は切腹し、当主の氏直は高野山《こうやさん》に追放された。北条氏滅亡後、秀吉は徳川家康に国替えを命じた。それまで家康が支配していた五ヵ国（三河・遠江・駿河・信濃・甲斐）に替えて、北条氏が治めていた関東の地を与えた。秀吉は、織田信雄に家康の旧領へ入るよう命じたが、信雄は先祖の地である尾張から離れることに難色を示した。そのため、秀吉の怒りを買い、所領は没収、下野国烏山へ配流された。

家康の関東移封、信雄の改易によって、東海地方の大名は大きく入れ替わった。尾張には、秀吉の甥（姉の子）秀次が入った。永禄十一年（一五六八）生まれの秀次は、この時二三歳、尾張に入る前は近江八幡山の城主であり、四三万石が与えられていた。血縁者の少ない秀吉は、この若い甥をひと

図3-1　豊臣秀次像（京都 瑞泉寺所蔵）

かどの人物に成長させるため、小牧・長久手の合戦や小田原攻めで一手の将を務めさせるなど経験を積ませていた。

秀次の尾張入部にともない、三河・遠江・駿河には秀次の与力大名が配置された（表3－1参照）。徳川氏の本拠地である岡崎には田中吉政が入り、西三河の支配にあたった。東三河の中心である吉田には、池田照政が入部した。遠江では、浜松に堀尾《ほりお》吉晴《よしはる》、久野《くの》に松下之綱《まつしたゆきつな》、懸川（掛川）に山内一豊、横須賀に渡瀬繁詮《わたらせしげあき》がそれぞれ新たに所領を与えられ、駿河は中村一氏《なかむらかずうじ》が支配するところとなった。これらの大名のうち、田中・堀尾・山内・中村は、秀次が近江八幡山の大名だった頃から、秀吉の命で附属された者であり、池田・松下はこのたびの移封で秀次の与力格の大名となった。

このような東海道筋の大名配置は、家康の存在を意識したものである。秀吉に臣従したとはいえ、かつて小牧・長久手の合戦で秀吉に手痛い一撃を与えた家康は、秀吉にとって潜在的な脅威でありつづけた。将来、豊臣家と対立する場合を想定して、街道筋を信頼できる大名で固めておく必要があった。

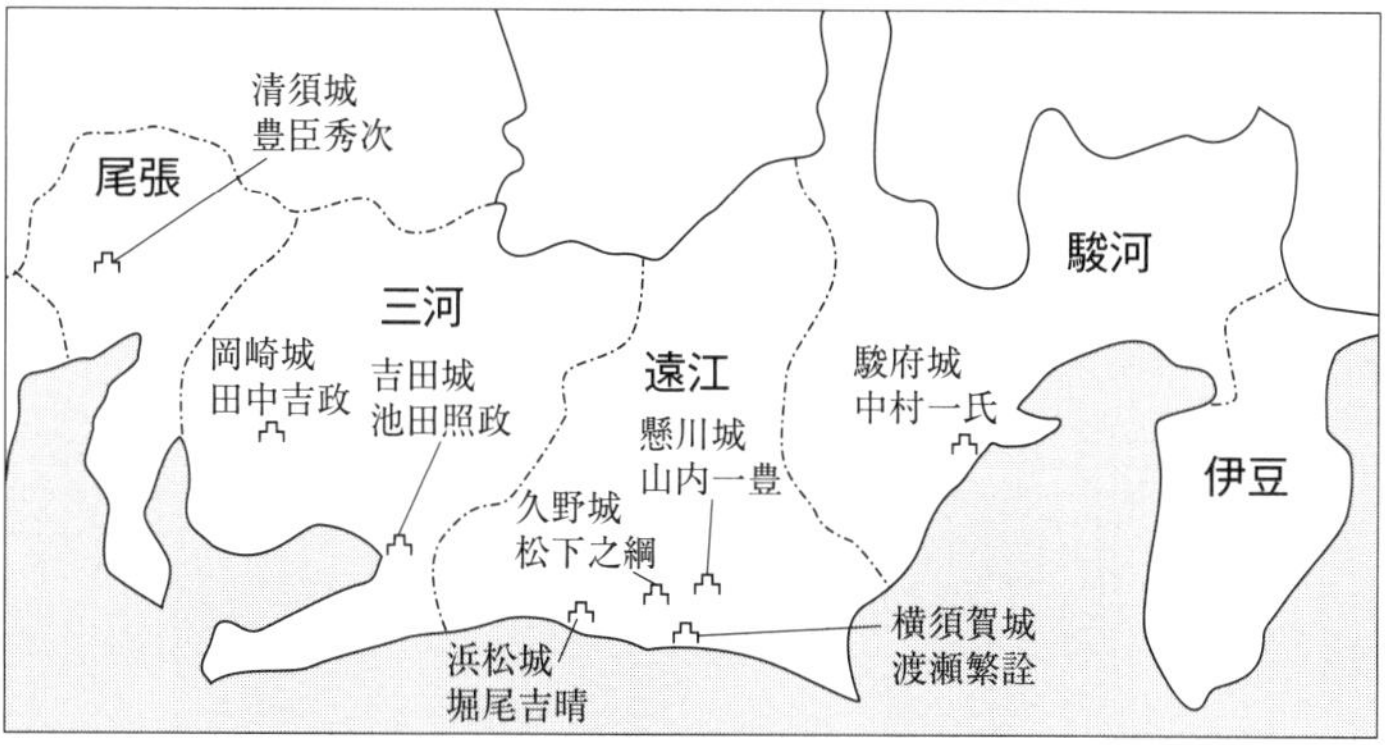

図 3-2　豊臣秀次とその与力大名の配置

表 3-1　三河・遠江・駿河の諸大名

国名	居　城	城主名	入封時の石高
三河	岡崎城	田中吉政	5 万 7400 石
	吉田城	池田照政	15 万 2000 石
遠江	浜松城	堀尾吉晴	12 万石
	久野城	松下之綱	1 万 6000 石
	横須賀城	渡瀬繁詮	3 万石
	懸川城	山内一豊	5 万石
駿河	駿府城	中村一氏	14 万 5000 石

＊天正 18 年（1590）末時点.

国替えを命じられた大名は、新しい支配地へ赴き、そこで家臣に知行を分け与えた。

武士の近世化

三河吉田の池田家の例をみてみよう。天正十八年十月十八日付けで、池田照政が重臣の荒尾《あらお》平左衛門《へいざえもん》に与えた知行の宛行《あてがい》状《じょう》が残っている。それによると平左衛門の知行三〇〇〇石余は、宝飯《ほい》郡・八名郡・渥美《あつみ》郡の三郡に分かれており、領域的にひとつにまとまっていなかった。池田家ではほかにも知行の場所を分けて与えた例を確認できる。

国替えの後、家臣が新たに有することになった知行は、当然のことながら、その家臣が長年経営してきた土地ではない。大名側の差配によって与えられたものである。家臣と知行地との関係は希薄となった。存立の基盤を主君に掌握されているという点で、大名の家臣に対する支配の度合いは強まったといえる。この時期に行なわれた国替えとそれにともなう家臣への知行宛行は、家臣の在地性を弱め、主従関係における大名の優位性を促進するものであった。

領内の整備

東海道筋の城と城下町は、この時期に大々的に整備されたところが多い。岡崎城の例をみてみよう。岡崎は家康の生地であり、徳川氏（松平氏）の本拠としてよく知られている。家康が関東へ移った後、新たに入部した田中吉政は、城域を拡張させるとともに、東海道を城下に引き入れ、町の区画を新たに設定した。それらは近世の岡崎の原形となるものであった。

吉政は城の西方に広がる沼田を埋め立てて田町とし、そこに町屋を造成した。城の東・北・西に沿うかたちで東海道を通し、町並みをつくった。また、惣構《そうがまえ》、すなわち城下を取り囲む土塁《どるい》や堀を築いた。惣構ができたことによって、町の内と外とが明確になった。惣構のうちに居住するものは、諸役《しょやく》免除などの特権が与えられた。これには城下へ住民を集住させ、賑わいを生み出す効果があった。

懸川城・吉田城・浜松城などはいずれもこの時に天守が造営されている。岡崎城についても、現在残る天守台の石積みの様子から、吉政が城主の時期に天守が造営されたものと考えられている。天下を統一した秀吉政権の下で、先進技術を用いた城郭の整備が一斉に行なわれたものといえよう。

岡崎城主となった吉政は、毎日城の見回りに出て、普請に関する命令を下し、食事をとる時は城から弁当を取り寄せ、道端や堀端に腰を下ろして食べた。領内をくまなく巡回し、堀を備えた百姓屋敷があれば、「用心は領主である吉政にまかせ、堀は埋めて田畑にせよ」と命じた。秋の収穫の時期には、自ら稲の出来を確かめ、無理のない税率を定めたという（『石川正西聞見集《いしかわしょうさいぶんけんしゅう》』）。何事も自ら先頭に立って行なうこの時期の大名の様子がうかがえる。

支配と交通　東北から九州まで、全国を支配下においた秀吉は、自分の命令をすみずみまで素早く伝えるため、また、国内で物資や軍勢をすみやかに動かすため、諸大名に命じて交通網の整備に力を注いだ。

天正十八年十二月、秀吉は山内一豊に継飛脚《つぎびきゃく》二〇人を昼夜を問わず常時用意しておき、奥州からの注進状《ちゅうしんじょう》や京都からの指示を迅速に伝達するよう命じた。

天正十九年八月、秀吉は、奥州における九戸《くのへ》政実《まさざね》の反乱に現地で対応していた秀次に宛てて朱印状を送った。それは東海道筋の諸大名が順次送り継いでいくことで運ばれた。史料上判明するところでは、吉田の池田家から朱印状を受け取った浜松の堀尾家は、八月十一日の戌の刻（午後八時ごろ）に、使者に朱印状を持たせて東へ走らせた。それを懸川城の山内家の家臣が受け取り、さらに東へ運んで、翌十二日の亥の刻（午後十時ごろ）に府中（静岡市）へ到達、そこから先は中村家によって三枚橋（静岡県沼津市）へ送られた。秀吉が広域にわたる支配を実現するためには、通信手段の整備が不可欠であったといえよう。

表3-2　美濃における主要な城主

居　城	城主名	石　高
岐阜城	羽柴秀勝	13万3000石
大垣城	伊藤祐盛	3万石
曽根城	西尾光教	2万石
福束城	丸毛兼利	2万石
北方城	木村重則	1万石
今尾城	市橋長勝	1万石
竹鼻城	杉浦重勝	1万石
松ノ木城	徳永寿昌	2万石
高須城	高木盛兼	1万石
多良城	関一政	3万石
太田山城	原勝胤	3万石
岩手城	竹中重門	6000石
鉈尾山城	佐藤方正	2万5000石
八幡城	稲葉貞通	4万石
金山城	森忠政	7万石
苗木城	川尻直次	1万石
小原城	遠藤慶隆	7500石
犬地城	遠藤胤基	5500石

美濃・飛驒の諸大名

美濃の大名配置はどのような状況であったのだろうか。美濃の中心に位置する岐阜城は、天正十三年以降、池田照政が城主であった。照政が三河吉田へ移ったことをうけて、天正十九年に羽柴《はしば》小吉秀勝《ひでかつ》が一三万三〇〇〇石で入った。秀勝は秀吉の姉の子で、秀次の弟である。永禄十二年生まれの秀勝はこの時二二歳、秀吉は、若い甥二人に尾張・美濃という東西を結ぶ要衝の地を任せたのだった。

そのほか、美濃国内の諸城主についてみていきたい（表3－2参照）。

美濃の西部から木曽三川の下流にかけての地域は、一～三万石程度の小領主が所々に存立する状況にあった。大垣城には、天正十八年に伊藤祐盛《いとうすけもり》が三万石の所領を得て入った。慶長四年に祐盛が致仕《ちし》すると、子の盛正《もりまさ》がその跡を継いだ。

大垣城の北約五キロのところに位置する曽根《そね》城（岐阜県大垣市）は、稲葉氏の居城であった。天正十六年に秀吉の命をうけて、稲葉貞通《さだみち》は美濃国内の郡上《ぐじょう》（岐阜県郡上市）へ移った。貞通は八幡城を整備して居城とした。曽根城には美濃出身の西尾《にしお》光教《みつのり》が二万石で入った。

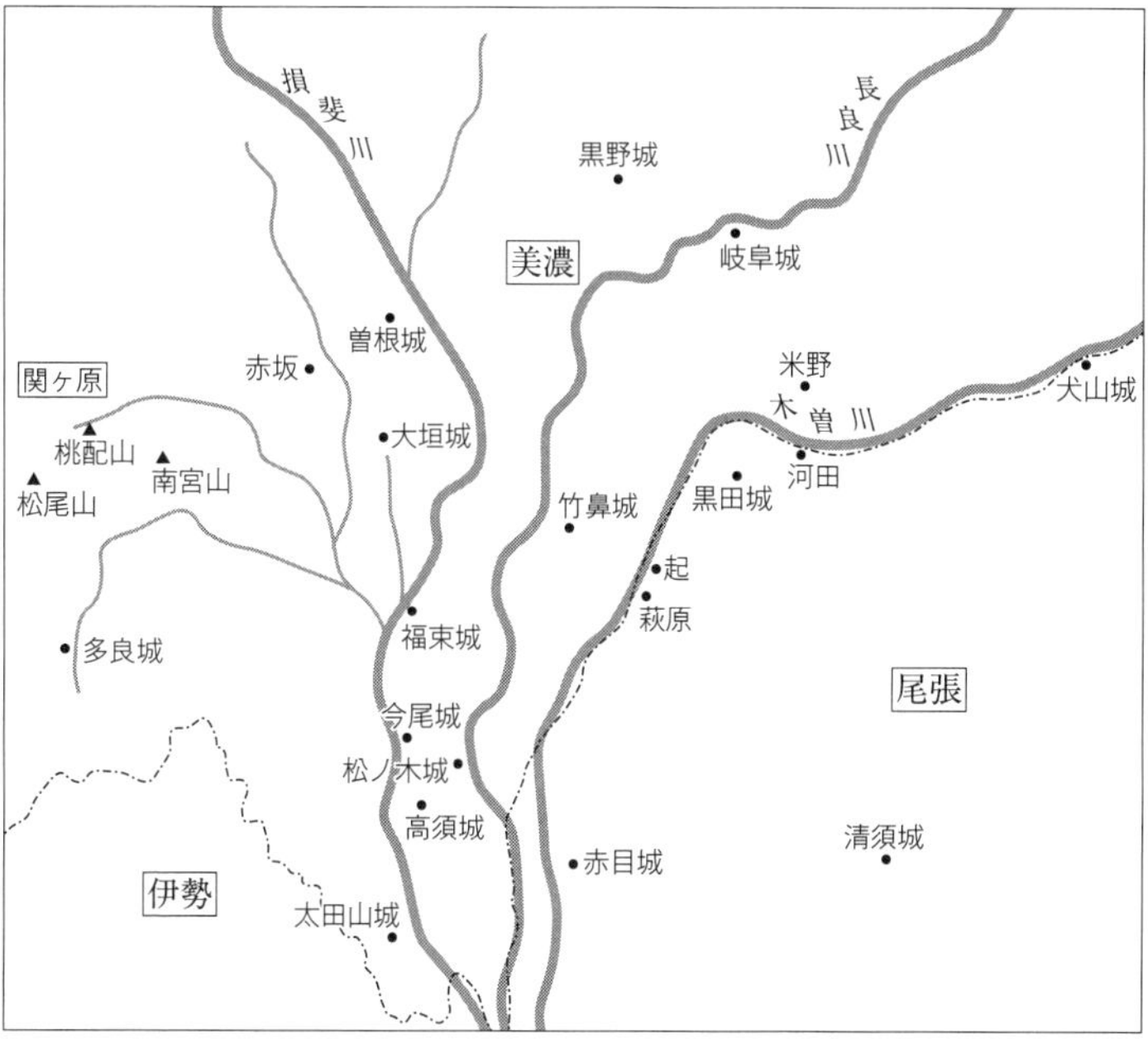

図 3-3　美濃南西部・尾張北東部の諸城

比較的所領の大きい大名としては、金山城（岐阜県可児市）の森忠政《ただまさ》が、小牧・長久手の合戦で討死した兄長可の遺領を継いで七万石の所領を有した。

飛驒は、高山《たかやま》城を居城とする金森長《かなもりなが》近《ちか》が、三万八七〇〇石の所領を支配した。美濃出身の長近は、信長・秀吉に仕えて数々の戦陣に赴いた武将である。天正十三年、反秀吉の立場をとる飛驒の姉小路氏を攻め破った功により、飛驒一国を与えられていた。

伊勢・志摩の状況　次に伊勢の国についてみてみよう。この時期の大きな変化としてあげられるのが蒲生《がもう》氏郷《うじさと》の転封《てんぽう》である。松坂城主の氏郷は、秀吉の命で会津四二万石へ移り、その翌年に加増《かぞう》をうけて、九二万石の所領を有した。会津は伊達政宗《だてまさむね》が芦名氏《あしな》から攻め取った地であったが、秀吉はそれを没収して氏郷に与え、奥州のおさえとしたのであった。

氏郷に代わって松坂に三万五〇〇〇石で入部したのが服部一忠《はっとりかずただ》（小平太《こへいた》）である。桶狭間の合戦の時に、信長配下として今川義元に一番鑓《いちばんやり》をつけたが、義元の反撃にあって膝を斬られた人である。当時一忠は北伊勢で秀吉蔵入地の代官《だいかん》を務めていた。また、氏郷の転封と同時に亀山城の関一政《せきかずまさ》も白河《しらかわ》へ移ることとなった。一政の跡には二万二〇〇〇石で岡本良勝《おかもとよしかつ》が入った。良勝も一忠同様、北伊勢で代官を務めていた人物である。

このほか、主要な大名を列挙すると、安濃津城（三重県津市）は、織田信長弟の信包が引きつづき城主であった。所領高は不明だが、軍役の負担人数から推測して六万石から一〇万石程度と考えられている。神戸城（三重県鈴鹿市）には、天正十八年に水野忠重が四万石で入部した。桑名城は、氏家行広《ゆきひろ》が二万二〇〇〇石で入った。行広の父は西美濃三人衆の一人氏家卜全である。土岐・斎藤・織田家に仕えて、元亀二年（一五七一）に伊勢長島の一揆勢力と戦って討死した人である。

九鬼嘉隆は、鳥羽城を本拠として、伊勢・志摩両国で三万五〇〇〇石を領した。嘉隆はもとは北畠氏に従属していたが、北畠氏を離れて信長に仕えるようになり、水軍を率いて各地を転戦した。信長死後は秀吉に従い、九州攻めや小田原の陣など秀吉の軍勢が遠方へ出征するさいには水軍の将として活躍した。

2　朝鮮出兵と秀次事件

秀次の関白就任

天正十九年（一五九一）一月二十二日、秀吉の弟秀長《ひでなが》が病死した。秀長は秀吉が右腕と頼む存在であった。そして、同年の八月五日には愛児鶴松《つるまつ》が病のため、わずか三歳で死去した。相次いで肉親を亡くした秀吉は悲しみの底に打ち沈んだ。八月九日に増田長盛《ましたながもり》が田中吉政らに宛てた書状には、秀吉が家督と京の聚楽第を秀次に譲って大坂に隠居するつもりであること、尾張は羽柴秀勝に与え、岐阜には田中吉政を入れる意向であることが記されている。秀勝・吉政の移封は実際には行なわれなかったが、関白の座については秀次に与えられることになった。これは秀吉が秀次を己の後継者として定めたことを意味する。

奥羽仕置《おううしおき》を切り上げ、上方へ戻った秀次は、関白就任に先立ち、十一月二十八日に権大納言、同年十二月四日に内大臣《ないだいじん》と進み、同月二十八日には関白宣下《せんげ》をうけて、人臣の最高位に駆け上がった。秀吉は、十二月二十日付けで秀次に五ヵ条の覚書を与えて、支配者としての心構えを示した。その内容は、①国々が静謐であっても、武具や兵粮《ひょうろう》の準備を怠らないこと、②法度《はっと》をかたく申し付け、違反する者がいれば身内でも厳しく処すること、③朝廷には懇ろに奉公すること、家臣の待遇に配慮すること、④仁義礼智信《じんぎれいちしん》を重んずること、⑤茶の湯・鷹狩《たかがり》・女性にうつつをぬかさないこと、というものであった。いずれも人の上に立つ者として、ごく基本的な事柄である。百戦錬磨の秀吉からみれば、秀次はなんとも頼りなくみえていたのだろう。

文禄の役と諸大名の負担

天正二十年三月、秀吉の命により日本の軍勢一六万が朝鮮半島へ出兵した。文禄《ぶんろく》の役《えき》の始まりである（天正二十年十二月八日に文禄に改元）。渡海した大名家は、主として九州・四国・中国に所領を持つ者と、配下に水軍を擁する将であった。

秀次や東海地方の大名の多くは在京して畿内の警護にあたったが、朝鮮渡海も視野に入れていたようである。この頃に朝鮮出兵を想定して作成されたと思われる陣立書《じんだてがき》「関白殿御人数備之次第」は、秀次のもとに、堀尾吉晴・池田照政・山内一豊・松下之綱・田中吉政・中村一氏・一柳直盛《ひとつやなぎなおもり》・徳永寿昌ら計三万四〇〇〇人余の軍勢が編成された内容となっている。また、伊勢・志摩に所領をもつ服部一忠・岡本良勝・九鬼嘉隆らは、舟手衆《ふなてしゅう》を率いて人員や物資の輸送にあたった。

天正二十年十月、朝鮮出兵にともない、秀次は軍船の建造を命じられた。まず一〇艘の船がつくられることとなり、それに必要な木材は、伊勢・熊野・富士山麓・木曽など各地から集められた。秀次は三河の田中・池田、遠江の堀尾・松下・山内、駿河の中村ら諸大名に指示を出して建造に取り組んだ。

秀次が山内一豊・松下之綱に宛てて出した天正二十年十二月五日付けの朱印状は、諸職人に油断なく作業を進めさせること、材木の入手状況を詳しく報告することを伝えるもので、秀吉の命を迅速に遂行するよう催促している。この時、建造が命じられた船は、全長一八間（三二・四メートル）、幅六間（一〇・八メートル）という巨大なものであった。秀吉の命は絶対であり、諸大名は競うようにして与えられた任務を果たした。
朝鮮出兵の前線基地となった肥前名護屋《なごや》城の造成にさいして、フロイスの『日本史』は次のように記す。

この（名護屋の建築）事業に従事した身分の高い武将たちは、おのおのが他（の武将）に劣るまいと努力した。というのは、彼らはたとえ些細な怠慢や手落ちでも、そこで工事の進行を司る者から公然と叱責を被るのみならず、そのことで（老）関白に訴えられ、同様の理由をもって追放（処分）に付され、（老関白への奉仕には）役立たぬ者、無能な者として封禄《ほうろく》を没収されることをとくに恐れていたからである。

課役に対する「怠慢」には、厳しい処罰が待ちうけていた。実際に、伊勢安濃津城主の織田信包は、秀吉が求める役負担に十分に応じていないという理由で、文禄三年（一五九四）九月に改易されている。信包に代わって安濃津には富田《とみた》一白《いっぱく》・信高《のぶたか》父子がそれぞれ三万石・二万石を与えられて入部した。

他方、秀吉に賞された例を挙げると、文禄三年八月、美濃松ノ木城主で、秀次付きの家臣であった徳永寿昌は、伏見の「月見の殿」建造を担当していた。その出来栄えが見事であったため、秀吉は寿昌を褒めて馬を与えた。秀次にも寿昌へ褒美を授けるよう伝えている（谷徹也 二〇二二）。

朝鮮への出兵中、東海地方の大名配置にも若干の変化があった。岐阜城主の羽柴秀勝は、天文二十年九月に戦地で病死、代わって岐阜に入ったのが織田秀信である。秀信は、織田信忠の子、信長の孫にあたる人物である。岐阜城は信長・信忠がかつて城主であったので、秀信にとってゆかりのある城であった。

このほか、文禄の役には美濃出身で甲斐二四万石の領主であった加藤光泰《かとうみつやす》も従軍していたが、文禄二年、帰国の途上死去した。光泰の跡を子の貞泰《さだやす》が継いだが、まだ若年であったため父の所領高を大幅に減らされ、美濃黒野《くろの》（岐阜市）に四万石で入部した。

秀頼の誕生

文禄二年八月、肥前名護屋に滞在中の秀吉に待望の知らせがもたらされた。淀君が男児を出生したと聞いた秀吉は、急ぎ大坂城へかけつけた。拾《ひろい》と名付けられたこの赤子が、後の秀頼《ひでより》である。拾の誕生により、秀吉の後継者問題が改めて浮上した。甥の秀次を関白に就任させ、いったんは後継者と定めたが、拾の誕生により事態は複雑になった。秀吉は早くも九月四日に伏見城に秀次を呼び寄せ、日本を五つに分けて、そのうちの四つを秀次に与える案を示している。また、十月一日には、秀次の娘と拾の婚約を決めた。秀次から秀頼へ権力を移譲していくことが図られたのである。

なお、秀次は伏見城で秀吉と対面した翌日、湯治のため熱海に向かった。秀次の熱海滞在は四〇日の長きにわたった。従来、この湯治は秀頼誕生によって生じた精神的打撃をいやすためと説明されてきたが、その少し前に秀次は生後まもない男児を失っているので、その悲しみに起因するものと捉える見方がある（矢部健太郎 二〇一四）。

秀吉の尾張視察

文禄二年十一〜十二月にかけて、秀吉は鷹狩という名目で尾張を訪れ、各所を見て廻った。この時期、秀次は関白として上方に滞在することが多く、尾張の支配は秀次父の常閑斎が担っていた。

秀吉は、己の生国である尾張の田畑が荒れて、衰微している状況を憐れみ、「条々」を定めて復興を命じた。国中の夫役は三ヵ年免除とし、給人の軍役は半分にするなど百姓の負担を減らす方策を示した。秀吉の尾張視察は、秀次の支配に対する介入・牽制と考えるのが一般的であったが、近年ではこれを秀次に対する秀吉の援助と捉える説が提起されている（跡部信 二〇一六）。たしかに文禄二年末の段階では、両者の関係が大きく悪化していることを示す史料は見受けられない。これは「条々」の冒頭にみられるように「衰微」した「上様御生国」を立て直すことが主たる目的であり、天下人の地位に登りつめた秀吉が、自分の故郷に恩恵を施しつつ、秀次の経済的基盤を強化しようとしたのだろう。

十一月末、秀吉は尾張の各郡へ奉行を派遣し、支配の実態をうかがわせた。秀次も秀吉の奉行の「御添《おそえ》」として奉行を派遣した。秀次は、自身が派遣した八人の奉行に、どのようなことも秀吉の仰せに従うよう命じている。

尾張の視察を終えた秀吉は、十二月上旬に伏見への帰途についた。明けて文禄三年一月十七日、秀吉は、以前に秀次から贈られた鷹を、尾張滞在の秀次のもとへ送り返した。あわせて書状で今後自身は尾張・三河で鷹狩を行なわないことを述べ、かわりに同地で秀次が慰みに鷹狩を行なうことを勧めている。

文禄三年一月以降、秀吉の意向をうけ、各種の復興策が着手された。尾張国の堤普請《つつみぶしん》が進められ、徳永寿昌・田中吉政・吉田好寛《よしだよしひろ》・原長頼《はらながより》の四人が惣奉行となり、各郡の担当者として秀次の家臣が付された。また、四月には、秀次家臣により清須城下の家改めが行なわれ、よそからきて城下町の住人となっていた七六〇余人については、元の居住地へ帰らせ、耕作に従事させた。

秀次事件　秀次事件、すなわち文禄四年七月、秀次が高野山で切腹し、その妻子三〇名余が京の三条河原《さんじょうがわら》で処刑された事件は、東海地方の大名にも大きな影響を与えた。

所領を取り上げられ、高野山へ追放された秀次は、七月十五日に秀吉からの使者福島正則らが立ち会うなかで腹を切ったとされる。秀次が切腹にいたった経緯については諸説がある。近年では、秀吉は切腹を命じておらず、秀次の死は予定されていないものであったという見解が大方の支持を得ている（矢部健太郎 二〇一四・二〇一六、藤井讓治 二〇二一、谷徹也 二〇二二）。

事件に連座して、伊勢松坂城主の服部一忠は、改易に処せられ上杉景勝に預けられた。かわりに松坂には古田重勝《ふるたしげかつ》が入った。北伊勢の代官を務めていた一柳可遊《かゆう》は、解任され家康に預けられた。後に一忠・可遊ともに切腹している。遠江横須賀城主の渡瀬繁詮も、これに連座して失脚した。その身は常陸佐竹家の預かりとなり、後に自害した。繁詮の跡には、繁詮元家臣の有馬豊氏《ありまとようじ》が配された。

三河岡崎城主の田中吉政は、「関白殿一老」すなわち秀次を支える重臣のうちでも筆頭に位置づけられる地位にあったが、秀次事件に連座することなく、逆に事件後加増をうけた。山内一豊・中村一氏・水野忠重も同様に加増をうけている。吉政は尾張と接する三河に領地を有し、先にみた尾張復興のさいは堤防の普請に従事するなどの関与があった。この頃の秀次と吉政の関係については不明な点

表3-3　横田村詮の法度（抜粋）

日照りや風雨の被害などにより，不作となった年は，検見を行ない，百姓側の取り分は収穫量の3分の1とする．
夫役は，領地の石高1000石につき，3人の人夫を出すこと．知行が少ない給人は，百石につき三石の米を出すこと．
給人が百姓を不当に使役しようとしても，百姓側はそれに応じてはいけない．
百姓間で喧嘩口論が発生した場合は，その土地の代官や給人ではなく，郡奉行へ申し出て，裁きを受けること．
升やとかき棒（升に入れた米を平らにならすために用いる棒）は指定した通りのものを使うこと．
口米（年貢の付加税）は1石につき2升と定める．
米と大豆を交換する際の比率は，駿河府中における相場に基づいて計算すること．
給人は，自分が支配する百姓だからといって，私の成敗をしてはならない．

が多いが、事件後、加増されたところから考えると、秀次との間には一定の距離があったようである。

秀次死去後、尾張には福島正則が入った。伊予五郡一一万三〇〇〇石余から二四万石へ、所領を倍増させての入部であった。

秀吉の死

朝鮮出兵について、文禄五年九月に明《みん》との講和が決裂すると、翌慶長二年（一五九七）二月、秀吉は大規模な派兵を行ない、朝鮮半島南部で争いがつづいた。

秀吉は、慶長三年三月に醍醐《だいご》で花見を楽しんだ後、五月以降は体調不良の日がつづき、病床に伏すことが多くなった。いよいよ病が重くなると諸寺社において病気平癒の祈禱が行なわれた。七月には福島正則も熱田社・津島社に米銭を寄進《きしん》して、回復を祈っている。しかしながら、病状は好転せず、八月十八日に死去した。秀吉の死によって朝鮮半島での戦いは終わりを迎え、その死は隠されたまま、家康の指示により朝鮮半島から日本軍が撤退した。

中村一氏の駿河支配

さて、ここで地方支配の様子についてみてみよう。この時期の大名による地方支配の実態が詳しくわかる史料はあまり多くは残されていない。そのようななか、駿河を支配した中村一氏の家老横田村詮《かろうよこたむらあき》が出した法度が現地に多数残っており、地方支配の様子をうかがい知ることができる。法度は慶長四年に領主である中村氏が検地を終えた村に与えたものであり、村を支配していく上で守るべき事柄を定めたものである。現在のところ、同法度は、駿河全域から四二通が確認されている。その概要を示すと表3－3のとおりである。

法度は、百姓を保護することで年貢の安定的な確保を図ったものであり、給人が私的に百姓を使役したり、制裁を加えたりすることを制限する内容が多い。また、在地社会における紛争解決の手段として、当事者が実力を行使する動き、すなわち自力救済の慣習を止めさせ、公的権力である中村氏の裁きに従うことを命じている。当該時期が、中世から近世への移行期であったことを感じさせる内容といえよう。

3　関ヶ原の合戦と東海の諸将

秀吉が死去した後、政治の主導権をめぐって、大名間の対立がしだいに顕在化した。慶長四年（一五九九）一月十九日、家康をのぞく四大老《たいろう》は、家康が私的に伊達・福島・蜂須賀《はちすか》家と婚姻関係を結ぼうとしているとして、家康を詰問した。しかし、この件はまもなく一応の決着がついたようで、表面上は大きな騒動へと発展しなかった。二月五日には、家康は四大老五奉行に起請文を提出して、秀吉が生前取り決めた事柄に反しないことを再度確認している。

秀吉死後の政治情勢

慶長四年閏三月三日、前田利家《まえだとしいえ》が死去した。利家は、家康の勢力拡大をとどめることができる実力者であり、その死は中央政界のバランスを大きく変えた。利家が死去した翌日の晩、七人の武将による石田三成《いしだみつなり》襲撃事件が発生した。これは朝鮮出兵の頃より三成に恨みを抱いていた武将が、政界の重鎮であった利家の死をきっかけに、三成を襲ったものである。三成は伏見城の治部少丸《じぶしょうまる》へ籠り、身の安全を図った。この事件は家康が調停することでひとまず収まりをみせる。三成は居城の近江佐和山《さわやま》へ退去し、政治の第一線から退くことになった。事件後、家康は伏見向島《むかいじま》の自邸から伏見城へと移った。このことをもって、世間の人々は家康が「天下殿」になったと評した。

慶長四年七月に上杉景勝が自領を経営するため会津へ下り、ついで前田利長《まえだとしなが》も加賀へ帰国すると、五大老で上方に滞在するのは家康・毛利輝元《もうりてるもと》・宇喜多秀家《うきたひでいえ》の三人になった。そして、同年九月、家康が大坂城西《にし》の丸《まる》に入城すると、五大老による政治体制は崩れ始め、中央政界における家康の存在は大きく浮上した。しかしながら、その立場は秀頼の後見人に留まるものであり、家康の侍医《じい》をつとめた板坂卜斎《いたさかぼくさい》が記した『慶長年中卜斎記』によれば、この当時の家康は、「天下の家老」と敬われてはいたが、「主人」とは思われていなかったという。

慶長五年二月一日、信濃川中島の田丸忠昌《たまるただまさ》は、美濃岩村で四万石を与えられ、同地に入部した。それに関する領知宛行状は、家康が単独で発給したものであった。家康は武家政権の根幹に関わる部分といえる領地の宛行を専決し得る地位にいたったのである。

慶長五年初頭、家康から上杉景勝へたびたび上洛の要請があった。家康は、景勝が新たに城を築き、武具を調達するなど合戦の準備をしているとし、それらの行為を釈明するよう上洛を求めたのである。また、景勝の会津移封後、景勝の旧領越後に入った堀秀治《ひではる》は、引き継ぎ時における年貢米の収納をめぐって景勝との間で対立があった。そのことに端を発し、堀家から家康へ「景勝に謀叛の疑いあり」という讒言があった。たび重なる家康の催促に対し、景勝の家老直江兼続《かねつぐ》が出した返書が有名な直江状である。直江状の真偽をめぐっては今なお研究者間で論争がつづいている（白峰旬 二〇一一、水野伍貴 二〇二一、笠谷和比古 二〇二二など）。

六月、家康は上洛に応じない上杉景勝を公儀の名をもって討伐することに決めた。会津征討のため家康は六月十八日に伏見を出立し、本拠地江戸へ向かった。近江をへて伊勢に差し掛かった時、桑名城主の氏家行広から書状が届き、桑名へ立ち寄ることを勧められたが、家康はそれに応じなかった。行広はこの後西軍方として行動し、関ヶ原合戦後に改易された人物である。家康は危うさを感じたのだろう。

四日市から先は一行を陸路と海路の二つに分けた。家康は少数の供と海路をとり、伊勢湾を横切って、三河湾内の佐久島《さくしま》にいたった。佐久島では田中吉政の使いの者が家康を待っており、家康一行をもてなした。『慶長年中卜斎記』によれば、家康は吉政を警戒して岡崎城下を通ることを避けたのだという。上陸地点の吉田（愛知県豊橋市）で陸路をとった家臣とふたたび合流した。吉田城主は娘婿の池田照政である。吉田に上陸した家康は、東海道を東に進み、七月二日に江戸へいたった。

この頃、上杉家の家臣間で交わされた書状に、当時の政治情勢に関する風聞を記したものがあり、それには尾張の福島正則が、清須城を借りたいという家康の申し出を拒絶したらしいとある。正則はこの後東軍方として大いに活躍した武将である。その正則を家康に非協力的な人物とみなす噂も当時あったのである。だれがどの陣営につくか、互いにその思惑は不明な部分が大きかった。

三成の挙兵

家康が上方を離れ、関東へ下った頃合いをみはからって石田三成は決起した。前田玄以・増田長盛・長束正家《なつかまさいえ》ら三奉行を仲間に引き入れると、七月十七日には家康のこれまでの行動を批判する「内府《ないふ》ちがいの条々」を諸大名に示して家康打倒を全国に呼びかけた。

会津の上杉景勝を討伐するために東へ向かった家康らは、七月二十四日に下野の小山《おやま》にいたり、その地にて三成挙兵の報に接した。家康は諸将と会し、今後の方策を話し合った。有名な小山評定である。小山評定については、諸将による会合があったか否か、あるいはその内容をめぐって論争がさかんである。近世成立の軍記にみられるような家康と諸将とのやりとりはフィクションであるが、小山における会合自体は同時代史料の検討からあったと考えるのが妥当であろう（光成準治 二〇〇九、白峰旬 二〇一四、藤井讓治 二〇一九、本多隆成 二〇二一・二〇二二、水野伍貴 二〇二一など）。

上杉攻めに向かった諸将は、軍を反転させて三成らの討伐に向かった。駿河から尾張にかけて東海道に城を構える諸大名は、家康の家臣が居城に駐留することに同意した。

なぜ東海道筋の諸将は、家康に城を貸すことを承諾したのだろうか。諸将の立場から考えると、本拠地を離れ、家康の勢力圏である関東を越えて、僻遠の地である上杉領会津へ攻め込むことは、なんとも心もとないものである。居城からの兵站は長く伸びた状態となるし、景勝に必ず勝つという保証もない。そこに三成の挙兵である。本拠地をあけている間に三成側の東進によって己の城が脅かされる可能性もでてきた。それならば三成を討った方がよい。かりに上杉勢が南下してきても、その場合、危険にさらされるのは家康の領国である。諸将にしてみれば、城を貸すという好条件を提示してでも、西へ進む方が安心と判断したのだろう。

三成ら上方の西軍勢は、七月十九日に家康家臣の鳥居元忠が守る伏見城を攻撃した。元忠は城に籠って戦ったが、八月一日に落城、鳥居元忠・松平家忠《いえただ》・内藤家長《ないとういえなが》ら守将は討死した。

この頃、三成はどのような戦略を立てていたのだろうか。三成は信濃上田城主の真田昌幸にたびたび書状を送り、今後の見通しを述べている。

七月晦日付けの書状では、上方から東国へ出陣した衆が、上方へ戻るさいに、尾張・美濃で人留めをして、秀頼へ疎略なく行動するか問いただした上で通行させるとしている。また、暮れから翌年はじめにかけての時期に西国勢を引き連れ、関東へ軍勢を出すと伝えている。

八月五日付けの書状では、三成は岐阜の織田秀信とともに尾張方面へ軍勢を進める予定であり、尾張の福島正則を仲間に引き入れるための交渉を行なっている最中で、それがうまくいけば三成らの軍勢は三河へ攻め入るし、正則が味方につかない場合は美濃・伊勢の両方面から尾張へ攻め込む予定だとする。正則の説得工作が実際どのくらいの見込みがあったかは不明だが、昌幸への書状中では一応実現の可能性があることとして綴られている。

また、翌六日付けの書状では、尾張を目指し、伊勢方面から毛利の軍勢一万が吉川広家《きっかわひろいえ》・安国寺恵瓊《あんこくじえけい》に率いられて進軍しており、もし家康が西へ攻め寄せてきた場合、浜松に家康が着いた頃を見計らい、輝元自身も二万の軍勢を連れて伊勢方面へ出馬する予定であると記す。

三成は書状中において、尾張以東へ出兵する見込みと述べたが、結果としてそれは実現しなかった。三成からみて尾張の手前に位置する美濃・伊勢では、東西両陣営が入り乱れており、八〜九月にかけて両国の各所で合戦があった（後述）。

東軍方諸将の西進

東軍方の諸将は、八月上旬から中旬にかけて東海道を西へ進んだ。家康は、八月五日に江戸城に入ると、以後しばらく動かなくなる。江戸の地で、上杉や佐竹の動向、中山道を進軍予定の秀忠の様子、東海道筋から上方にかけての情勢などをにらみながら次

表 3-4　各城に配置された家康家臣

国名	城　名	城　主	徳川方の城番
駿河	沼津城	中村一栄	内藤信成(伊豆韮山 1 万石)
	駿府城	中村一氏	菅沼定仍(上野阿保 1 万石)
遠江	懸川城	山内一豊	松平定勝(下総小南 3000 石)
	横須賀城	有馬豊氏	三宅康貞・康信(武蔵瓶尻 5000 石)
	浜松城	堀尾忠氏	保科正光(下総多胡 1 万石)
三河	吉田城	池田照政	松平家乗(上野那波郡 1 万石)
	岡崎城	田中吉次	北条氏勝(下総岩富 1 万石)
	西尾城	田中吉政	松平忠頼(武蔵松山 1 万石)
	刈谷城	水野忠重	※徳川方の城番なし
尾張	清須城	福島正則	石川康通(上総鳴戸 2 万石) 松平家清(武蔵八幡山 1 万石，後に犬山城を守備)

＊『慶長見聞書』にもとづき作成.

の一手を考えていたのだろう。

八月四日に家康は先行して尾張に向かった福島正則に書状を送り、「井伊直政《なおまさ》を遣わしたので、その指図に従うように」と伝えた。徳川家の家臣では、直政と本多忠勝《ただかつ》、そして家康の名代として子の忠吉《ただよし》が前線に向かった。

八月中に家康の家臣が東海道筋の諸城に随時城番《じょうばん》として配置されていった（表3－4参照）。その顔ぶれは、数千石から一～二万石クラスの家臣で、最前線となる清須城には、徳川家の重臣石川家成《いえなり》の子康通《やすみち》と、家康の妹婿であった松平家清《いえきよ》が入った。各城への配置は八月二十日ごろには一通り終わった。東海道を家康の家臣が固めたことにより、家康は安心して西へ移動することが可能になった。また城を貸した大名からすれば、自己の本拠地が家康に押さえられたかたちになり、家康から離反することがきわめて困難になったといえる。

八月二十二日、福島正則・池田照政ら尾張に集結した東軍方の武将は岐阜城に向かって進軍した。軍勢は二手に分かれ、池田照政は尾張北部の河田《こうだ》にて渡河を行ない、渡った先の米野《こめの》で織田勢と戦い撃退した。福島正則は、起《おこし》・萩原《はぎわら》の二地点で川越えを行ない、織田方の竹鼻城を攻め落とした。

岐阜城の秀信は、この時二一歳の若さであり、戦場での経験に乏しかった。福島勢が岐阜城に攻め入った時にはすでに多数の城兵が逃亡していたという。岐阜城はたった一日、すなわち二十三日のうちに陥落した。これは西軍方にとって大きな誤算であったといえる。秀信は旧主織田家の人物であることから、助命され身柄は尾張へ移送された。石田三成は岐阜城が攻められたさいに同城を助けるべく援軍を送ったが、それは途中藤堂高虎《とうどうたかとら》・黒田長政《くろだながまさ》らによって撃退された。

二十四日付けで正則が浅野長政《あさのながまさ》に宛てて出した書状では、岐阜城の陥落を告げるとともに、池田照政・浅野幸長《よしなが》と相談して、秀頼様のためによいようにする（「秀頼様御為よきやうニ可仕候」）と記している。東軍・西軍いずれも秀頼を推戴《すいたい》しての戦いであったことがよくわかる。

岐阜城が落城した時点で尾張国内では犬山城主の石川光吉《みつよし》（貞清《さだきよ》）が西軍方であったが、その動向にも変化が生じた。犬山城には、美濃黒部《くろべ》城主の加藤貞泰が共に籠城していた。貞泰は家康方として行動し、光吉に城の明け渡しを促した。八月二十五日に貞泰家臣の加藤光政が山内一豊に書状を送り、まもなく犬山城は開城する見込みと伝達している。城は九月のはじめ頃明け渡されたようで、九月四日に家康は光吉が城を明け渡したことを賞している。

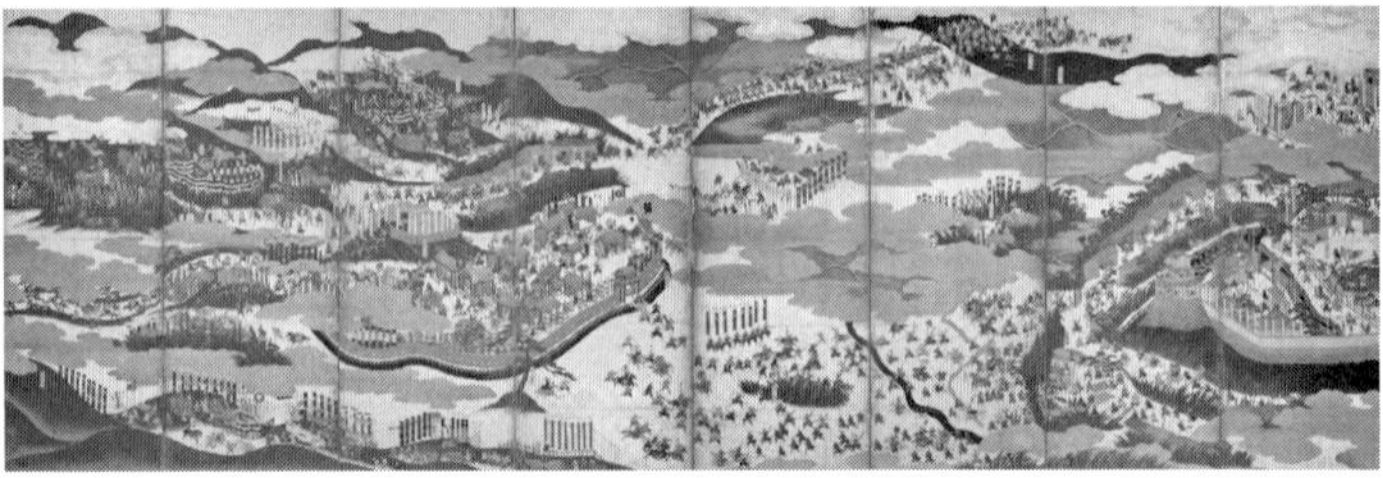

図3-4　関ヶ原合戦図屛風（右隻，大阪歴史博物館所蔵）

なお、光吉も西軍一辺倒の立場ではなかったらしい。詳しい内容は不明であるが、八月八日に家康は光吉に書状を出し、光吉兄弟の処遇に配慮する意思を伝えている。家康の書状は光吉からの飛脚に対する返事として出されたものであったから、それ以前に光吉から家康へ何らかの連絡があったことがわかる。犬山開城後の光吉は、その後美濃へ行き、西軍に合流して関ヶ原本戦で戦い、戦後は改易された。

家康の出馬は九月一日のことである。東海道を西進して、九月十三日に岐阜到着、十四日に前線の赤坂《あかさか》（大垣市）にいたり、東軍方諸将と落ち合った。当初、三成は尾張以東での決戦を想定していたが、東軍方の勢いに押され、戦場はそれよりも西に移るかたちとなった。家康配下の将保科正光《ほしなまさみつ》（下総多胡《たこ》城主）は、八月二十九日付けの家臣に宛てた書状で、大垣城において「天下之勝負」が繰り広げられるだろうと記している。

伊勢方面へ軍勢を展開した毛利秀元《ひでもと》・吉川広家・安国寺恵瓊・長宗我部盛親《もりちか》・長束正家らは、木曽川を渡って尾張に攻め入ることはせず、桑名から軍勢を北へ向け、美濃西部の地へ移動した。三成は、先にみた真田昌幸宛て書状のなかで、伊勢からの尾張侵攻に言及していたが、三成の思いどおりに西国衆は動かなかった。

家康が美濃に到着する少し前、九月十二日に、石田三成は大坂在城中の増田長盛に長文の書状を送り、これまでの経緯や現在の状況を報知している。それには、近頃、味方の軍勢が千々乱れている様子（「ち、ミたる躰」）であったこと、人質を処刑せず穏便に取り扱ったので離反者が出たことが書かれている。三成の恨み節ともとれる内容である。

赤坂から出てさらに西へ向かう気配をみせた家康に対し、三成は大垣城を出て、先回りして関ヶ原に陣をしき、大谷吉継《おおたによしつぐ》らと合流して家康を迎撃する態勢をとった。

九月十五日の早朝から始まった関ヶ原の合戦は一日で決着がつき、東軍方が勝利した。近年の研究では、小早川秀秋《こばやかわひであき》に西軍からの離反を促した家康の「問鉄炮」の逸話が近世の創作であることなど、軍記をベースに形成された通説を見直す作業が大きく進展している（白峰旬 二〇一一・二〇一四、堀新・井上泰至編 二〇一三）。

関ヶ原で勝敗が決した後も、大垣城には西軍の軍勢が籠城しており、それに対峙するかたちで城外には水野勝成《かつなり》らが陣取った。籠城する武将のうち、相良頼房《さがらよりふさ》・秋月種長《あきづきたねなが》・高橋元種《たかはしもとたね》が東軍方に寝返り、垣見一直《かきみかずなお》・熊谷直盛《くまがいなおもり》らは城内で討ち取られた。城主格の福原長堯《ふくはらながたか》は開城して伊勢朝熊山《あさまやま》へ落ちのびた。

伊勢での攻防

伊勢国内はいかなる状況であったのだろうか。八月一日に三成ら奉行衆は、雲出《くもず》城（津市雲出）一万石の城主蒔田広定《まいたひろさだ》に対し、伊勢へ出兵するよう促している。この時、広定は上方にいたらしい。

伊勢安濃津城主の富田信高と伊勢上野城主（津市）の分部光嘉《わけべみつよし》は、共に家康に従って会津攻めに加わった。三成挙兵の報に接した後は、両者とも伊勢に帰国した。光嘉は伊勢上野城の兵力では西軍方の攻勢に耐えることは難しいと判断し、城を放棄して安濃津城の信高に合流し、共に城を守った。家康は、八月二十日付けの光嘉宛て書状で、近日出馬するので富田と共に城をしっかり守るよう伝えている。

吉川広家・長宗我部盛親・鍋島勝茂《なべしまかつしげ》ら伊勢国内の西軍勢力は、八月二十二日ごろから安濃津城攻めを開始した。劣勢となった安濃津城は八月二十五日に開城し、信高は剃髪して高野山へ上り、光嘉は退去した。

松坂城の城主古田重勝は、東軍側に属した。西軍方の鍋島勝茂が軍勢を率いて松坂に到着すると、重勝は講和を申し出た。その行為は時間をかせぐための作戦だったという。重勝は戦後西軍方を引き留めたことが評価され、三万五〇〇〇石から五万五〇〇〇石に加増された。

このほか、伊勢北部では、桑名城の氏家行広は西軍方、川をはさんだ東側に福島正則の弟正頼を城主とする長島城があり、両勢力がにらみあっていた。毛利勢をはじめとする西軍方の諸将は伊勢国内で軍事行動を行なった後、北上して関ヶ原方面へ移動した。鍋島勝茂は安濃津城攻めに加わった後、桑名城北の野代《のしろ》の地に陣を取り、長島城に対峙するかたちとなった。しかし、それ以降は積極的に動こうとせず、関ヶ原本戦にも参陣しなかった。これは勝茂の父直茂《なおしげ》が書状を送って東軍方につくことを促したことによるものとされる。三成と伊勢方面に展開した軍勢は終始連携に欠ける面があった。

海上における両軍の動向について述べると、志摩鳥羽の九鬼氏は、父の嘉隆が西軍、子の守隆《もりたか》が東軍についた。守隆が家康に従って会津征討に向かうと、隠居の身であった嘉隆は西軍方として行動を開始し、城主守隆不在の鳥羽城を奪取した。その後、嘉隆は、伊勢湾・三河湾内に水軍を展開し、尾張・三河の沿岸の村などを襲撃した。毛利氏配下の水軍勢力も嘉隆とともに尾張知多《ちた》郡の大野《おおの》や内海などで放火や略奪を行なった。

そのような動きに対し、松平家信《いえのぶ》・千賀《せんが》重親《しげちか》・小笠原広勝《ひろかつ》・同信元《のぶもと》など徳川氏の舟手衆は、関東から知多半島先端の師崎《もろざき》へ軍船を出して西軍方を牽制した。かれら舟手衆にとっては、関東移封前に活動していた海域への出陣ということになった。後に三氏は海上の押さえとして本領三河へ戻されている（小川雄 二〇一七）。

美濃における両勢力

八月上旬に石田三成は伊藤盛正の居城であった大垣城を接収して自己の拠点とした。美濃の要に位置する岐阜城の織田秀信は三成に与同し、西軍方として行動した。そのほか、小領主が数多く存在する美濃では、各地で戦いが繰り広げられた。

美濃の南西部に目を向けると、今尾《いまお》城（岐阜県海津市）の市橋長勝《いちはしながかつ》、松ノ木城（海津市）の徳永寿昌は東軍方、福束《ふくづか》城（岐阜県輪之内町）の丸毛《まるも》兼利《かねとし》は西軍方であった。三成の決起後、兼利は大垣城へ兵粮を送って西軍を支援した。丸毛氏と以前から親しい関係にあった赤目《あかめ》城（愛知県愛西市）の横井《よこい》時泰《ときやす》は、兼利に家康側につくよう説いたが、兼利は立場を変えなかった。そのため八月十六日に市橋・徳永・横井は福束城を攻め、まもなくこれを落とした。城を失った兼利は大垣城へ落ちのびた。

その後、市橋・徳永・横井らは、福島正則ともに、高須《たかす》城（海津市）の高木盛兼《たかぎもりかね》を攻め破った。美濃最南端の太田山城《おおたやま》（海津市）の原長頼は、関ヶ原本戦まで西軍方として戦った（山本浩樹 二〇一四）。

美濃北部、郡上の八幡城をめぐっても東西両勢力が相争った。郡上は遠藤慶隆《えんどうよしたか》の所領であったが、秀吉に敵対したため、天正十六年（一五八八）に城地《じょうち》は没収となり、慶隆は加茂郡小原《おばら》に移され、七五〇〇石を与えられた。慶隆と同族の遠藤胤基《たねもと》も犬地《いぬじ》五五〇〇石に移され、両遠藤家は郡上の地を離れることとなった。それに替わって八幡城には稲葉貞通が曽根城から入った。

三成が決起すると、慶隆は東軍、胤直《たねなお》（胤基の子）は西軍に属した。慶隆は戦乱に乗じて故地の回復を図り、九月一日に東軍方として八幡城を攻めた。その時、城主の貞通は加勢として犬山城に籠城しており、城の守りは子の通孝《みちたか》に任されていた。慶隆は、飛驒の金森家から援軍を得て、金森可重《よししげ》と共に八幡城に攻め寄せた。可重は金森長近の養子で、慶隆の娘婿である。九月一日に激しい城攻めが行なわれた後、翌二日に両軍の間で和議が結ばれた。

八幡城の情勢を聞いた貞通は、急ぎ犬山城を出て郡上に戻り、九月三日に八幡城と対峙していた慶隆の陣を急襲した。遠藤勢の不意をついた貞通は勝利をおさめたが、決着はつかず、両軍は四日にふたたび和睦となった。その後、慶隆は軍勢を東濃に戻し、上ヶ根砦に籠る胤直を破って降伏させた。九月十四日、慶隆は赤坂に赴いて家康と面会し、戦後は郡上の地を回復している。稲葉貞通は、関ヶ原合戦の前に家康に降り、以後東軍方として行動した。

苗木城《なえぎ》（岐阜県中津川市）の川尻直次《かわじりなおつぐ》は、三成に取りたててもらった恩から西軍方についた。一方、苗木城の旧城主であった遠山友政《とおやまともまさ》は、天正年間に旧領を失った後、家康の下に身を寄せていた。東濃の兵乱にさいし、家康は友政を派遣して苗木城を攻めさせた。苗木城主の直次は大坂にいたので、留守を預かる関盛祥《もりよし》が城を守備した。八月末、友政によって城は攻め落とされ、盛祥は大坂へ退去した。また、家康は、麾下《きか》の遠山利景《としかげ》・小里《おり》光親《みつちか》を旧領に派遣し、その奪取を命じた。両将は九月初めに明知《あけち》城・小里城（共に岐阜県瑞浪市）を攻め取った。

岩村城（岐阜県恵那市）主の田丸直昌《たまるなおまさ》は、家康に従って小山にいたったが、三成決起後はいったん自領へ戻り、西軍方に属した。直昌は大坂へ赴き、岩村城の守備は田丸主水《もんど》が担った。田丸主水は、遠山友政・利景・小里光親ら東軍勢に対し籠城して抵抗したが、関ヶ原本戦で西軍方が敗れた後、友政に城を明け渡した。

美濃の状勢を概観すると、岐阜城陥落が周囲に大きな影響を与えたといえる。当初、三成は尾張以東への侵攻も視野に入れていたが、そのための足場となるはずの美濃を固めることができなかった。岐阜城がわずか一日で落ちたことにより、東軍方優勢の流れが定まった感がある。

戦後の大名配置

関ヶ原合戦後、家康は敵対した大名を改易あるいは大幅な減封《げんぽう》に処するなど厳しい処分を下した。他方、家康に味方し、ともに西軍方と戦った大名にはそれぞれ新たに所領を与えた。東海地域の諸大名も多くが加増をうけ、新しい城地へ移っていった。それらにかわって東海地域には家康一族や譜代の家臣が数多く配置された（表3－5参照）。

家康は、名古屋に実子の松平忠吉を、美濃加納には娘婿である奥平信昌《のぶまさ》を、伊勢桑名には長年苦楽を共にした歴戦の士本多忠勝を置いた。三成処刑後、その旧領には家康家臣の筆頭である井伊直政が

表3-5　関ヶ原合戦後の大名配置

国　名	城・陣屋の所在地	領主名	石　高
伊　勢	長　島	菅沼定仍	2万石
	桑　名	本多忠勝	10万石
	菰　野	土方雄氏	1万2000石
	亀　山	関　一政	3万石
	神　戸	一柳直盛	5万石
	林	織田信重	1万石
	上　野	分部光嘉	2万石
	津	富田信高	7万石
	松　坂	古田重勝	5万5000石
	田　丸	稲葉道通	4万5000石
志　摩	鳥　羽	九鬼守隆	5万5000石
美　濃	揖　斐	西尾光教	3万石
	清　水	稲葉通重	1万2000石
	野　村	織田長孝	1万石
	大　垣	石川康通	5万石
	今　尾	市橋長勝	2万1300石
	高　須	徳永寿昌	5万石
	黒　野	加藤貞泰	4万石
	加　納	奥平信昌	10万石
	関	大島光義	1万8000石
	郡　上	遠藤慶隆	2万7000石
	苗　木	遠山友政	1万500石
	岩　村	(大給)松平家乗	2万石
飛　驒	高　山	金森長近	6万1000石
尾　張	清　須	松平忠吉	52万石
三　河	伊　保	丹羽氏信	1万石
	刈　谷	水野勝成	3万石
	西　尾	本多康俊	2万石
	岡　崎	本多康重	5万石
	深　溝	(深溝)松平忠利	1万石
	作　手	(奥平)松平忠明	1万7000石

国　名	城・陣屋の所在地	領主名	石　高
	吉　田	（竹谷）松平家清	3万石
	田　原	戸田尊次	1万石
遠　江	浜　松	（桜井）松平忠頼	5万石
	久　野	松下重綱	1万6000石
	横須賀	大須賀忠政	5万5000石
	懸　川	（久松）松平定勝	3万石
駿　河	田　中	酒井忠利	1万石
	府　中	内藤信成	4万石
	興国寺	天野康景	1万石
	沼　津	大久保忠佐	2万石

＊慶長8年（1603）末時点.

入った。三成の居城であった佐和山城は廃され、代わって琵琶湖の湖畔に彦根《ひこね》城が築かれた。将来、上方から敵勢が攻め寄せてきた場合に備えて、東西の境目である近江・美濃・伊勢・尾張のエリアで敵勢を食い止める体制がつくられた。

三河の大名をみると、岡崎城主本多康重の子康紀と深溝城主の松平忠利は、ともに吉田城主松平家清の娘を妻としていた。田原城の戸田尊次は、松平忠利の叔母を妻としていた。三河出身者のうちでも婚姻を媒介とした近しい親戚を隣接させて三河国内に配したといえる。

松平忠吉は、慶長十二年（一六〇七）に二八歳の若さで没した。忠吉死去後、尾張には家康九男の徳川義直《よしなお》が入った。清須城は廃され、同十五年から名古屋城の造営が始まった。同城を造るにあたっては天下普請《てんかぶしん》として数多くの西国大名らが動員された。名古屋は東西の結節点であり、伊勢湾・太平洋の海運とも深い関わりを有する地である。家康はその重要性を鑑み、義直に大封《たいほう》を与えて入部させたのだった。

〔参考文献〕

跡部　信『豊臣政権の権力構造と天皇』戎光祥出版、二〇一六年
池　享編『日本の時代史一三　天下統一と朝鮮侵略』吉川弘文館、二〇〇三年
池上裕子『日本の歴史一五　織豊政権と江戸幕府』講談社、二〇〇二年
小川　雄「戦国・豊臣大名徳川氏と形原松平氏―海上活動を中心として―」戦国史研究会編『戦国期政治史論集　西国編』岩田書院、二〇一七年
笠谷和比古『関ヶ原合戦』講談社、一九九四年
同　『関ヶ原合戦と大坂の陣』吉川弘文館、二〇〇七年
同　『論争関ヶ原合戦』新潮社、二〇二二年
黒田基樹『羽柴を名乗った人々』KADOKAWA、二〇一六年
柴　裕之『徳川家康』平凡社、二〇二〇年
下村信博「松平忠吉と関ヶ原の戦い」『名古屋市博物館研究紀要』三四、二〇一一年
白峰　旬『新「関ヶ原合戦」論』新人物往来社、二〇一一年
同　『新解釈　関ヶ原合戦の真実』宮帯出版社、二〇一四年
同　「(慶長五年) 八月二一日付山村良勝・千村良重宛大久保長安書状について」『別府大学紀要』六一、二〇二〇年
市立長浜城歴史博物館・岡崎市美術博物館・柳川古文書館編『秀吉を支えた武将　田中吉政』サンライズ出版、二〇〇五年
谷　徹也「秀吉死後の豊臣政権」『日本史研究』六一七、二〇一四年

同　「豊臣政権の大名課役」『日本史研究』七一六、二〇二三年
同　「「秀次事件」ノート」『織豊期研究』二四、二〇二三年
谷口　央「関ヶ原の戦いと美濃」岐阜県博物館編『関ヶ原　天下分け目の合戦と美濃』岐阜県博物館、二〇一七年
中野　等『筑後国主　田中吉政・忠政』柳川市、二〇〇七年
同　『石田三成伝』吉川弘文館、二〇一七年
長屋隆幸『山内一豊・忠義』ミネルヴァ書房、二〇二一年
名古屋市博物館編『豊臣秀吉文書集　六』吉川弘文館、二〇二〇年
名古屋城調査研究センター監修『名古屋城』創元社、二〇二三年
野田浩子『井伊直政』戎光祥出版、二〇一七年
福田千鶴『豊臣秀頼』吉川弘文館、二〇一四年
藤井讓治『日本近世の歴史一　天下人の時代』吉川弘文館、二〇一一年
同　『徳川家康』吉川弘文館、二〇二〇年
同　「秀次切腹をめぐって」『織豊期研究』二三、二〇二一年
藤田恒春『豊臣秀次』吉川弘文館、二〇一五年
堀江登志実・湯谷翔悟『岡崎藩』現代書館、二〇二二年
堀越祐一「太閤秀吉と関白秀次」山本博文・堀新・曽根勇二編『消された秀吉の真実—徳川史観を越えて—』柏書房、二〇一一年
堀新・井上泰至編『家康徹底解読』文学通信、二〇二三年

本多隆成『近世初期社会の基礎構造』吉川弘文館、一九八九年
同　『定本徳川家康』吉川弘文館、二〇一〇年
同　「小山評定の再検討」『織豊期研究』一四、二〇一二年
同　「「小山評定」と福島正則の動静」『織豊期研究』二三、二〇二一年
三鬼清一郎編『豊臣政権の研究』吉川弘文館、一九八四年
水野伍貴『関ヶ原への道―豊臣秀吉死後の権力闘争―』東京堂出版、二〇二一年
光成準治『関ヶ原前夜』日本放送出版協会、二〇〇九年
同　『天下人の誕生と戦国の終焉』吉川弘文館、二〇二〇年
矢部健太郎『関ヶ原合戦と石田三成』吉川弘文館、二〇一四年
同　『関白秀次の切腹』KADOKAWA、二〇一六年
山本浩樹「関ヶ原合戦と尾張・美濃」谷口央編『関ヶ原合戦の真相』高志書院、二〇一四年
渡邊大門「織田信包の基礎的研究」『皇學館論叢』五四、二〇二一年
同　『豊臣五奉行と家康』柏書房、二〇二二年
『愛知県史　通史編3　中世2・織豊』愛知県史編さん委員会、二〇一八年
『愛知県史　資料編13　織豊3』愛知県史編さん委員会、二〇一一年
『岐阜県史　通史編　近世上』岐阜県、一九六八年
『三重県史　通史編　近世一』三重県、二〇一七年
『三重県史　資料編　近世一』三重県、一九九三年
『静岡県史　通史編3　近世一』静岡県、一九九六年

『静岡県史　資料編9　近世二』静岡県、一九九二年
『新修名古屋市史　二』名古屋市、一九九八年
『岐阜市史　通史編　近世』岐阜市、一九八一年
『新修大垣市史　通史編一』大垣市、一九六八年
『大垣市史　通史編　自然・原始―近世』大垣市、二〇一三年
『瑞浪市史　歴史編』瑞浪市、一九七四年
『中津川市史　中巻二』中津川市、一九八八年
『郡上八幡町史　上巻』八幡町役場、一九六〇年
『新修垂井町史　通史編』垂井町、一九九六年
『津市史　第一巻』津市役所、一九五九年
『鳥羽市史　上巻』鳥羽市、一九九一年

四　織田・豊臣期の村落

谷口　央

1　織田信長の時代の土地所持事情と年貢・諸役

戦国末期の村落は、織田・豊臣期を迎え、領主とどのような関係だったのであろうか。本章では、村落と領主を結ぶ土地制度や年貢・諸役体制をみることから、その理解を図ることとしたい。まずはその形成過程についてである。室町期以前

戦国から織豊期の村落と年貢

の荘園制は、有力百姓を名主《みょうしゅ》とし、名《みょう》を単位としてその経営・納税を請け負わせていた。しかし、室町期になると名の枠組み自体が消滅し、個々の田畠を耕作する百姓が荘園領主に対し年貢やそれ以外の雑税や夫役である公事《くじ》を納入し、名主には小作料と位置づけられる加地子《かじし》を納入するようになった。その加地子も年貢の一種と位置づけられるようになり、とくに本来荘園領主に対し納入されていた年貢は公方年貢《くぼうねんぐ》と称されるようになった（伊藤俊一　二〇二一）。そして、名主の持つ土地に対する年貢収集などの権利であった加地子は売買や寺社への寄進対象となっていった。

売買・寄進などによる権利移行が確認される史料数は、東海地方でいえば、織田信長・豊臣秀吉・徳川家康が生まれた天文年間（一五三二〜五五）がピークとなり、その数は尾張・三河両国のみでも三〇〇点を超える。このような中間得分《とくぶん》である加地子を取得する権利は、同時代史料上では「職《しき》」と呼ばれる。この文言のつく名称は、名主職《みょうしゅしき》（名職《みょうしき》）・百姓職《ひゃくしょうしき》・作職《さくしき》・小作職《こさくしき》など多岐にわたる。このことは中間得分権である加地子収取権が、耕作権とは遊離した存在であることを示す。同時に、とくに作職や小作職といった権利の売買は、職の分化と呼ばれる権利の細分化が進んでいたことや、名内の耕地の一部が名本体から切り離されて売買されていたことを物語る。また、このように細分化された年貢収集権利の売買が繰り返されることにより、例えば名主職を保有する者が作職を保有する作人《さくにん》となるなど、村落内の権利関係が複雑かつ重層化した状況となっていた（『愛知県史　通史編3』）。

尾張国内と三河国の矢作川《やはぎがわ》以西では、「色成《いろなり》」や「色成年貢《いろなりねんぐ》」と呼ばれる、この地域独自の年貢名称がある。これは名職を保持する者が現実に耕作地を用益する者から受け取る土地権利としての得分のことである。また、色成年貢は「公方色成《くぼういろなり》として」と記されるなど、公方年貢と並立して現れることはない（『新編岡崎市史　2中世』、山田邦明　二〇二二など）。同様に、東海地域の土地の用益に関わる文言として、「引得《ひかえ》」と史料中に記されるものがある。これは田畠などの権限のすべてを持つわけでなく、名職は持たずに耕作地を管理・用益する場合の権利の意味を持つ言葉である。この言葉は美濃国西部・南部から尾張・三河両国で広汎にみられる。

徳川・織田領国の年貢・諸役

駿河国・遠江国・三河国から尾張国境界地域にかけて勢力を持った戦国大名今川氏の後、三河国から遠江国、そして最終的に駿河国へと勢力を拡大したのは徳川家康であった。徳川氏はどのような領国支配体制を採用していたのであろうか。

永禄九年（一五六六）に徳川家臣である石川家成が松平氏・徳川氏の菩提寺《ぼだいじ》であり徳川氏と縁も深い三河国大樹寺《だいじゅじ》の進誉上人《しんよしょうにん》に土地を寄進することを家康が認めたさいには、買得地をそのまま寄進地としている。また、同年に同じく大樹寺進誉上人に寄進した地について、「右彼の下地《したじ》、公方成ならびに反別《たんべつ》等の諸役無く御所務あるべし」とあることから、本来であれば公方年貢および反別銭などの諸役賦課があったことも知られる（『愛知県史　資料編11　織豊1』〈以下『愛知県史　織豊1』〉四八二・四九八）。他にも徳川家臣の酒井忠次が三河国長慶寺《ちょうけいじ》の寺領を安堵《あんど》したさいには「此の外、野端《のばた》門前屋敷等、棟別《むなべつ》・四分一《しぶいち》・押立《おしたて》・人足以下其の外諸役、近年の如く免許せしむるものなり」（『愛知県史　織豊1』五三三）と、家屋の棟数に応じて賦課された棟別銭や、四分一役などの諸役を免除している。これらの年貢・諸役の名称や（『愛知県史　織豊1』四九など）、米方《こめかた》・代方制《だいかたせい》と呼ばれる石《こく》（俵）高《だか》・貫高が混在する年貢高の単位は、今川氏以来の継承となる（有光友學　一九九四）。天正十七年（一五八九）に徳川領国であった五ヵ国総検地のさいに作成された三河国の東観音寺《とうかんのんじ》末寺分指出《さしだし》をみると（『愛知県史　資料編12　織豊2』〈以下『愛知県史　織豊2』〉、一五九〇）、前記の四分一と称される役賦課があることや、中間得分を得る元となる寄進地が確認できる。そして、その寄進分は米方・代方に分けて納められており、同検地実施までこの年貢・諸役賦課体制は基本的に維持されていた。

つづいて、織田信長領国についてみていく。ここでも寺社などへの職の売買・寄進は、それ以前同様につづいている。例えば、前記の「色成」に注目すると、天正五年に加藤景延《かとうかげのぶ》へ質入れにより売り渡された「蘆野《あしの》」（尾張国愛知郡）の用益内《ようえき》や、天正七年に尾張国真福寺《しんぷくじ》へ寄進された地内（『愛知県史 織豊1』一二四三・一三四七）に確認される。

永禄十二年、美濃国を制圧した信長は美濃三人衆の一人である稲葉貞通に対し、「一鉄《いってつ》本地方当知行分、同与力・家来、名田《みょうでん》、寺社領共」（『織田信長文書の研究』一八五）を安堵している。ここでは貞通の父である一鉄（良通）の本領知内《りょうち》の当知行分と、旧主である美濃斎藤氏から充てられていた与力およびその家来を家臣とすることを認めると同時に名田を認めている。ここにある「名田」とは、土地自体を直接示す用語となり、名職のような実際の土地から遊離した中間得分を得る権限ではなく、実際の農業経営に直接携わり、自身が耕作したり他人に請作《うけさく》させたりといった権利を持つ土地となる。なお、「寺社領共」とは稲葉貞通に今回領知として定められた地内にある寺社領の権利を認められたということであろう（池上裕子 二〇一二b）。織田家臣であっても、場合によっては名田経営を自身で行なう従来の体制が維持されており、いわゆる兵農未分離な状態であったことを示すことになる。

では、信長による知行などの安堵と、それ以前からあった売買地との関係はどうなっていたのであろうか。永禄六年十二月、圓福寺《えんぷくじ》の覚阿弥《かくあみ》に「其方諸買得田畠・屋敷以下、たとえ何の闕所地類《けっしょちたぐい》たるといえども、免許せしむる上は末代において相違あるべからず」（『愛知県史 織豊1』三二〇）とあるように、買得地については信長が安堵した以上は、その地の権利を認める旨を通達している。同時期に、信長は家臣の池田恒興に対し、同じく闕所地を与えているが、そのさいは「家来者買得分の儀などについて、「誰々欠（闕）所として前後の判形これ出ずるといえども、自余に混ぜず、相違無く知行申し付けるべきものなり」（『愛知県史 織豊1』三一八）と、その家来の買得地についても以前の所有者にかかわらず知行地として宛がうとしている。

中世の土地売買では、土地を売っても権限がすべて移管されるわけではなく、本来の持ち主である本主《ほんしゅ》に権限が残ることが一般的であった。そのため、売買対象が加地子得分の権利の場合、買主が得るのはその得分権のみで、本主はその地の耕作などの権限を保持している場合があった。また、売主である本主には、その地を請け戻す権利が優先的にあった。それに対し、闕所の地とは、辞書的には知行人がいない地となるが、ここでは以前からの権利関係を断ち切る意味も含まれており、右記のような本主の権限も認められなかったのである。

このことから、信長の目指す政策は、従来あった権利をそのまま認めるのではなく、あくまで信長が知行などを認めることにより、その権利を主張できるとする自身を上級権力とする体制であった。そして、信長はこの闕所地処理を通じ、一円的に掌握した土地支配体制を目指した整理を行なっていたのである。実際、信長は「今度国中欠（闕）所候儀申し付けるといえども」（『愛知県史 織豊1』三〇八）と、尾張国中に闕所地調査を実施している。

織田領国全体の土地制度

信長は、晩年になると領国内各地で新たな土地政策をみせる。最初は天正五年越前国での柴田勝家による検地である。この検地は「惣国《そうこく》」、つまり越前国全体での実施が意図された、織田領国初の惣国検地である。その手法は、村の境目確定、百姓指出を土台に実検《じっけん》・丈量《じょうりょう》、地字ごとに一括して、田・畠・山畑などの地種ごとに集計し百姓中宛に検地打渡状《うちわたしじょう》にまとめる。その打渡状の内容を認めたことを示す百姓中からの請状《うけじょう》が提出される（木越隆三 二〇〇〇）。以上をへて耕作地実態が確認され、年貢高が確定されたのである。打渡状に記載される土地面積は、一反《たん》＝三六〇歩《ぶ》・大半小《だいはんしょう》の土地小割《こわり》を用いたものである。また、各耕作地の名《な》請人《うけにん》記載はみられず、年貢高は、石高記載による分米《ぶんまい》（年貢高）記載となっており、一反当たりの収納高である斗代《とだい》は、田・屋敷地は一・五石、畠はおおむね五斗に定められている。

次は明智光秀による丹波国検地である。同国では天正七年・翌八年に作成された年貢・土地台帳が遺されている。これらは耕作地ごとにその年貢などの収納責任者と考えられる名請人が記載される場合があり、年貢高には石高単位が採用され、統一的な把握が実現できている。その目的は、一国検地によって自らの家臣である給人ごとに知行地の出目《でめ》（従来把握を超える分）を把握し、知行高（軍役《ぐんやく》）を確認することにあった（飛鳥井拓 二〇二一）。一方、ここで把握される内容は荘園制以来形成されていた段銭《たんせん》・地子《じし》・公事を百姓指出に依拠して示したものであり、旧来の領主支配や地域の結びつきの否定までは実現できていなかった。

同じく天正八年には羽柴秀吉による検地が播磨・但馬両国で確認される。ここでは、耕作地ごとに地字・土地面積とそれに対応した石高・名請人・等級が設定され、土地小割単位として畝《せ》が用いられる。また、一反＝三六〇歩であり、石高もばらつきは残るものの、等級別かつ、従来の年貢高と比べて高額と考えられる、上田一石三斗、中田一石弐斗、下田一石一斗という、一反あたりの公定収納高である斗代が設定された上で計算されている（前田徹 二〇一九・二〇二一ａｂ）。このように、一見すると後の太閤検地《たいこうけんち》とほぼ同一の形式・内容の検地帳が作成されている。

天正九年には丹後国で長岡藤孝・明智光秀による検地があった。その手法は服属した給人・寺社から耕地の年貢納入状況を記した指出を徴収し、一国単位での検地によって各村高が確定すると、前に提出させた指出申告高を各給人・寺社に打渡し、それ以外となる今回の検地増分については長岡藤孝が掌握する、というものとされる（池上裕子 二〇一二ａ）。一方、知行地を変更した上で、知行高は検地前に提出された指出を参考として宛がわれたとの指摘もある（藤田達生 二〇二二）。いずれであっても、石高による統一的な知行高が設定され、各領主と村落の関係は改変をうけることとなった（池上裕子 二〇一二ａ）。

ほかに天正八年大和国、翌九年和泉国にて指出徴収を行ない、現状の支配状況を物語る当知行高の確認を行なっている（平井上総 二〇一一）。とくに後者では、指出提出と同時に知行地の変更となる所替《ところがえ》も確認される（藤田達生 二〇〇一）。大和・和泉両国では検地までは実施されていないが、両国でも本来であれば検地実施があったと考えられ、信長の方針が丹後国であった以降にみられる統一的な知行高設定にもとづく支配体制の確立にあったと考えられる。

以上から、織田検地の目的は、年貢高のばらつきを解消した抽象化された課税基準高の設定と、検地によって新たに確認された給人知行地の出目を把握し、各給人の知行高を確定するというものであったことが確認される。つまり、知行高の確定を通じて、領主内部での軍役賦課などの基準を設定するという大きな意味があったことになる。対する村落についてみていくと、村域確定や従来の年貢額を確認した上での出目分把握などが確認される。とくに、土地売買などにあった村落側の動向に左右された年貢設定が、領主主導となる面も持ち得ていた。一方で、検地によって把握されたのは、以前からの年貢高の確認であり、中世社会に広くみられた加地子得分が検地帳にどのように含まれていったのかといった点は今後の課題として残っている。

万徳寺領年貢帳にみる尾張国内の年貢・土地事情

信長最晩年の尾張国の土地事情をみる史料として、天正十年九月付の万《まん》徳寺《とくじ》領年貢帳が遺される（『愛知県史　織豊2』四四）。すでに『新修稲沢市史』による詳細な分析があるが、改めて史料解説を通じて確認していくこととする。

本帳には、①新寄進の田地、②寄進などの土地移動の記載がない以前からあった寺領と考えられる田地、畠地の③「寺領年貢納帳」分、④「屋敷定成之年貢」分、⑤田畠混合の寄進地、⑥支配権の係争地が記される。そして最後に、③・⑤の畠方分の収納年貢について年貢負担者ごとに集計され、その後に万徳寺から他者へ渡す公方年貢などを納入先ごとに集計している。耕作地別に面積一反あたりの分米高（年貢高）を示す千代・作人などが記されており、これらをあわせて一筆と呼ぶ。ここでは、これら各筆に記される内容を田・畠および①〜⑤別にみていくこととする。

まず、田方についてみていくと、各筆の面積は①・②とも「一段（一反）」を単位とし、一筆のみ、

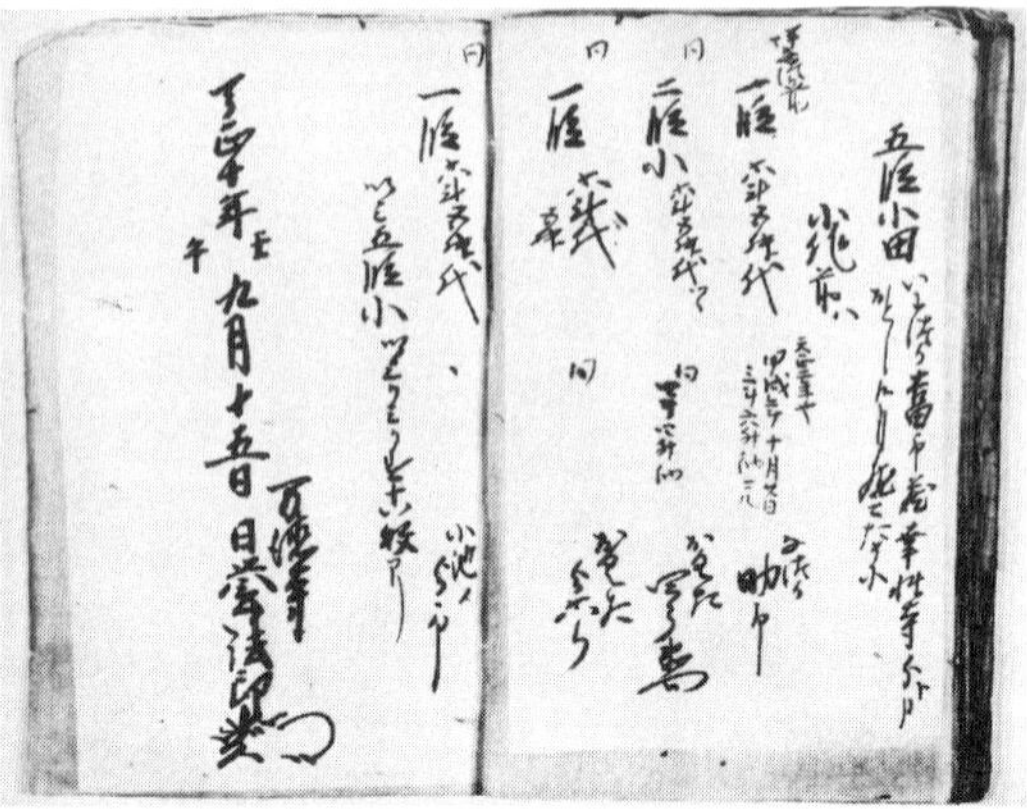

図4-1　天正10年9月万徳寺領年貢帳（万徳寺所蔵）

その半分の意味である「半」が記され、最大記載面積は「三段」となる。各筆に「八斗代」などの斗代が記されるが、その設定数値は同じ一段であっても四〜八斗と多岐にわたる。①では、筆ごとに「小作（前）」と肩書きされる無姓の者が記される。これに対し②では、「小作そぶえ藤《とう》助《すけ》殿」といった有姓と考えられる者や、寺庵の手作《てづくり》分も含まれる。また①は全筆に公方年貢納入者が記され、万徳寺の寄進による収得分（本帳記載の年貢）が、中間得分である加地子得分であることが確認される。なお、公方年貢は銭高となる。また、①では田地の反数に応じて徴収される「反（段）銭」を、万徳寺が織田家中に対し納入しなければならない場合があった。本帳記載では、一反あたり「本反銭七十文・新反銭廿文」と統一されるが、異筆となる天正二年にあった実際の納入状況をみると、米高単位かつ、全筆不統一な数値となる。なお、段（反）銭は、①の新寄進地のみの賦課となる。

②は、小作と記される場合と、「日置《ひおき》七郎《ひちろう》左衛門尉《さえもんのじょう》引得」のような引得と記される場合、また、二筆と筆数は少ないが、万徳寺が公方年貢を納入しなければいけない者の名が記される場合がある。万

徳寺では小作などの耕作者を直接把握していた場合と、耕作地の管理・用益権を持つ「引得」が年貢納入者として把握される場合があり、また一部では従来からの公方年貢が維持されていたことになる。なお、公方年貢は①同様「四百代」などの銭高となる。

続いて、畠方についてみていくと、③の場合、把握される数値が「七百成」と銭高記載の場合と、「一段」の面積記載の場合があり、後者はその下に「六百成」などの銭高による年貢高が記され、作人名は無姓・有姓混合となる。ここでも「引得」がみられる。屋敷地となる④は「百文」などの定額年貢高が銭高によって記され、そこには年貢納入者名として無姓の者が記されるが、「宝光坊《ほうこうぼう》引得」と寺庵関係者と目される者の名もみられる。とくに「又大郎《またたろう》・与一郎《よいちろう》引得」「宗松引得」とあわせ、計三筆に「引得」権限を持つ者があったことが確認できる。

⑤については、田方は「九斗代」などの米高の年貢高、畠方は「一段七百成」などの面積と銭高の年貢高が記される。また、ここでは色成年貢があったことも確認できる。

以上が天正十年万徳寺領年貢帳の概略となる。ここでは中間得分としての年貢、それに対する本年貢としての意味を持つ公方年貢、ほかに色成年貢があった。また、公方年貢取得者はおそらく織田氏の下級家臣であり、また、年貢単位は田方が米高、畠方は銭高と区分されている。このように尾張国の場合、闕所となることがなかった寺領・知行地については、新たな政策などはなかったことを物語っている。

2　豊臣秀吉の時代の土地所持事情と年貢・諸役

織田信雄の検地と知行体制

天正十年（一五八二）、織田信長亡き後、尾張・伊勢両国へはその子信雄が入った。同年七月の入封直後から翌八月にかけて、信雄は織田家臣と寺社に対して、従来からの所領を一斉安堵している。ここでは「名田（職）」「徳（得）分」「私徳《しとく》（得）」「買徳《ばいとく》（得）分」が安堵されており、前にみた万徳寺の事例が、万徳寺特有の事例ではなく、織田領尾張国全般に通じる状況であったことを裏づける。

翌十一年には検地が実施されている。このさいの検地奉行とその担当地域の関係は「織田信雄分限《ぶげん》帳《ちょう》」（『愛知県史　織豊2』一〇四〇）で確認できる。「織田信雄分限帳」は、天正十一年検地にもとづく宛行貫高を基礎として、その翌年にあった小牧・長久手の戦いにともなう知行地の変動を反映した後の、天正十三年当時に確定していた各給人・寺社別の知行貫高を記したものである（『愛知県史　織豊2』同特集解説）。

検地担当は、尾張国については支城を任される重臣であり、それらの担当地は信雄本城である清須城と各支城を結ぶ幹線道路や河川を境として放射状に広がっている。また、各奉行の本拠地と検地対象地はずれて設定されている。これに対し、伊勢国で具体的に担当した者は、尾張国内に知行地を持つ柴田《しばた》源八《げんぱち》と、ほかは中小の奉行人層であった（加藤益幹　一九八六）。

本検地の特徴は、前年に認められた寺社領の多くが収公されたことと、収公されなかった場合でも、領知が移動させられるとともに、その地を個別支配できるのではなく、まとめられる場合があった点である。前者については伊勢神宮領すら容赦されなかったこと（『愛知県史 織豊2』一〇四七）、後者については、清須の政秀寺《せいしゅうじ》・白坂雲興寺《しらさかうんこうじ》と那古野の天王坊《てんのうぼう》領が、尾張国東部の愛知郡猪子石《いのこし》にまとめられ相給《あいきゅう》となっていることから確認できる。これにより、相給地であったこともあり直接的な各寺院による村落との対応ではなく、その知行地からの給分としての年貢のみを受け取る体制へ変更することとなった。

信雄領では、天正十二年にあった小牧・長久手の戦い後の領知削減もあり、天正十四年に再検地があった。本検地では、中小家臣のみならず有力家臣も含めた知行替えをともなっている（加藤益幹 一九八六）。

「織田信雄分限帳」記載高と、この時の宛行状記載高を比較すると、天正十一年に検地奉行として名を現す沢井雄重《さわいかつしげ》は「壱万貫」から「壱万五千四百六拾五貫六百文余」と一・五倍を超える増加となる。また、知行高単位も詳細化して「文」単位まで用いられている。このような増加は雄重のみでなく、一七事例中一五名となる。一部では知行地変更もあるが、知行地変更がなく増加している者もあり、最大は二・三七倍となる。以上から、信雄がこの時に用いた貫高は、これまで用いてきた年貢・知行高とは異なる数値となり、近世社会で用いられた石高制と同様な内容を備えたものと評価される（加藤益幹 一九八六）。

表 4-1　検地奉行とその担当地域

奉行名	国名	地　　名
源五縄(織田長益)	尾張	丹羽郡(五明・一色・九日市場・三井重吉・花地・大屋敷・中ノ庄・野寄・佐野・大海道・芝原・曽野・山王・柚木颪・今市場・斎藤・加納・小口・長桜)、春日井郡(沖)、葉栗郡(宮田・前飛保・村久野・鹿子島)、中島郡(下津)
長門縄(岡田重孝)	尾張	海東郡(青塚)・中島郡(西之川)
大炊縄(平手大炊)	尾張	春日井郡(比良・味鋺・熊之荘・沖・林・二重堀・勝川・文津)、海東郡(百町)
駿河縄(佐久間正勝)	尾張	愛知郡(日置・前津小林・古井)
勘右衛門縄(中川定成)	尾張	愛知郡(前熊針・大草)・春日井郡(大森・稲生・田端)・「原かた」
澤井縄(沢井雄重)	尾張	愛知郡(内出)・海東郡(伏屋・二女子・野江)・「はたの郷」
滝縄	伊勢	鳥羽郷(多気郡土羽ヵ)・多気郡(養田・中海・宇爾・坂本)
源八縄(柴田源八)	伊勢	一志郡(波瀬ヵ・井関)
大田縄	伊勢	一志郡(森本)
根村縄	伊勢	南伊勢(「かいしま」)

＊「織田信雄分限帳」(『愛知県史 織豊 2』1040) より.
＊現在地名が不明なものについては, 郡名比定せず, 最後に「　」に記載名のまま記した.

信雄は、父信長が征服地で実施した検地での成果を、尾張国でも実現したことになろう。ただし、村落側に対し、どのような年貢納入体制を示したかについてまでは確認できない。

五十分一役の賦課と七ヵ条定書

織田信長亡き後、東海地域で勢力を伸ばした徳川家康は、従来からの三河・遠江・駿河の三ヵ国に加え、甲斐・信濃両国を領国とすることとなった。そして、豊臣秀吉に臣従した翌年の天正十五年と翌十六年の二ヵ年にわたり、信濃国を除く四ヵ国から「五十分一役」を賦課した。これは、徳川氏の直轄地をはじめ、家臣給地・寺社領も含めた、徳川全領を対象として、それぞれの年貢高の二%を臨時に徴収したものである。この納入額は後に実施された検地後の知行宛行のさいに確認する必要があり、できない場合は領知が認められなかった（新行紀一 一九九七）。この賦課を翌年からあった検地の前提とすることはできないが、秀吉への臣従後、徳川領国において五ヵ国総検地へと継承される領国の支配体制づくりが目指されたことが知られる。

徳川氏は、天正十七年になると五ヵ国総検地を実施した。この検地では、検地奉行が、徳川家康の命をうけるかたちで、担当郷村《ごうそん》宛てに検地後の年貢納入と夫役賦課などの規定である七ヵ条定書を発給した。そして、検地後、奉行は各郷村の一反当たりの等級別年貢高を確定し、郷村はその内容承諾の請書を奉行に提出した（『愛知県史 資料編13 織豊3』〈以下『愛知県史 織豊3』〉一五八〇）。それをうけ、徳川氏は給人・寺社に対し新たな知行地を「俵」を単位として宛がった。なお、前記のように検地前後に指出徴収があった場合もあった（『愛知県史 織豊2』一五九〇）。

七ヵ条定書は、第一条が年貢の納入方法について、第二条が陣夫役《じんぷ》（合戦のさいの労役）の賦課方法について、第三条が百姓屋敷分の免除規定、第四条が各領主による百姓雇いについて、第五条は同じく労働要員負担の規定について、第六条が災害時の年貢規定、第七条が竹藪に対する賦課規定となる。注目されるのは第三・五条である。第三条は百姓屋敷免除分を中田の三％とするとあり、第五条は、四分一役と称される戦国大名今川氏以来の夫役賦課を、年貢高一〇〇貫文に対し二人ずつ徴用するとある。前者からは今回の検地により把握された耕作地は、年貢賦課のみならず年貢免除地設定にも用いられたことが、後者からは夫役賦課体制について名称の維持があったことが知られる。同様の例は屋敷地を対象とする賦課である棟別からも確認される。徳川氏は検地後も棟別を賦課しており、その基準として、検地によって確定した屋敷地面積と、その不足分を補う上田分を対象としていた（『愛知県史　織豊2』一五六八・一五七〇）。このように五ヵ国総検地後の賦課体制では、その中心となる年貢については検地にもとづく体制が策定されたが、一方で夫役については一部旧来からの名称も残しつつ、また、百姓免除についての規定もみられるといった体制であった。

五ヵ国総検地の実施　五ヵ国総検地によって作成された検地帳の記載内容は、耕作地の地名（小字）・田畠等級（上中下）・耕地面積・名請人が一行で記され、これを前記の万徳寺領年貢帳のさいと同様に一筆と呼ぶ。この筆は耕作地の数だけ記され、最後に面積総数がまとめられている。一反は三六〇歩であり、その小割として一反の三分二を大、二分一を中、三分一を小とする単位が採用される。

検地後に検地奉行から各郷村に等級別斗代（年貢高）が設定され、その斗代と検地帳にある各等級の面積を乗じて年貢高が設定されている。検地後の知行高は俵高に統一されているが、年貢納入は米銭混合の場合もあった。なお、この知行高は太閤検地によって定められた石高と異なり、年貢高にもとづく。しかし、面積に乗ずる数値が石盛《こくもり》（一反あたりの基準高）か、斗代（年貢高）かの差のみであり、方法自体に差はない。

各筆に記される者を名請人と呼ぶが、徳川氏による検地では、その記載に分付《ぶんつけ》と呼ばれる方法が多く用いられる。分付記載とは、「〇〇分△△作」と一筆に複数人が記載され、その意味は、一般的には「〇〇分」と記される者が上位、「△△作」と記される者が下位となる重層的な土地所持事情を示すと考えられている。太閤検地では一筆一人の名請人記載が一般的であるため、この記載方法は、そこにいたる前段階の小農民の自立が不完全な状態を示すとされてきた。しかし、五ヵ国総検地については本来的な重層関係を示すのではなく、形式的なものに過ぎない場合が含まれるとする指摘や（本多隆成 一九八九）、以前の年貢納入担当者を「〇〇分」、今回の検地によって定められた年貢納入者を「△△作」と記すといった指摘（谷口央 二〇一四）がみられ、分付記載の採用を、必ずしも後進的とするべきではないとの見方へと変化している。

つづいて、七ヵ条定書と関係する検地帳内の記載内容についてみていく。前項でも注目した第三条にある百姓屋敷地の免除分についてである。遠江国三岳《みたけ》村検地帳（『静岡県史 史料編8』一二九九〜二三〇二）に、中畠および下畠の一部に「屋しき分」と記される筆がある。三岳村検地帳は田畠分が給人別の三冊と屋敷地分一冊となり、田畠分三冊中の計一〇筆一反一〇歩分にこの表記がある。三岳村は中田がないため中畠・下畠が代用されるが、ここにある「屋しき分」面積は、各検地帳末尾に記載される田畠総数の三反七畝一九一歩から、年不作分一反一四一歩、当不作分一〇〇歩、各検地帳末尾記載のその他不作分一反一六一歩を除いた、三町四反一四九歩の約二・九八六%となり、七ヵ条定書第三条に規定される中田の三%とほぼ一致する。とくに「卅一歩」の筆の注記に「此内卅歩屋しき分入」と、わずか一歩を除くかたちで厳密に屋敷分を設定していることから、この設定が厳密に計算されていたことがうかがわれる（ただし、三一歩でも約二・九九七%と三%に収まる）。また、本検地帳には「棟別」記載の筆もあり（本多隆成 二〇〇六）、棟別も検地帳に詳細に記載されている。なお、同様の記載は引佐《いなさ》郡久留米木《くるめき》村の検地帳でも確認される（『静岡県史 史料編8』二三〇四）。

五ヵ国総検地では、年貢・夫役賦課などの規定である七ヵ条定書に記される内容に即して検地帳が作成され、それは年貢だけではなく役賦課や百姓免除分も含む詳細までが記された基本台帳となる。この検地で屋敷地があえて別帳などで把握されている点もこれと関わることになろう。そして、三岳村の場合、給人別に検地帳が分けて作成されているが、屋敷地免除についてはその保有者の保有面積との対応関係はなく村単位となっている。このことは、各筆が具体的な免除地を示すわけではなく、また、検地帳が給人別に作成されていても、実態としては郷村を単位とした体制が整えられていたことを示している。もちろん、徳川領国での村請体制は検地以前からも確認されるが（本多隆成 二〇〇六）、この検地によって従来体制の維持ではなく、領主主導での検地帳にもとづく郷村を基盤とする年貢・夫役賦課体制が全領統一して設定された点は、従来からの変更点として位置づけられる。

つづいて、五ヵ国総検地と翌年にあった太閤検地帳の両検地帳が同一郷村に唯一遺される三河国片《かた》寄《よせ》郷（村）を比較検討することから、五ヵ国総検地の実態を理解することとする。片寄郷では、二冊の田畠検地帳と、屋敷帳の計三冊が作成されている（『愛知県史 織豊2』一五三八〜四〇）。これに対し太閤検地帳は、田方検地帳と畠方検地帳の各一冊となる（『愛知県史 織豊3』四四・四五）。小字をみると、前年の五ヵ国総検地帳とほとんど一致せず、また一致する場合も面積は異なる。なお、屋敷地記載はなく畠地にまとめられている。

両検地帳の記載内容は一見すると異なるが、両検地では、長さの単位である一間の数値が異なると考えられるため、その比率に両検地の面積を揃えると、記載面積に大差はない。一方、両検地帳の差異について、寺領再編があったためとする見解もある（本多隆成 二〇〇六）。いずれの見解も耕作地の把握状況について両者に差はないとされる。

名請人について比較検討すると、太閤検地帳では前年と比べ名請人数が減少している。その詳細を確認すると、五ヵ国総検地帳内に「彦右衛門・彦大夫・彦七郎・彦大郎」による畠方名請地が確認できる。これに対し、太閤検地帳の同一と考えられる地をみると、その地はすべて「彦右衛門」となる。これら人物の関係について確認はできないが、五ヵ国総検地では太閤検地に比べ、多くの人員を検地帳の上で把握しようとしていたことは間違いないであろう。

以上から、五ヵ国総検地の実態として、徳川氏による耕作地把握状況は翌年の太閤検地と同等であったことがあげられる。また、検地帳は、耕作状況のみならず、七ヵ条定書に規定されるすべてが記された基礎台帳としても機能していた。以上から、名請人の詳細記載の理由として陣夫役との関係が注目される。つまり、徳川氏が陣夫役などの百姓動員についても検地帳を基礎台帳としたため、太閤検地に比して名請人把握が詳細であったと考えることができよう。

天正十七年美濃国太閤検地

全国統一を果たした豊臣秀吉は、その統一過程期から全国に検地を進めている。一般に太閤検地と呼ばれ、その方法は政権から検地奉行が派遣されて実施される直轄検地《ちょっかつけんち》、政権に取り立てられた大名がその知行地に対し自身の家臣を検地奉行として実施した取立大名検地《とりたてだいみょうけんち》、旧来からの大名が政権に服するなかで独自に実施した外様大名検地《とざまだいみょうけんち》の三種類に分けられる。ここまでにみた織田信雄検地や徳川五ヵ国総検地は外様大名検地となる。

東海地域では、統一過程期から政権成立後にいたるまで検地は実施されており、また織田・徳川氏が東海地方を離れた天正十八年八月以降は、これら旧領でも改めて検地があった。ここでは直轄検地であり、検地実施の規定である検地条目が遺されている天正十七年の美濃国について、検地条目をみていくことから太閤検地の実施状況を確認する。

天正十七年十月朔日付の片桐貞隆《かたぎりさだたか》・石田正澄《いしだまさずみ》宛の検地条目は全国を通じてその最初となる。ほかに同日付の石田三成・大谷吉継《おおたによしつぐ》宛の条目も遺されている（『豊臣秀吉文書集　四』二七一七・二七一八）。本条目は全五ヵ条となり、前半三ヵ条に五間×六〇間＝三〇〇歩を一反とし、上田一・五石の石盛（一反あたりの石高）以下、等級が下がるごとに二斗下がり、畠方も同様で、上畠一・二石以下二斗下がり

表 4-2　東海地域の太閤検地実施状況

国名	年	種類	検地主体・領主など	条目
駿河	天正 18 年(1590)	取立	中村一氏	
駿河	慶長 4 年(1599)	取立	中村一氏	
遠江	天正 19 年(1591)	取立	池田照政ヵ	
遠江	文禄 2 年(1593)	取立	山内一豊	
遠江	文禄 4 年(1595)	取立	堀尾吉晴	
遠江	慶長 4 年(1599)	取立	堀尾吉晴	
遠江	慶長 4 年(1599)	取立	有馬豊氏	
三河	天正 18 年(1590)	取立	豊臣秀次	
三河	天正 18 年(1590)	直轄	池田照政・田中吉政領	
三河	天正 20 年(1592)	取立	豊臣秀次	
尾張	天正 20 年(1592)	取立	豊臣秀次	
尾張	文禄 2 年(1593)･3 年	直轄	豊臣政権と豊臣秀次の共同	
伊勢	天正 17 年(1589)	取立	蒲生氏郷	
伊勢	文禄 3 年(1594)	直轄	一国全体	○
志摩	天正 16 年(1588)	外様	九鬼嘉隆ヵ	
志摩	文禄 3 年(1594)	直轄	伊勢国検地の一環ヵ	
伊賀	天正 14 年(1586)	外様	筒井定次	
美濃	天正 17 年(1589)	直轄	一国検地	○

＊平井上総 2014 より．ただし，詳細未詳については除いた．
＊織田信雄検地および徳川五ヵ国総検地は除いた．

と規定される。なお、ここでは京枡《きょうます》を基準としている。また、下々などの低等級地の石盛は、各奉行が現地を確認した上でその数値を定めることとしている。後半二ヵ条では、恣意的な判断がないように、百姓からの礼物《れいもつ》などの授受を禁止し、検地実測時に必要な兵糧は政権が支給するので、現地では検地役人が自ら賄うこと、ただし雑多な事柄やぬか（糠）・わら（藁）は現地村落内で相談の上で入手することが可能とある。

この内容にしたがい検地実測が進むが、検地前に検地奉行に渡された条目に石盛規定があることから、石盛は現地の実際の作柄などを確認して策定されたものではない。従来、太閤検地によって設定された石高は生産高と認識されていたが、近年は、その数値の由来を年貢の最大限界値とする見解が示され（池上裕子 二〇一二a）、また、生産高認識についても、土地の潜在的生産力を米の生産高に換算して表示する数値とする見解（朝尾直弘 二〇〇四、三鬼清一郎 二〇一二bほか）が示される。本条目からも、その由来を確認することはできない。ただし、各耕作地の等級設定に加え、下々については奉行の見計らいとしていることから、現地の生産状況による判断があったことは読みとれる。それ以上に、石高が全国を通じて設定された点からは、支配者・被支配者問わず、全国統一的な基準高設定が検地を通じてなされたことが重要であろう。なお、本条目では検地帳名請人についての規定はない（中野等 二〇一九など）。

検地帳は、五ヵ国総検地帳と差はなく、各筆に小字・等級・地目・面積・石高・名請人の記載が基本となる。ただし、面積の根拠となる縦横の間数が各筆に記される場合がある。また、五ヵ国総検地にあった百姓免除分や棟別などの賦課・免除に関わる記載はみられない。両検地における目的差の現れと考えられる。

伊勢国の太閤検地

伊勢国では天正十七年に蒲生氏郷による自領検地があり、文禄三年（一五九四）には政権から派遣された奉行による一国総検地があった。ここでは後者の検地のさいに定められた検地条目を確認した後、同一村の両検地帳比較から、伊勢国太閤検地の実態を明らかにする。

本条目（『豊臣秀吉文書集 六』四九五二）は、第一～三条に一間の長さを六尺三寸の棹により一反＝三〇〇歩と定めた上で、田畠の等級別斗代をそれぞれ上田一石五斗から二斗下がり、上畠一石二斗から二斗下がりとし、下々については検地奉行が現地の作柄や耕作地状況から判断して斗代設定する、とする。第四条では屋敷の石高設定を上畠と同一の一石二斗としている。第五～七条は、前記の耕作地からはずれる賦課に関わる規定となる。第五条では山畑・野畑などの低等級地の奉行判断による石盛設定、第六条では耕作地以外の賦課である山手銭《やまてせん》・塩浜小物成《しおはまこものなり》の年貢高設定、第七条では災害などによる年貢減免地の石盛設定となる。第八条は村境確定についての規定、第九条では升の京升への統一、第一〇条は検地帳を村方へ写して遣わすこと、第一一・一二条は美濃国にもあった自賄《じまかな》い規定と礼銭《れいせん》・礼物授などの禁止などとなる。

天正十七年の美濃国と比べると、第一に、一間の長さ規定が加わることから面積把握が厳密になり、かつ全国統一化が進んでいる。第二に、石盛規定について田畠は変化ないものの屋敷地規定が加わる。

検地帳をみる限り、美濃国でも屋敷地は畠地に含まれているようであるが、ここでは屋敷地の位置づけが具体化している。第三に、美濃国では年貢などの賦課規定はなかったが、田畠年貢以外となる小物成規定が加わっている。第四に、村境規定が追加されている。美濃国の検地でももちろん同様の作業はあったと考えられるが、それが明確化され、検地目的としての村単位設定の厳密化が示されることになる。そして第六に、検地帳を村方に遣わすことが規定される。このことは、検地目的に検地帳にもとづく村落を基盤とする方針が具体的に示されたことを意味する。では、この規定と検地帳の関係はどうであろうか。

表4－3は天正十七年と文禄三年の伊勢国一志郡伊福田《いぶた》村の検地帳記載状況を示したものである。把握される耕作地面積はわずかに増加するが、屋敷地は減少しており全体としては大差ない。しかし、筆数は増加し、耕作地把握が詳細化している。名請人の人数自体はほぼ同数となる。内訳としては一〇名の名前が一致せず、文禄三年の場合、屋敷地に年をとった老婆を意味する「うば（姥）」や、役に立たない人を意味する「こしぬけ（腰抜け）」が含まれる。これは文禄三年伊勢国全体での特徴ともなり、詳細は不明ながら、この検地のさいに名請人基準の変更があった可能性がある。また、村高は等級変更により大幅増加している。

天正十七年の美濃国と文禄三年伊勢国検地条目では、面積把握の統一・厳密化や、本年貢以外も含む村落への賦課の厳密化の進捗を読み取ったが、検地帳の比較からも同様となる。つまり、耕作地把握の詳細・厳密化が進み、等級上昇による石高増加が図られる一方、条目に規定されない名請人については、質的変化の可能性はあるが数量的な差はみられない。

では、太閤検地にはどのような目的が確認されるであろうか。第一に、村落単位による石高設定である。石高は軍役賦課などをはじめ社会全体に関わるが、それは検地によって導き出され、その増加のために常に検地実施が必要だったのである。もちろん、その結果、耕作地の詳細な把握などが進むことも事実であるが、豊臣政権による御前帳徴収や朝鮮出兵での軍役賦課との関係から考えると、石高設定の見直しは再検地目的としてはずすことはできないであろう。

表 4-3　伊勢国伊福田村検地帳

天正 17 年		文禄 3 年	
面積			
田方	2町8反2畝15歩	田方	2町9反3畝11歩
畠方	3町9反3畝4歩	畠方	4町1反7畝8歩
屋敷	3反1畝27歩	屋敷	2反5畝28歩
総数	7町7畝16歩	総数	7町3反6畝17歩
筆数			
田方	22	田方	32
畠方	61	畠方	89
屋敷	19	屋敷	17
総数	102	総数	138
名請人			
	23		22
石高			
67石5斗2升6合(帳末記載)		92石9斗8升6合(計算)	

続いて、検地と年貢賦課体制とはどのように関わっていたのであろうか。伊勢国の検地条目に、小物成ではあるものの、具体的な年貢高設定についての規定があることから、検地目的に年貢賦課体制があったことは間違いないであろう。ただし、検地帳に徳川氏の五ヵ国総検地にみるような直接関連する記載がないのも事実である。しかし、名寄帳《なよせちょう》から検地帳と年貢の関係をみることができる。名寄帳とは、検地帳に記される内容をもとに、

名請人別に並べ各村落内で作成した帳面である。例えば、天正十八年にあった三河国太閤検地のさいに作成された名寄帳の場合、すべて検地帳と同一内容となり、名請人別に並び替えられるだけとなる（『愛知県史 資料編14 中世・織豊』「名寄帳」）。このような帳面の作成が必要だった理由は、検地帳名請人が年貢負担者であり、それにもとづき各村落で年貢納入に向けての作業があったからと考えられる。

もう一つ、検地帳と年貢が関わると考えられる事柄がある。それは秀吉が発した法令からである。秀吉は天正十四年正月十九日付の定の第二条目に「百姓と相対せしめ検見を遂げ、有米三分一百姓にこれを遣わし、三分二未進なく給人とるべき」（『豊臣秀吉文書集 三』一八四二）とあるように、耕作地からの収穫全体から百姓分を引いて給人（領主）に年貢納入することを定めている。同様な例として、秀次事件直後となる文禄四年八月三日付の御掟追加の第三条目にも「天下領知方儀、毛見をもって三分二は地頭、三分一は百姓これ取るべし」（『浅野家文書』二六六）との規定もみられる。給人（地頭）分と百姓分の二公一民《にこういちみん》の比率は、固定化されたものではないとの指摘は注意すべきであるが（三鬼清一郎 二〇一二b）、ここには生産全量を把握し、それを領主と村落で分配するといった年貢徴収方法が意図されている点は見逃すことはできない。ここに太閤検地の村落および年貢徴収に対する目的を読み取ることができよう。寄進などの中間得分は公的に認められておらず、検地帳にもとづく村落を単位とする村請体制を基盤としているのである。検地帳にもとづく全国統一的な石高設定と村請体制の設定は、太閤検地を語る上で見逃すことができない意義となる（中野等 二〇一九）。

〔参考文献〕

朝尾直弘『朝尾直弘著作集　第八巻』岩波書店、二〇〇四年
飛鳥井拓「天正八年武吉村指出帳と丹波国検地」『織豊期研究』二三、二〇二一年
有光友學『戦国大名今川氏の研究』吉川弘文館、一九九四年
池上裕子『日本中近世移行期論』校倉書房、二〇一二年a
同　『織田信長』吉川弘文館、二〇一二年b
同　『中近世移行期の検地』岩田書院、二〇二一年
伊藤俊一『荘園』中央公論新社、二〇二一年
加藤益幹「織田信雄の尾張・伊勢支配」有光友學編『戦国期権力と地域社会』吉川弘文館、一九八六年
木越隆三『織豊期検地と石高の研究』桂書房、二〇〇〇年
新行紀一「徳川五か国総検地研究ノート―五十分一役を中心に―」『愛知県史研究』創刊号、一九九七年
谷口　央『幕藩制成立期の社会政治史研究―検地と検地帳を中心に―』校倉書房、二〇一四年
同　「家康の検地は、秀吉に比べ時代遅れだったのか」平野明夫編『家康研究の最前線―ここまでわかった「東照神君」の実像―』洋泉社、二〇一六年
同　「太閤検地帳史料論―検地規定の変遷と名請人理解を目指して―」矢田俊文編『戦国期文書論』高志書院、二〇一九年
中野　等『太閤検地』中央公論新社、二〇一九年
平井上総「織田権力の和泉支配」戦国史研究会編『織田権力の領域支配』岩田書院、二〇一一年
同　「豊臣期検地一覧（稿）」『北海道大学文学研究科紀要』一四四、二〇一四年

藤田達生『日本近世国家成立史の研究』校倉書房、二〇〇一年
同「織田検地と所替・国替」『織豊期研究』二三、二〇二一年
本多隆成『近世初期社会の基礎構造—東海地域における検証—』吉川弘文館、一九八九年
同『初期徳川氏の農村支配』吉川弘文館、二〇〇六年
前田徹「天正八年十月二十四日付け播磨国飾東郡緋田村検地帳写」兵庫県立博物館紀要『塵界』三〇、二〇一九年
同「播磨・但馬の天正八年羽柴検地帳」『織豊期研究』二三、二〇二一年a
同「天正八年八月十二日付け但馬国出石郡赤花村検地帳写」兵庫県立博物館紀要『塵界』三二、二〇二一年b
牧原成征「兵農分離と石高制」『岩波講座日本歴史 近世1』二〇一四年
三鬼清一郎『織豊期の国家と秩序』青史出版、二〇一二年a
同『豊臣政権の法と朝鮮出兵』青史出版、二〇一二年b
山田邦明『日本史のなかの戦国時代』山川出版社、二〇一三年
同『中世東海の大名・国衆と地域社会』戎光祥出版、二〇二一年
『愛知県史 通史編3 中世2・織豊』愛知県史編さん委員会、二〇一八年
『新編岡崎市史2 中世』岡崎市、一九八九年
『新修稲沢市史 本文編上』稲沢市、一九九〇年

五　東海の都市と交通環境

山下智也

1　東海道と宿・市場

戦国期の東海道

この地域を横断する東海道は、衰退や新規経路の開拓によって一部で中世の京・鎌倉往還とは異なる経路をたどる道となった。戦国期から織豊期にかけても主要な交通路ではあったが、戦乱の多い地域ゆえに迂回路を選択しなければならないこともしばしばであった。今川氏の使者は京へ上るさいに、東三河での戦乱を避けるため信濃国を通って尾張国にいたっている（尊経閣古文書纂所収《そんけいかくこもんじょさん》「飯尾文書《いいおもんじょ》」）。本来、東海道は西進すると尾張国から伊勢国をへて近江国にいたるが、美濃（中山道）を経由することもあった。その逆も然りで、東海道の尾張―京都間は伊勢廻りと美濃廻りの二通りのルートが存在したのである（図5－1および表5－1参照）。

三河―遠江間でも、本坂峠《ほんざかとうげ》を越え浜名湖北岸を進むルートと、二川《ふたがわ》を経由して浜名湖南岸―今切を通過するルートが存在する。本坂通は連歌師の宗長《そうちょう》が通ったことでも知られる戦国期の主要な経路の

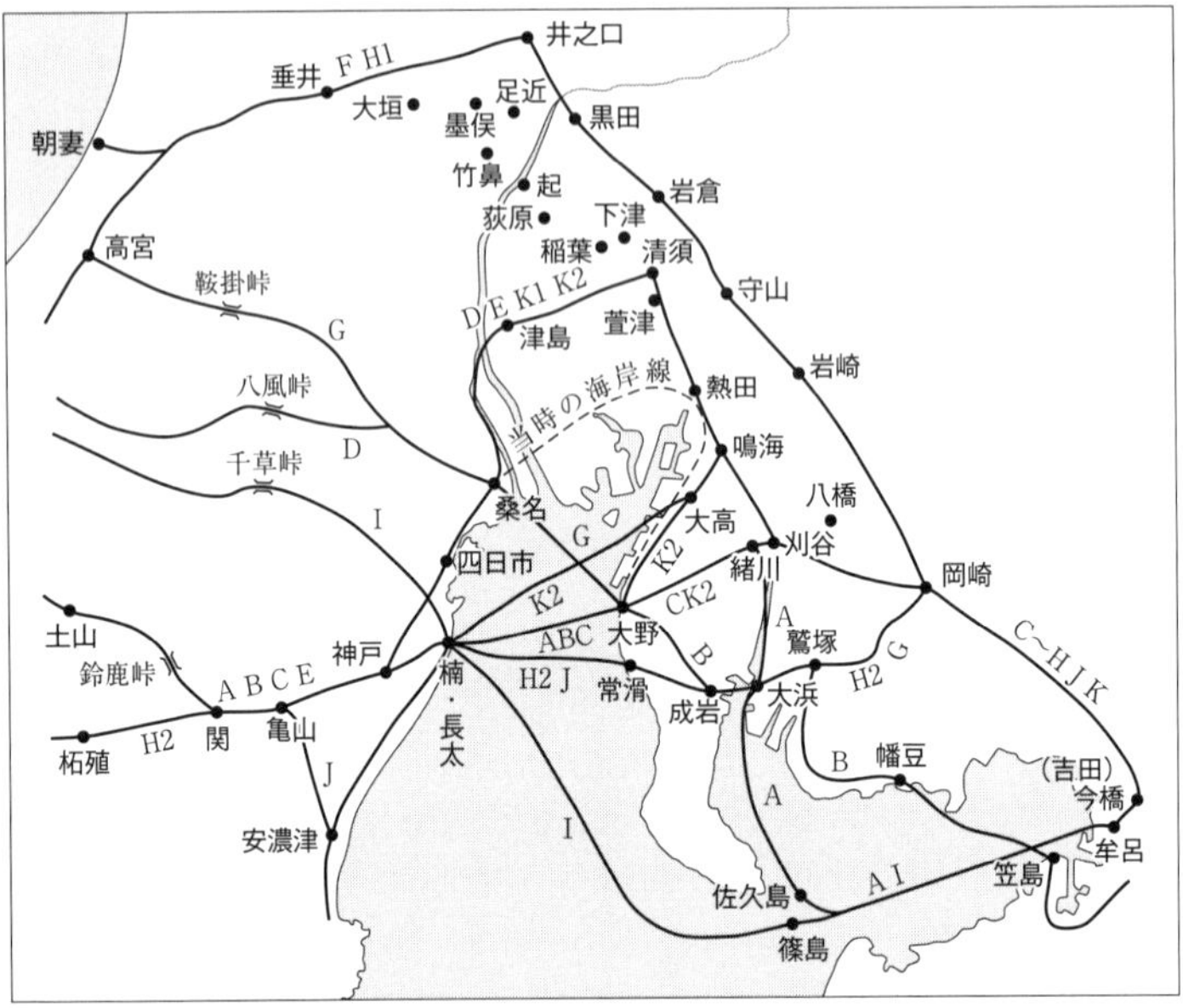

図 5-1　戦国時代の東海紀行路（榎原雅治 2008）

一つであった（『宗長手記』）。次第に海浜ルートが主流になっていくが、天正十一年（一五八三）段階でも深溝の松平家忠は、浜松で越年のため本坂峠を越えて向かっており、完全に廃れてしまったわけではなかった（『家忠日記』）。

古東海道（京・鎌倉往還）と比べて変化した部分はほかにもある。尾張国萱津《かやづ》宿（愛知県あま市）・下津《おりづ》宿（愛知県稲沢市）である。鎌倉期から「下津五日市《いつかいち》」が開かれた下津、富田荘絵図《とだのしょうえず》にも描かれ伊勢廻りルートと美濃廻りルートの結節点でもあった萱津の両宿は、戦国期には両所の中間に位置する清須城とその城下の発展により衰退していった。

もう一つ顕著なのは三河国八橋《やつはし》宿から池鯉鮒《ちりゅう》宿（共に愛知県知立市）への移行

である。八橋宿は古東海道の宿場で、歌枕に登場する八橋は京からの下向《げこう》の最中に訪れる人も多かったのだが、実際に訪れた人の記した紀行文にみえる八橋の姿は物悲しいものばかりである。カキツバタは咲いておらず、橋も少ないあり様で（『十六夜日記《いざよいにっき》』ほか）、次第に人々の興味が薄れていった。そこで新たに選択されたのが八橋より南を通る池鯉鮒宿であった。またその先の矢作《やはぎ》川両岸にあった東西の宿（愛知県岡崎市）も乙川《おとがわ》流路の変化や洪水などによって衰微し、宿の機能は岡崎城下町に取り込まれていった。

変化後の経路は近世の東海道にもつながる当時の幹線道であったが、なるべく平坦な道のりを選んでいることから、かえって距離は伸びていた。これに対し、やや険しくともより距離の短い行程を選ぶ人たちもいた。天文年間のことだが、仁和寺《にんなじ》の僧尊海《そんかい》や大村家盛《おおむらいえもり》は、八橋でも池鯉鮒でもなく、北側の岩崎（愛知県日進市）・守山（名古屋市守山区）を通って行ったのである（表5－1F『あづま道の記』、同H1「大村文書」）。

東海道の経路の変遷をみてきたが、後述する織田権力の交通整備や小田原合戦での輸送体制も含め、戦国期から織豊期は美濃廻りルートが主流であったことも確認できる（榎原雅治 二〇〇八）。

交通拠点となる市

交通の要衝・結節点・拠点となる場所には旅宿が設けられ、行商人や旅行者が宿泊する。行商人はその宿場や周辺の町場に立てられる定期市に立ち商いをした。商品を買い求める人が集まり、場合によってはその利便性を日常とするため集住する者も現れる。行商人も領主が与える特権などを求めて定住するなど、交易機能をともなう拠点として町場化してい

表5－1　戦国時代の東海紀行路（榎原雅治 二〇〇八より作成）

	旅	経路	出典
A	明応八年（一四九九）五～六月、飛鳥井雅康、富士見物の旅	【近江】柏木―山中―【伊勢】関―亀山―【尾張】大野―緒川～〔舟〕～【三河】大浜～〔舟〕～佐久島～〔舟〕～今橋―【遠江】鷲津～〔舟〕～引馬―日坂	『富士歴覧記』
B	永正九年（一五一二）九月、冷泉為広、富士見物の旅	【近江】大津―広田―極楽寺―【伊勢】鈴鹿山―亀山―長太～〔舟〕～【尾張】大野―成岩～〔舟〕～【三河】大浜―鷲塚―吉良―幡豆―笠島―【遠江】橋本―引間―見付―懸川―菊川―【駿河】島田―藤枝―府中	『為広駿州下向日記』
C	大永四年（一五二四）四～六月、連歌師宗長、駿河への旅	【近江】大津―観音寺―【伊勢】坂の下―亀山～〔舟〕～【尾張】大野―【三河】刈谷―土羅―今橋―【遠江】吉美―引馬―懸川―【駿河】藤枝―府中―清見関	『宗長手記』
D	大永六年（一五二六）二～四月、宗長、駿河丸子の自庵より上洛の旅	【駿河】丸子―宇津山―【遠江】金谷―菊川―懸川―見付―浜松―【三河】今橋―猪名―刈谷―【尾張】熱田―清須―津島―【伊勢】桑名―梅戸―八峯（八風）峠―【近江】高野―大津	『宗長手記』
E	大永七年（一五二七）三月、宗長、京都より丸子へ帰還の旅	【近江】矢島―水口―【伊勢】鈴鹿山―亀山―神戸―桑名―【尾張】津島―清須―熱田―笠寺―【三河】岡崎―今橋―【遠江】引間―見付―懸川―【駿河】藤枝―宇津山―丸子	『宗長手記』
F	天文二年（一五三三）十～十二月、仁和寺尊海、駿河への旅	【近江】坂本～〔舟〕～島―朝妻浦―醒ヶ井―【美濃】垂井―井ノ口―【尾張】やな―守山―【三河】岡崎―今橋―【遠江】引間―懸川―菊川―【駿河】岡部―府中―清見関	『あづまの道の記』

G	天文十三年(一五四四)九月〜十四年三月、連歌師宗牧、東国旅行	【近江】瀬田—観音寺—高宮—【伊勢】白瀬—大泉—桑名〜〔舟〕〜【尾張】津島—那古野—熱田—津島〜〔舟〕〜【伊勢】桑名〜〔舟〕〜【尾張】大野—なな〜〔舟〕〜【三河】大浜—鷲塚—岡崎—深溝—西郡—【遠江】鷲津—引間—掛川—日坂—【駿河】島田—藤枝—岡辺—丸子—府中—江尻—清見関—蒲原〜〔舟〕〜吉原—【伊豆】三島—熱海—【相模】小田原—鎌倉—【武蔵】神奈川—江戸	『東国紀行』
H1	天文二十二年(一五五三)四月、大村家盛、比企・池上・身延参詣の旅　往路	【近江】坂本—鏡—醒ヶ井—【美濃】垂井—井ノ口—【尾張】岩倉—守山—岩崎—【三河】岡崎—山中—吉田—【遠江】白須賀—今切—引馬—懸川—金屋—【駿河】島田—藤枝—府中—清見関—興津—蒲原—吉原〜〔舟〕〜沼津—【伊豆】三島—北条—伊東—網代〜〔舟〕〜【相模】小田原—江ノ島—比企—【武蔵】神奈川—池上	「大村文書」
H2	同　復路	【武蔵】池上—神奈川—【相模】座間—小田原—箱根—【伊豆】三島—【駿河】沼津—吉原〜〔舟〕〜内房—【甲斐】南部—身延—【駿河】宍原—清見関—府中—宇津谷—【遠江】懸川—見付—引馬—白須賀—【三河】吉田—山中—岡崎—油崎〜〔舟〕〜大浜〜〔舟〕〜【尾張】成岩—常滑〜〔舟〕〜【伊勢】長太—【伊賀】柘植(以下欠)	「大村文書」
I	弘治二年(一五五六)九月、山科言継、駿河府中までの旅	【近江】坂本〜〔舟〕〜志那—石寺—河津畝(甲津畑)—【伊勢】根代(根平)—千草—楠〜〔舟〕〜【尾張】志々島(篠島)〜〔舟〕〜【三河】室津(牟呂)—吉田—【遠江】引馬—見付—懸川—菊川—金屋—【駿河】島田—藤枝—宇津之屋—岡部—府中	『言継卿記』
J	弘治三年(一五五七)三〜四月、山科言継、京都への帰還	【駿河】府中—藤枝—岡部—【遠江】金屋—菊川—懸川—袋井—見付—池田—引馬—新居—【三河】吉田—五位(御	『言継卿記』

	油）—山中—岡崎〜〔舟〕〜吉良〜〔舟〕〜【尾張】成波—常滑〜〔舟〕〜【伊勢】長太—一身田—阿濃津—山田—窪田—豊久野—亀山—坂下—鈴鹿峠—【近江】土山—守山—志那〜〔舟〕〜坂本	
K 1	永禄十年（一五六七）二〜五月、連歌師里村紹巴、富士見物の旅　往路	『富士見道記』
	【近江】大津—日野—甲賀頓宮—【伊勢】鈴鹿関—亀山—桑名〜〔舟〕〜【尾張】茨江—清須—小牧—【三河】八橋—岡崎—矢矧—吉田—【遠江】今切—引間—見附—懸川—菊川—金谷—【駿河】宇津山—丸子—府中	
K 2	同年六〜八月、復路	『富士見道記』
	【駿河】府中—丸子—藤枝—【遠江】掛川—気賀—小伊那佐峠〜〔舟〕〜浜名—【三河】吉田—岡崎—【尾張】緒川—大野—鳴海—萱津—津島—熱田—大高〜〔舟〕〜【伊勢】楠—【近江】儀俄—三井寺	

くのである。中世には月に三度の市（三斎市《さんさいいち》）であったものが、地域経済の発展と有力百姓らが主導する開市《かいし》・市立てが進み、月に六度開催の六斎市《ろくさいいち》へと商いの場と機会も増えていった。天正期の後北条氏領国では、とくに領主側の意向として伝馬負担地の創出や市の開催などを目的とした新宿・市立てが多くみられた（池上裕子　一九九九）。実際のところは、新宿を立てようとする有力百姓・町人や関係者、領主ら受益者間の意向が合致して行なわれたもので、地域の課題解決や権利獲得のための動きなどさまざまな意味を持つ事業であった（山下智也　二〇一四）。

東海地方での事例をみてみると、徳川家康が遠江に進出して以降みられ、三河国岡崎城外の東に位置する根石原《ねいしはら》新市や「楽市」として立てられた遠江国小山新市などでは、市場の諸役を免除して興隆を図っている（『譜牒余録《ふちょうよろく》』巻三六、「松平乗承家蔵古文書《まつだいらのりつぐけぞうこもんじょ》」）。

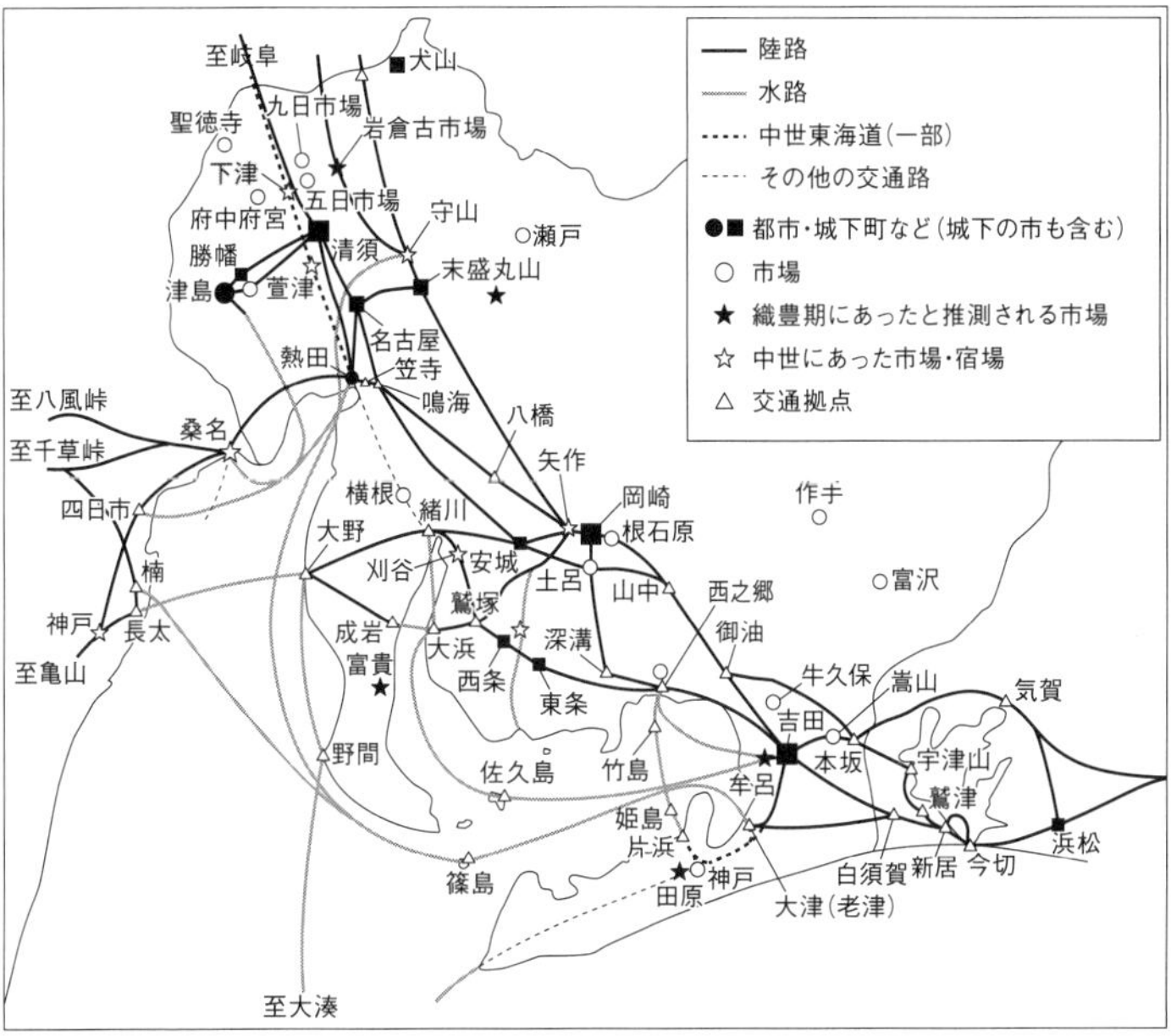

図5-2　交通拠点・市場地図（『愛知県史 通史編3 中世2・織豊』より加除修正）

一方織田氏の領国内では、新宿・新市立ての事例はわずかである。それでも尾張・三河の市場を拾い上げてみると、いくつもの市が存在する。権門寺社の門前・寺内や城下の市など中世以来のものが点在し、これを交通・交易の拠点として商人は次に市の立つ場所へと移動していたのである（図5－2）。『家忠日記』には、記主の松平家忠が次に市の立つ日を確認している記事がある。三河一向一揆後、土呂本宗寺が退去させられた跡には元の門前市を利用してか土呂新市が立ち、家康は上林《かんばやし》氏にこれを監督させていた（『譜牒余録』巻三六）。家忠は、天正六年七月二十六日、「土呂市が終わった、二十八日から市が立つか」と記している。二十六日に土呂の市が終いとなったので、次に市場が立つのは二十八日かと推測している。定期市であればわずか二日後にふたたび市立てということにはならないので、次の市立ては土呂市から商人がやって来て次に市立てされる場所、つまり家忠所在の深溝むかい市の開催日を示している。市場は周辺の市場から商人がやってくることで開市し、個々の市場経済圏が連なって存在していたのである。

市場の往来の自由から市場強制へ

近年、長澤伸樹の楽市楽座令研究（長澤伸樹 二〇一七）を中心に信長の流通政策の非革新性が強く説かれる状況にある。楽市楽座令は、人々を集住させ町場化・都市化させることが目的で、商職人の誘致の条文を盛り込んでいることから、交通面にも深く関与する法令である。安野眞幸は楽市楽座令を含む初期の織田氏の流通政策を通覧し、織田氏の流通・交通政策が自由通行から市場強制へと移行していく過程をみたが（安野眞幸 二〇〇九）、その後、長澤の各論考でもより詳細に検証されている。

具体的に法令を追ってみてみよう。織田信長は、永禄六年（一五六三）十二月、瀬戸《せと》宛ての制札《せいさつ》で瀬戸物を扱う商人の自由な往来を保障している（「加藤春夫氏所蔵文書」）。これは信長が美濃に進出して加納楽市場に発した永禄十・十一年の楽市楽座令にも通じており、その第一条で加納楽市場居住者の分国《ぶんこく》中での往来を保障した（「円徳寺《えんとくじ》文書」）。今川氏の場合はこれに先駆けて永禄九年四月三日、富士大宮の毎月六度市を楽市とし、新役である神田橋《かんだばし》の関銭《せきせん》を停止して往来の商売用の物資運搬への障害を取り除いている（「大宮司《だいぐうじ》富士家文書」）。ところが織田氏が出した元亀三年の近江金森《かねがもり》楽市令になると、荷物は金森に着くこととしており、方針が変化していることがわかる（「善立寺《ぜんりゅうじ》文書」）。さらに天正五年の安土山下町中宛掟書《あづちさんげちょうちゅうあておきてがき》（安土令）では、往来する商人を安土に強制寄宿させる条文を加えている（「近江八幡市所蔵文書」、図5－3）。市町を発展／復興させるには往来する諸商人・諸職人の力が欠かせないものであり、当初は諸役を免除し自由な往来を保障することで彼らを誘致していたが、次第に強制力をともなうものへと変化したことで、商職人は特定の道と宿町を利用することとなり、交通面での大きな制約を生み出したのであった。

2　東海諸領主の交通政策

織田権力の交通路整備

織田信長による交通網の整備は従来より知られているが（池上裕子 二〇一二）、ここではその後の展開も含めて確認しておきたい。戦時に軍需物資を素早く、一度に大量に輸送可能な道を整備することは、当該期の領主にとっての急務であり、重要な課題であった。その目的は平時の物流にとっても重要で、商人は商売品や積み荷の安全・安価な輸送経路を求めており、その障壁となる関所の撤廃が希求されていた。

信長は永禄十一年（一五六八）の上洛にさいし、分国中の関所にかかる諸税を廃止した（『信長公記《しんちょうこうき》』巻一）。天下のため、往還の旅人などの煩いがないよう関所の諸役を停止したとされる。道路の整備にも着手している。また天正二年（一五七四）末には、分国中に道をつくるように命じている。

その結果、大河川には舟橋がかけられ、険しい山道は平らにし、道幅は三間半（約六・六メートル）で左右に松と柳を植えた（『信長公記』巻八）。具体的には、同年閏十一月二十五日、道路普請を担当する奉行衆に朱印状が与えられている（「酒井《さかい》家文書」）。信長は、尾張国中の道を年中に三回改築し、橋も以前から架かっている在所に命じて改築および水流の管理を行なうよう指示したのである。この時期に街道・橋梁整備に本格的に取り組むことになった理由は、元亀四年（一五七三）七月の将軍足利義昭追放、八・九月の越前朝倉・浅井両氏の滅亡、翌天正二年九月の伊勢長島一揆攻略をへて、天下人不在のなかでそれまでの将軍補佐役という立場から自身が天下人として歩むという政治情勢の変化にともなうものとして説明される（柴裕之 二〇一七）。

この道路整備は、家督を継いだ織田信忠にも継承されている。天正四年二月、信忠は奉行衆に、再度、尾張国中の道路整備を行なうよう命じ、本街道の道幅は三間二尺（約六メートル）、脇街道は二間二尺（約四・二メートル）、その他在所の道は一間（約一・九メートル）と定めた（「酒井家文書」）。街道脇への松・柳の植樹・維持管理についても記されており、『信長公記』の記述を裏づけている。父子いずれの整備も宛所の奉行衆は整備事業の監督者であり、実際の負担はその在所の住人に課せられていた。

道路の整備は戦争に合わせてその後も進められ、天正十八年一月二十八日、小田原出陣のさいには、織田信雄が秀吉本隊の出陣に先駆けて実施した。ここで対象となったのは、尾張のうち清須城から北西方面に通じる道の各所で、信忠期の整備は道路幅三間二尺だったが、これを拡張して五間とするよう命じるものである（「酒井家文書」）。秀吉本隊の移動という大軍勢の通過に備えた整備であった。

しかし、この時の信雄の街道整備計画には問題があった。道幅五間への拡幅は時間的にも不可能との判断にいたったのだろう。信雄は、二月一日には先の道普請命令を改訂し、道幅を三間として在所の給人に命じたのである。秀吉通過までのわずか十数日で行なう事業としては無理な内容で、結果的には道幅よりも路面の整備などを優先して、本隊通過に間に合わせるほかなかったのであった。

渡船・舟運業者への対応

濃尾平野には木曽三川を中心に数多くの河川や支流が存在し、網の目となって流れていた。このほかにも東海地方には、尾張＝庄内川・日光川、西三河＝矢作川、東三河＝吉田川（豊川）、遠江＝天竜川、駿・遠国境＝大井川、駿河＝安倍川・富士川などの大河川があり、各地に川湊が設けられて渡船・舟運業を営む者たちがいた。領主は、交通・流通、そして軍事面での活躍を期待して保護・保障を行なったのである。

まず尾張・美濃を中心にみてみよう。天正二年、織田信忠は津島の服部《はっとり》に質・酒商売での尾張国津島―美濃国太田（岐阜県海津市）間の川船の運行を認めた（「高木修吉氏所蔵文書」）。同じ頃三河では、徳川家康が岡崎で塩荷の統制を行なっている。天正三年正月十七日、家康は岡崎の塩商人中に定書を与えて座を立てて塩売買することを認め、船荷の通行、座に支障のある場所での売買を禁じた（小野家所蔵文書「慶長年中覚書写」）。長篠の戦いを控えた時期であり、矢作川を上ってきた塩荷は必ず岡崎の塩商人中を通させ、信濃武田領方面への荷留めを行なったのである。

河川交通はより直接的に軍事作戦上で重要な役割を担うこともあった。小牧・長久手の戦いのなかでは各所で渡船が活躍しているが、天正十二年三月、池田元助は、渡河にて犬山城に忍び込んだとされる（『太閤記《たいこうき》』ほか）。同月二十日、秀吉は池田恒興・森長可に対し、用意できる限りの船を犬山渡に集めるよう命じた（「池田家文庫所蔵文書」）。軍勢や物資の輸送は、渡船により成り立っていたのである。この時の秀吉による船頭・渡船の統制は美濃にもおよび、河渡《ごうど》・呂久《ろく》（岐阜県瑞穂市）・尻毛《しっけ》・木田郷《きだごう》（呂久以外は岐阜市）に長良川河渡の渡について油断なく励むよう命じている（「馬淵平六氏所蔵文書」）。小田原合戦や関ヶ原の戦いでも同様で、萩原・起《おこし》（共に愛知県一宮市）などの木曽川渡河地点や、美濃河渡をはじめとした長良川渡の各所を頻繁に軍勢が行き来する様子が伝えられている。濃尾地方の河川交通において渡守・船頭らは、自らの生業をいかして戦争に参加し、その見返りに保護をうけていたのである。

つづいて遠江・駿河をみてみたい。駿河国大岡荘《おおおかのしょう》（静岡県沼津市）では、今川氏被官山中源三郎が商人・道者問屋と諸湊から出入りする商人についての特権を認められた（『駿河志料』巻九三）。渡し場・湊でもある東海道吉原宿（静岡県富士市）では、矢部《やべ》氏が同様に商人・道者問屋を務め、「伝馬屋敷」と「舟越屋敷」を周辺領主から安堵されており、伝馬・渡し場差配も兼務していた（「矢部文書」）。阿部浩一は、このような渡し場の存在について、水陸交通の結節点であり、渡し場こそが問屋の存在するに最も相応しい場だと述べ、問屋が商人との関係から船の管理や手配に関わるなかで水運業にも携わる商人問屋へと成長していく様をみている（阿部浩一　二〇〇一）。

遠江国では、徳川氏が天正二年十二月に浜名湖今切新居《あらい》（静岡県湖西市）の渡船に関する条規を定め（「新居関所資料館所蔵文書」）、翌年二月には馬籠《まごめ》・池田の船頭に対する乱暴を禁じた（「水野文書」、

「大庭文書」）。天正十五年になると徳川家臣の本多重次が中村与太夫を代官として気賀《けが》（静岡県浜松市）に吉村新町《よしむらしんまち》（新宿《しんじゅく》）を設置している。気賀では開発者である与太夫を中心に荒地開発が進められ、与太夫には舟役徴収権が認められた。宿・湊としての開発が進んだ同十八年には、市の座銭《ざせん》徴収権も与えられたことから市場が立てられたこともわかる。駿河・遠江の新宿立てを後北条領国と同様の東国社会における宿開発の一般的なあり方とみる阿部の見解は、本書の取り上げる東海に限らず広く交通環境を考える上で重要な指摘であろう（阿部浩一 二〇〇一）。

伊勢の交通路と関所の撤廃

伊勢国は大湊をはじめとした海上交通の拠点となる港町の存在が知られているが、港はすなわち陸上交通への結節点であり、近江やその先の京へといたる道の起点でもあった。尾張から伊勢を通る経路は東海道鈴鹿峠越えが近世東海道において公式のルートとなるが、戦国期から織豊期には、鈴鹿峠越えのほかにも千草《ちぐさ》峠越えと八風《はっぷう》峠越えの二つのルートが使用されていた。近江国保内商人《ほないしょうにん》が独占を図った経路である（「今堀日吉《いまほりひよし》神社文書」）。これらの道は『信長公記』から織田信長も使用していることがうかがえる。永禄十二年八月、信長は伊勢国の平定に乗り出し、桑名へ出陣。国司北畠氏の籠る大河内城（三重県松阪市）を囲ってこれを攻め、九月九日には降伏し茶筅丸（具豊、後の信雄）を北畠氏の跡継ぎとした。十月四日に滝川一益・津田掃部《つだかもん》が城を受け取り、信長は伊勢参宮へと赴いている。六日に内宮・外宮・浅間山を参詣し、翌日には伊勢の所領配置を整えて上洛し、将軍足利義昭に勢州一国の平定を報告した。この時使用したのが千草街道である。

信長は、初上洛からの帰国直前にあたる永禄十一年十月二十二日、「且うは天下の御為、且うは往還旅人御憐愍の儀を思し食され、御分国中に数多これある諸関所役上させられ、都鄙《とひ》一同に忝《かたじけな》しと拝し奉り、満足仕り候らいおわんぬ」と『信長公記』にあるように、分国中の関所の撤廃を命じている。さらにこの伊勢国平定の折にも関所を撤廃し、新征服地においても同様の政策を展開した。関所の撤廃は、信長の交通政策上でもしばしば取り上げられる事項で（池上裕子 二〇一二）、『信長公記』にはこのほか、天正三年の冒頭の記事に「先年より御分国中数多これある諸関諸役の儀等御免なされ、所以路次の滞り聊かこれなし」とあり、織田権力の下、継続して実施された交通関係の重要政策であった。

3 伝馬制度とその展開

今川氏領国の宿と伝馬制度

桶狭間の戦い前夜、領国内を横断する東海道を軸として駿河から三河まで勢力を伸ばしていた今川氏は、街道を利用した輸送・連絡手段として伝馬制度を敷いていた。織豊期東海道の伝馬制について確認する上では、その前段に位置づけられる今川氏の伝馬制度を欠くことはできないため、ここではまず戦国期今川氏の伝馬制について概観したい。

今川氏の伝馬は東へも展開しており、他領である武田氏・北条氏の領国下と共通する一里一銭という駄賃を設定して相互利用が可能な体制が構築されていたのである（相田二郎 一九四三）。こうした今川氏の伝馬制度は、尾張への進軍を控えた天文二十年（一五五一）前後に整備されていき（有光友學 一九九四）、その過程で駿河国丸子《まりこ》宿（静岡市）や三河国御油宿（愛知県豊川市）に伝馬掟を発布している。とくに後者は、被官の不当な伝馬利用が横行したため訴えて獲得したもので、公用にも一定以上は駄賃を設ける制限（交通輸送業者の権利保障）がなされている（「林文書」）。今川氏の領国では駿府を中心に駿河―遠江―三河を横断する東海道の各所に宿駅が栄えていたが、駿府から遠く離れた三河の地とは自ずと発生する課題も異なっており、今川氏は地域の実情に合わせた整備を行なっていた。

地域の実態としては、伝馬の供出状況にも東西で格差が発生していた。弘治三年（一五五七）、今川義元の下を訪れた公家の山科言継は、帰洛するさいの伝馬供出状況について自身の日記（『言継卿記』）に記している。言継が西進し岡崎宿にいたるまでは一日につき伝馬一〇疋が宿から提供され利用していた。これは言継が家人の沢路《さわじ》隼人佑《はやとのすけ》を遣わして義元の側近である飯尾長門守《ながとのかみ》や三浦内匠助《たくみのすけ》らに働きかけを行ない、懸川（掛川）城主の朝比奈泰能《やすよし》の助力があって得られたものであった。岡崎宿からは伝馬が九疋となり、街道を外れて矢作川を下って着いた鷲塚《わしづか》（愛知県碧南市）では、「一里三分駄チン」の駄賃輸送となり、今川氏の伝馬役負担地から外れたことがわかる。さらに大浜（碧南市）から渡海した先の知多半島成岩《ならわ》（愛知県半田市）で泊まった蜷川十郎右衛門《にながわじゅうろうえもん》の宿には伝馬が用意されていなかった。言継は常滑《とこなめ》から伊勢国長太《なご》（三重県鈴鹿市）に渡っているが、そこでも伝馬がなく準備できるまで一日余分に逗留せざるを得なかった。今川氏の支配領域を出た西三河や知多半島、その先の伊勢国では、交通輸送業者自体は存在するものの、役としての責務があるものではないことから馬が出払ってしまっていることがあり、常時馬を利用できるような体制は整っていなかった。一方今川氏領国内の伝馬は、支城（主）や街道の宿町などを中心とした地域的経済圏の連鎖によって支えられていたのである（野澤隆一 二〇一九）。

この連鎖の種となる地域の商人・交通輸送業者を監督していたのが各町場の有力商人・町人で、今川氏は彼らを被官化し、商人司や問屋に据えることで役銭《やくせん》を徴収し、その統制にあたらせた。駿河の友野《ともの》・松木《まつき》氏、遠江見付宿（静岡県磐田市）の米屋・奈良屋などがその代表としてあげられる。

武田氏・徳川氏の伝馬制

武田氏の伝馬制度は、先述のとおり後北条・今川氏と同じ駄賃で利用できるような仕組みになっていた。武田氏の伝馬制度は永禄期の信玄が当主を務めた時期には宿への伝馬常備が確認でき、制度的な成立を遂げている（柴辻俊六 二〇一一）。天正三・四年（一五七五・七六）には、富士山を囲う厚原《あつはら》・根原《ねばら》（富士西麓中道往還）、竹下《たけした》・棠沢《ぐみさわ》（東麓甲駿往還）、沼津・蒲原（東海道）の六宿郷に対して伝馬定を発し、伝馬屋敷をつくり、伝馬衆を配置した（相田二郎 一九三八ほか）。武田氏の駿河侵攻は永禄十一年（一五六八）十二月より開始されるが、その過程で今川氏に属した駿河の国衆葛山氏元《かつらやまうじもと》を調略したことで、甲駿往還の伝馬は氏元から棠沢（静岡県御殿場市）の問屋芹沢玄蕃尉《せりざわげんばのじょう》に命じるかたちで統制された（「芹沢家文書」）。その後武田氏は駿府を手中に収めると、今川氏の下で伝馬輸送を担っていた商人の松木氏を取り込んだのである。

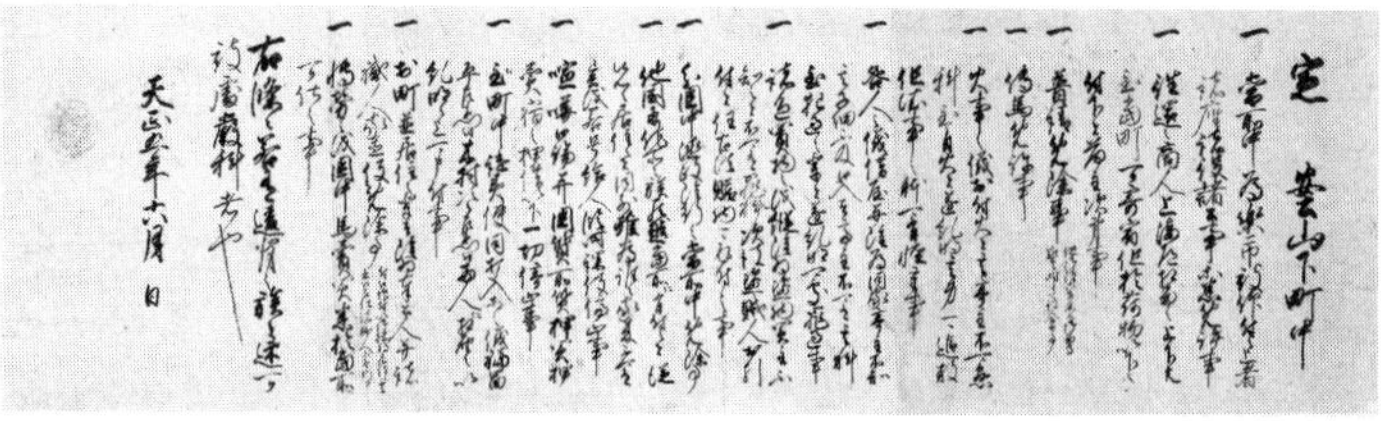

図 5-3　安土山下町中掟書（近江八幡市所蔵）

一方、徳川氏はというと、東三河・遠江と所領を拡大していくなかでも、伝馬宿に対する定書を発給していない。それでも伝馬手形は出されており、利用が確認できる。手形の宛所ははじめ「三・遠宿中」となっていて、三河と居城浜松を結ぶ区間で用いられていた。それが天正十四年に駿府へと居城を移して以降、駿府—岡崎間や駿府—甲府間での利用が確認できるようになっている。また天正十一年十月五日付けで中道往還の根原（静岡県富士宮市）、甲斐の精進《しょうじ》村・本須《もとす》（栖）村（共に山梨県南都留郡富士河口湖町）の伝馬人らに伝馬屋敷分を富士大宮の内で与えた（「富士根原村文書」「巨摩郡古文書」）ほか、駿河蒲原（静岡市清水区）の伝馬人には武田氏の頃と同様に伝馬屋敷三六間の諸役免除を認めており（「草谷《くさたに》文書」）、実態としては今川氏や武田氏が伝馬制を敷いてきた区間をそのまま継承して利用していたと考えられる（本多隆成 二〇一四）。

織田権力と伝馬制

織田氏領国は史料が伝わっていないこともあって、織豊期東海道伝馬制度研究における空白地帯であった。新城常三は伝馬・駅制について概観されるなかで「戦国時代の駅制は決して当代の普遍的存在ではなくして、北条、今川、武田、上杉、徳川等東国の地方を中心とする数個の分国に限られた」との見解を示されており、織田氏領はその認識に含まれていない（新城常三 一九四三）。しかし、これまで徳川家康のものとされてきた伝馬朱印状が見直され織田信長発給と改められたことで、織田氏領国内においても伝馬が使用されていた可能性が浮上したのである（馬の博物館 二〇一六、江田郁夫 二〇一七）。そこで史料を見直してみると、既知の史料のなかに伝馬に関する内容を持つものが確認できる。その一つが安土山下町中宛の掟書、いわゆる楽市楽座令である（「近江八幡市所蔵文書」、図5－3）。その第四条に「伝馬免許」とあり、中山道からやや離れた安土城下に道を引き込み、商人の寄宿を強制する一方で、居住者への特権の一つとして伝馬役の免除が謳われていたのである。安土城下が伝馬役免除になるということは、周辺の村々には伝馬役が課されることを意味していると考えられる。

返って織田信長伝馬朱印状の内容をみてみると、天正九年十一月八日、信長は下野国から来訪した皆川広照《みながわひろてる》の使者に対し三河・遠江の宿場に伝馬七疋を出すよう命じている。家康は東海道を「公儀の道」と認識し、この朱印状をうけて同月十二日、浜松宿に伝馬六疋を出させている（「皆川家文書」）。このことから織田氏の伝馬朱印状は、徳川氏領である三河・遠江国に効力がおよぶものであったことがわかる。ただし、尾張の伝馬状況については未だ不透明である。信長没後は、天正十四年のものと推定されるもので、当町（清須）と小牧宿に宛てた織田信雄発給と考えられる伝馬黒印状が新たに紹介されている（「馬の博物館所蔵文書」、馬の博物館 二〇一三）、さらなる史料の発見を俟たねばならない状況に変わりはない。

4　豊臣期の交通と近世東海道の成立

小田原合戦時の伝馬運用

天正十四年（一五八六）十月二十六日、徳川家康はついに上洛して大坂で秀吉と対面し臣従した。秀吉が東国を惣無事としたことで小田原北条氏の立場は悪化の一途をたどったのである。こうして秀吉の関東への出陣の機運が高まったことから、北条氏はこれに対抗して総動員体制を整えていった。十六年中は双方で和睦と対立が交互に行なわれたが、結果として八月二十二日には北条氏規が聚楽第において秀吉に謁見した。これにより北条氏は事実上豊臣政権へ臣従したことになる。しかし、翌年の十一月には、北条家臣の猪俣邦憲《いのまたくにのり》が真田氏の名胡桃《なぐるみ》城を奪い取るという事件が起こり、これを惣無事に違犯するものとして征伐することとなったのである。十八年三月、秀吉は大坂を出陣し、陸・海両方面から小田原城を囲み、周辺諸城を落城させていった。北条氏は七月に入って開城している。

この過程や、大坂への帰途において伝馬を徴発し、利用したことを示す史料がいくつか残されている。同年四月、秀吉の命により大坂の女房衆は小田原へと向かった。その移動にさいして秀吉は、清須城に在番させた小早川隆景《たかかげ》に人足三〇〇人と伝馬二〇疋を用意させ、清須から岡崎まで送り届けるよう命じている（『松濤棹筆《しょうとうとうひつ》』二八）。この時人足・伝馬の供出を担ったのは「其元隣郷」、つまり清須周辺の村々で、臨時の大量課役は当該の宿のみでは負担しきれないために、後の助郷《すけごう》のように近隣にもその負担が命じられたのである。

およそ一月後にも秀吉は淀《よど》から女房衆を呼び寄せており、新庄直頼《しんじょうなおより》と稲田清蔵の二名を迎えの使者として三河に派遣している。秀吉は、岡崎城留守居の吉川広家に命じて女房衆の移動のための伝馬を用意し待機させた（「吉川家文書」）。両使の指示次第にとあって、荷物量などの不確定事項に対応できるよう、この時の具体的な指示対応は使者に一任されていた。

注目すべきは、これらの伝馬利用の場所のいずれもが豊臣氏の所領ではないということである。小田原征伐という戦時・非常時にあっては、秀吉は軍勢の通行する東海道の要所を接収して諸将を在番させるに留まらず、織田信雄領の尾張清須や熱田、徳川家康領である三河岡崎で伝馬を賦課することができたのである（山下智也 二〇一六）。

小田原合戦の終結がみえたことから、秀吉の命で淀から下向していた先の女房衆も帰路についた。七月十五日には駿河国三枚橋に到着予定のため、秀吉はその先の小早川隆景・吉川広家にそのことを心得て準備をしておくよう伝えた（「吉川家文書」）。往路と異なって必要な馬・人足の数を把握していることから、秀吉は小荷駄輸送のための馬を三〇疋、夫丸《ぶまる》（人足）を六〇〇人と、具体的な数字を出してその用意を命じている。逗留する箇所も想定しており、書付のとおりに大津《おおつ》まで一一ヵ所に逗留するとしている。宛所である隆景・広家の肩には「清須とまり」「岡崎とまり」とあって、清須と岡崎もその一一ヵ所に含まれていた。三枚橋や熱田から海路ではなく、近江国大津まで陸路で一一ヵ所逗留し美濃廻りルートを通ったことがわかる。

町送り・宿送り

小田原合戦の最中、秀吉の送る使者は、先の稲田清蔵がそうであったように急ぎの場合には継馬《つぎうま》を用いた。文書の逓送《ていそう》も同様で、継飛脚を用いて昼夜を問わず急ぎで運ばせるよう命じた朱印状も残されている。相田二郎は、この継飛脚は城下町から城下町へと継ぐもので、これに対して町送りは城下町に限らず宿駅から宿駅へと継ぎ送るものであることを明らかにした（相田二郎 一九四三）。

町送りの具体例をみてみよう。秀吉は、天正十八年七月十六日付けで某（使者か）に朱印状を渡した（「小早川文書」）。宛所は小早川隆景と吉川広家で、内容は、この者一人に伝馬一疋を用意し、京都まで町送りで送り届けるようにとある。この朱印状は秀吉が、某が岡崎・清須で伝馬を乗り継ぐことを想定して与えたもので、伝来から清須にて隆景に披露されたと考えられる。そして隆景は秀吉の命に従って某のために伝馬一疋を用意し、次の町へと送り出したのである。ほかの戦国大名が使者などに発給する伝馬手形は、それを携える人物の通行する街道の宿町が宛所となることが一般的だが、これは在番・留守居を介しての命令で形式が異なっていることがわかる（山下智也 二〇一六）。

その後文禄三年（一五九四）一月、秀吉は京都―清須間で宿送りの体制を整えるために新たに朱印状を発給した（『駒井《こまい》日記《につき》』）。京―大津（以下近江国）、大津―瀬田《せた》、瀬田―守山《もりやま》、守山―八幡山《はちまんやま》、八幡山―山前《やまさき》（およびその周辺）、山前―佐和山、佐和山―柏原《かしわばら》（およびその周辺）、柏原―垂井《たるい》（以下美濃国）、垂井―大垣《おおがき》、大垣―墨俣、墨俣―清須（尾張国）という間隔で継ぎ送る人足・馬の供出を定めたのである。また規定以上に多く人馬が必要な場合は隣郷が負担することとし、人馬の供出も朱印状がある場合のみに限定している。豊臣政権においては、徳川氏の駒引きの朱印のような専用の印が確認されていないことから、秀吉の糸印を用いた朱印状だったと考えられるが、同様に朱印状による伝馬供出体制の整備を試みていたことがうかがえる。秀吉はその後も、諸大名に担当する区間を割り当て甲斐国善光寺《ぜんこうじ》から善光寺如来を京都へ搬送するための人足・伝馬の供出命令を朱印状にて命じている（「甲斐善光寺文書」）。

街道沿いの村

東海道の宿場は宿泊・交易機能を備えた町場で、人々の集住する地でもあったが、街道沿いの村々も次第に発展していく。例えば、池鯉鮒—熱田宿間の今岡村《いまおか》（愛知県刈谷市）では、天正十一年十月二十六日、刈谷城主水野忠重が、新居《あらい》（新規開拓により村域を拡大した部分か）に定書を出し、守護不入と三年間の新畑年貢免除を認め、居屋敷は新居の地に設けることとした（「今岡村文書」）。今岡村は後に宿駅間の休憩地・立場《たてば》となる所だが、新規開発により村落の規模が拡大していたことがわかる。このように街道沿線の宿駅間の村々は次第に発展してきており、領主も一定期間の年貢を免除してそれを後押ししていた。

その後、やや下って今岡村は関白豊臣秀次の蔵入地となっていたが、太閤秀吉は文禄三年ごろから蔵入地の解体を進めた。秀次以前に東海道を含む刈谷領を治めていた水野忠重は、天正十八年九月に伊勢国神戸（鈴鹿市）に移されたが（「下総結城水野家文書」）、この蔵入地解体過程で、文禄四年の秀次事件以前には刈谷城に復帰していたようで、その前年中には家臣に命じて知多の船津《ふなつ》神社に寄進をしている（「船津神社文書」）。そして、秀次事件直後の所領再編時には刈谷を含む一万五〇〇〇石の知行目録と五〇〇〇石を加増する朱印状が与えられている（「下総結城水野家文書」）。

水野忠重領となった今岡村と東海道池鯉鮒宿を抱える池鯉鮒村では、慶長二年（一五九七）一月、太閤秀吉の鷹狩りの鳥と荷物運搬の負担をめぐる争いが発生していた。小田原合戦のさいには表面化しなかった宿場の近郷村落にかけられる人馬供出の負担問題である。「今岡村文書」には、同二十一日、池鯉鮒村の孫左衛門尉と五郎右衛門尉が連名で今岡村の百姓中に「御上様（豊臣秀吉）の鷹野の鳥と荷物については、奉行衆が何かと仰せになったとしても、（その運搬にかかる役を）池鯉鮒宿でできる限りに負担するので、今岡村へお願いすることはありません」と約束した誓約書が伝わっている（図5―4）。秀吉の奉行衆らは鷹狩りの鳥や荷物運搬のため、宿場周辺の村々まで人馬を募っていたのであろう。今岡村の百姓中は、それは本来宿場を抱える池鯉鮒村の負担すべきものであることから訴え、池鯉鮒村に可能な限り自村で対応することを約束させたのである。伝馬役として供出する人馬は、戦時・非常時の臨時課役と

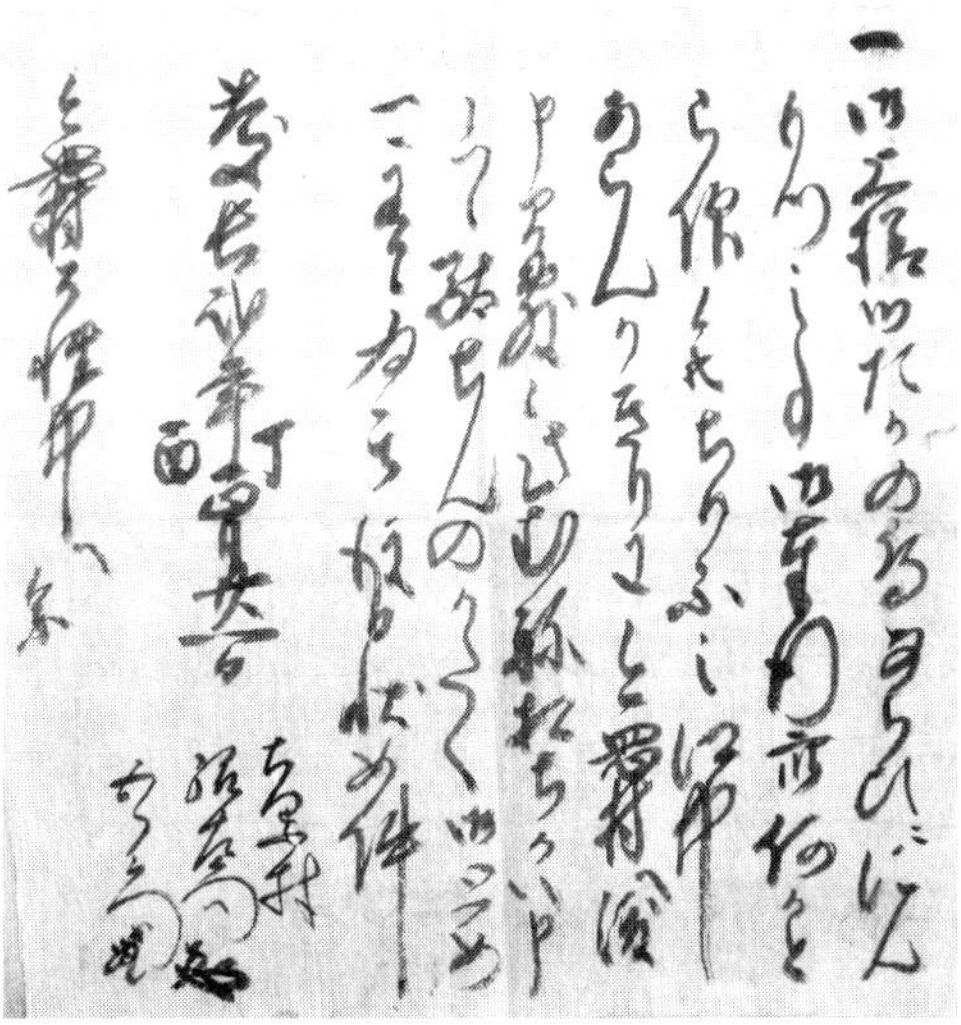

図5-4　池鯉鮒村孫左衛門尉・五郎右衛門尉連署請書（刈谷市歴史博物館所蔵）

して宿駅周辺の村々に命じられることがあり、それは周辺村落としても負担せねばならないものだったが、この誓約書の存在は、先にみた文禄三年の秀吉朱印状の内容に反して平時の伝馬役は基本的に宿場の町・村で負担すべきものとの認識が強かったことを示している。

近世東海道の成立

徳川家康は、今川氏の滅亡後、新たな伝馬掟を発給せず、今川氏の伝馬制度を継承・利用していたが、関ヶ原の戦いをへて天下人となった翌年の慶長六年、東海道の宿場に伝馬定と伝馬朱印状を発給した。各宿に馬を三六疋置き、隣村までの馬継ぎの任を負わせた。この時点では、五三の宿場すべてが確認できるわけではないが、初期の東海道の宿場は伝馬定・伝馬朱印状（表5－2）からの二八の宿場が判明し、近世初期東海道の基本的なルートが確認できる（榎原雅治 二〇〇八）。

制度上はこの慶長六年段階での宿駅設定が確立のタイミングとなるが、その画期となったのは、小田原合戦を終え徳川家康が関東移封となった天正十八年があげられる。この時、家康には関東から京都への道程において、清泉寺・島田《しまだ》・中泉《なかいずみ》・白須賀《しらすか》・四日市《よっかいち》・関地蔵《せきのじぞう》・石部《いしべ》という一定間隔の地が、豊臣秀吉から在京賄領として与えられている（播磨良紀 一九九九）。石神教親がこれを近世東海道が伊勢廻りルートとなった端緒と位置づけるとおり、それまで織豊期において主要街道と認識され利用されていた美濃廻りルートではなく、熱田から唯一の海路をへて急峻な鈴鹿峠を越える短距離ルートが採用された（石神教親 二〇一七）。この在京賄領の存在は、より速い移動・伝達経路の確保を目的としてみた場合、近世東海道の宿場とそのルートを決定する一つの要因になったと考えられる。

表5-2 慶長6年伝馬朱印状・伝馬定

国名	宿	出典	朱印状	定
武蔵	神奈川	朝野旧聞裒藁	○	—
	程ヶ谷	軽部本陣文書	○	○
伊豆	三 島	矢田部文書	○	—
駿河	沼 津	沼津駅家文書	—	○
	吉 原	矢部家文書	○	—
	蒲 原	草ヶ谷文書	○	—
	由 比	由比文書	○	○
	江 尻	寺尾家文書	○	○
	駿 府	望月家文書	○	○
	藤 枝	青島家文書	○	○
遠江	金 屋	河村家文書	○	○
	日 坂	日坂村問屋文書	○	○
	懸 川	沢野家文書	○	○
	見 付	成瀬忠重文書・朝野旧聞裒藁	○	○
	浜 松	杉浦家文書	○	○
	舞 阪	堀江家文書	○	○
三河	吉 田	豊橋市美術博物館所蔵文書	○	—
	御 油	豊橋市御油連区所蔵文書	○	○
	藤 川	『岡崎市史 4』掲載写真・朝野旧聞裒藁	○	○
	岡 崎	座近録附込	—	○
	知鯉鮒	池鯉鮒宿御用向諸用向覚書帳	○	○
尾張	鳴 海	鳴海町役場旧蔵文書	○	—
	熱田宮	張州雑志抄	○	—
伊勢	桑 名	物流博物館所蔵文書	○	○
	四日市	清水本陣文書	○	○
	関地蔵	川北文書	○	○
近江	土 山	土山町有文書	○	○
	水 口	水口町歴史民俗資料館所蔵文書	—	○

＊榎原雅治 2008 より作成.
＊○は有, —は無.

〔参考文献〕
相田二郎『中世の関所』畝傍書房、一九四三年
阿部浩一『戦国期の徳政と地域社会』吉川弘文館、二〇〇一年
新城常三『戦国時代の交通』畝傍書房、一九四三年
有光友學「今川領国における伝馬制」『歴史公論』一一五、一九八五年（後に『戦国大名今川氏の研究』吉川弘文館、一九九四年に収録）
安野眞幸『楽市論―初期信長の流通政策―』法政大学出版会、二〇〇九年
池上裕子「伝馬役と新宿」『戦国史研究』八、一九八四年（後に『戦国時代社会構造の研究』校倉書房、一九九九年に収録）
同『織田信長』吉川弘文館、二〇一二年
石神教親「中世東海道から近世東海道へ―天正十八年の位置づけをめぐって―」『十六世紀史論叢』八、二〇一七年
馬の博物館『秋期特別展 信長の馬・秀吉の馬』馬事文化財団 馬の博物館、二〇一六年
同『秋季特別展 戦国武士と馬』馬事文化財団 馬の博物館、二〇二三年
江田郁夫「織田信長の伝馬朱印状について」『栃木県立博物館研究紀要―人文―』三四、二〇一七年
榎原雅治『中世の東海道をゆく』中央公論新社、二〇〇八年
柴辻俊六「武田氏領の伝馬制度と商品流通機能」『武田氏研究』六四、二〇二一年
柴 裕之「織田権力の交通・流通政策―その展開と実態―」『馬の博物館研究紀要』二〇、二〇一七年

谷　徹也「朝鮮出兵時の国内政策―次舟・人留・人掃―」『ヒストリア』二五一、二〇一五年
長澤伸樹『楽市楽座令の研究』思文閣出版、二〇一七年
仁木　宏「中近世以降期美濃国における権力と都市」仁木宏・鈴木正貴編『天下人信長の基礎構造』高志書院、二〇二一年
野澤隆一『戦国期の伝馬制度と負担体系』岩田書院、二〇一九年
播磨良紀「四日市と徳川家康」『四日市市史』一七、一九九九年
本多隆成『近世の東海道』清文堂、二〇一四年
山下智也「後北条領国における新宿立て―原兵庫助訴状の検討―」『日本歴史』八〇五、二〇一四年
同「今川氏を支える戦国期東海道の宿場と商人」大石泰史編『今川氏年表　氏親・氏輝・義元・氏真』高志書院、二〇一七年
同「合戦時の輸送と宿場―小田原合戦時の伝馬課役から―」『織豊期研究』一八、二〇一六年
山下智也・播磨良紀・鈴木正貴分担執筆「第三章第一節　水陸交通の発達と都市」『愛知県史　通史編3　中世2・織豊』愛知県、二〇一八年

六　海の世界と人々の活動

小川　雄

1　戦国大名領国と東海地域の海の世界

太平洋海運と「伊勢海」

東海地域の海上交通は、伊勢湾と駿河湾を東西の両端としながら、太平洋を介して、域内で船舶を航行させるとともに、伊勢湾・駿河湾と隣接する関東と畿内の経済圏をつなぐ役割もはたしていた。さらに接続の範囲は、東では伊豆・房総半島、西では紀伊半島を越えて、より遠方の奥羽・西国におよぶこともあった。近世以前の海上交通は、瀬戸内海の動向が関心を集めがちだが、太平洋海運も軽視すべきではない。

東海地域の海運については、近世に畿内と江戸の間を往来した菱垣廻船《ひがきかいせん》が隆盛する以前の状況が過小評価されることもある。その要因としては、瀬戸内海との環境の相違が大きい。瀬戸内海の場合は、潮流の強さという問題点もあったが、域内に大小多数の島が存在し、海上交通の拠点（風浪時の退避など）に利用することができた。その一方で、東海地域の海上交通は、伊勢湾・三河湾と駿河湾の間を航行する場合に、波の荒い外海を越える必要があり、避難港となりうる拠点も少ないという、大きなリスクを抱えていた。

しかし、こうした航海の困難を乗り越える交易熱も存在しており、十四世紀後半の品川《しながわ》湊に、伊勢湾から船舶が来航していたことはよく指摘される（「湊船帳」）。戦国期にも、天文十年（一五四一）に南奥（磐城）の商人が伊豆半島を回って、太平洋海運にアクセスした事例などを確認できる（「白土《しらど》文書」）。

また、東海地域の海上交通については、交易熱のみならず、両端に存在した富士山（東）と、伊勢神宮・熊野《くまの》社（西）への参詣に牽引された側面もある。渥美半島の田原戸田氏は、赤羽根《あかばね》（太平洋側）に道者を対象とする関所を設置している。

ところで、太平洋海運の西の基点にあたる伊勢湾は、知多半島によって隔てられながらも、三河湾と隣接していた。その三河湾は、内部で知多湾と渥美湾を形成しており、それぞれ尾張・遠江両国との接続点にもなっていた。さらに伊勢湾と三河湾は、知多半島を陸海の接続点としていた面もあり、二つの海域を「伊勢海」として、一体的に捉える概念すら存在する。

この「伊勢海」を囲繞する伊勢・尾張・三河の三ヵ国は、一五六〇年代に同盟関係にある織田氏・徳川氏によって政治的に統合された。以後、織田氏と徳川氏を軸とする拡張が環「伊勢海」地域から東西に進行していき、織田氏の権力を引き継いだ豊臣政権が一五九〇年代に日本列島全域を統合するにいたった。さらに織豊政権や徳川将軍家が運用した水軍も、「伊勢海」と周辺を出自として、太平洋海運への介在を存立基盤とする海上勢力を主力としていた。そうした意味で、環「伊勢海」地域こそは、近世武家政権の揺籃の地であり、太平洋海運が近世武家政権の成立に少なからぬ影響をおよぼしたともいえよう。

戦国期における太平洋海運の展開

東海地域の太平洋海運は、明応七年（一四九八）の大地震によって、小さくない変化を遂げている。この地震は、東海地域の沿岸に対し津波などの甚大な被害をおよぼし、伊勢国安濃津（博多《はかた》・坊津《ぼうのつ》と並ぶ日本三津）のように衰微した港湾もあったが、それなりに短期間で復興した港湾（伊勢国大湊は一〇年程度）もあり、全体としてみた場合、東海地域の海上交通はけっして衰えていない。本格化しつつあった動乱のなかで、域内や関東・畿内との交易熱（軍需物資の調達など）が高まっており、復興を牽引したともいえよう。

また、明応七年の大地震と翌年の高波は、浜名湖の地峡を崩壊させた。浜名湖の開口部に形成された今切は、渡船場として利用され、その西岸に築かれた新居は、駿河湾と紀伊半島を結ぶ航路の中継地という性格も帯びた。さらに浜名湖の内部には、伊勢湾に持船を送り出して、交易を行なう勢力（堀江の権太《ごんた》氏）もあらわれた。従来の太平洋海運では、遠州灘が航海上の難所となっていたが、浜名湖の内湾化が様相を変化させたのである。

こうした状況を前提として、一五六〇年代に入るまでに、相模北条氏は関東にて不作が生じた場合に、伊勢方面から米穀を買い入れ、兵糧を補充するという対策をとるようになっていた。もともと、収穫の豊凶には相応の地域的偏差が存在する。そして、伊勢湾の経済圏は、広範囲（畿内・濃尾な

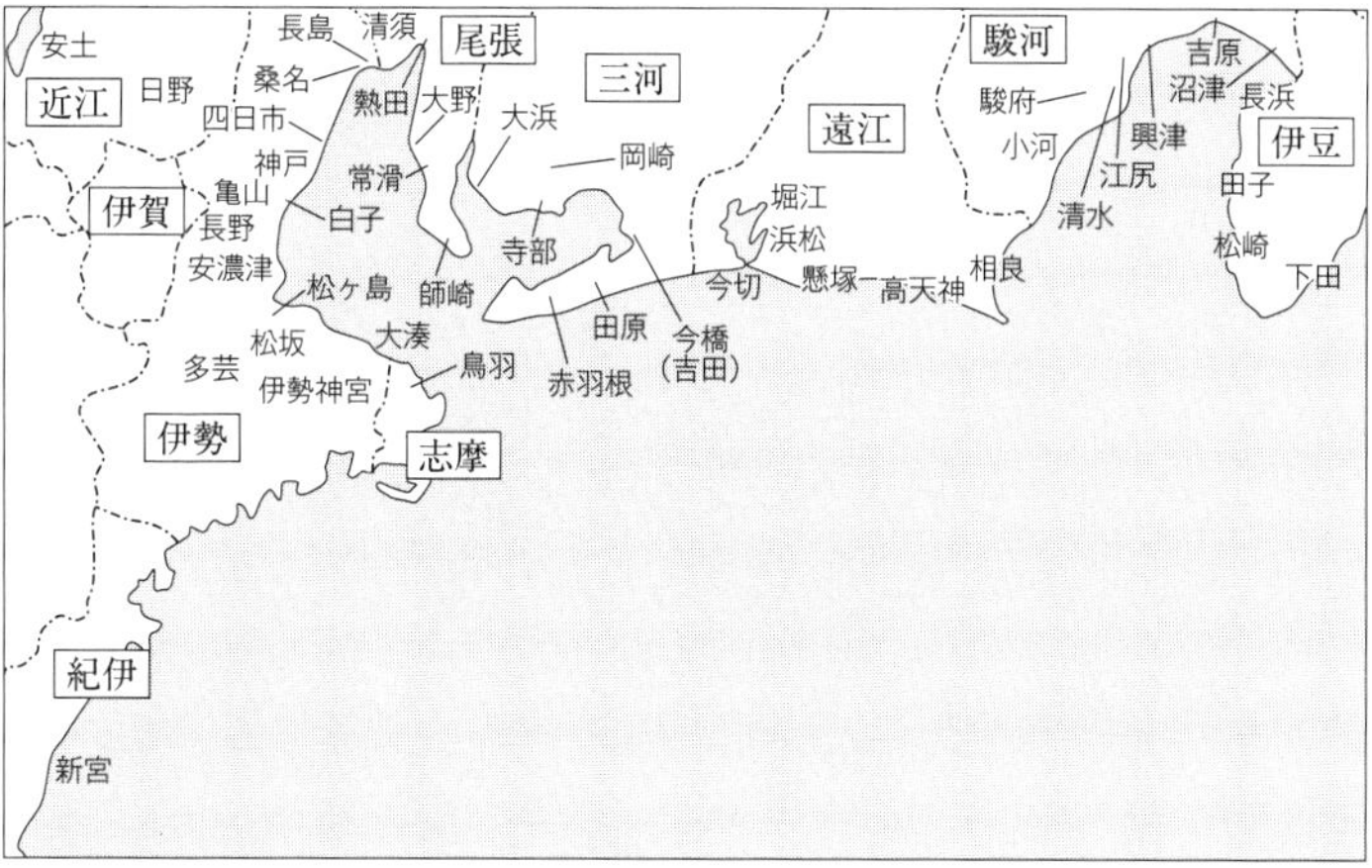

図 6-1　戦国時代海運関係地図

ど）から米穀が集まり得る空間であり、北条氏は不作時に兵糧を調達する手段として、伊勢湾との海上交易を活用したのである。

もっとも、伊勢湾から関東（北条氏領国）への米穀の移入においては、駿河・遠江・三河の沿岸を通航する必要があった。この点では、北条氏と同盟関係にある駿河今川氏の西進が有利に作用しており、今川氏領国も飢饉の場合は、北条氏が買い入れた兵糧の一部を購入できるという合意も形成されていた。

なお、伊勢湾—関東の交易に携わった廻船商人としては、大湊（三重県伊勢市）の角屋《かどや》七郎次郎《しちろうじろう》家の事例がよく知られており、今川氏・北条氏の双方と関係を取り結び、御用をつとめることで、太平洋を航行しての海上交易を展開した。今川氏が没落すると、その領国は甲斐武田氏と三河徳川氏に分割されたが、角屋は徳川氏（遠江国今切を掌握）に接近することで、伊勢湾—関東を往来する廻船の運航を維持している。

織田・徳川同盟による東海地域の大統合

東海地域の海上交易圏は、十六世紀後半に政治的な統合にむかった。前述したように、戦国期の東海地域では、駿河今川氏の西進が十六世紀中頃まで断続的に展開された。一五五〇年代には、今川勢が伊勢湾を越えて、志摩国に海路侵攻するという風聞が取沙汰され、同国の支配者を自認する伊勢北畠氏が今川氏に対抗するために大規模な動員を行なう局面もあった。今川氏領国の拡大が知多半島（伊勢湾・三河湾の接点）までおよび、伊勢・志摩両国への進出も可能となった情勢が生じさせた展開だった。

しかし、今川氏の西進は、永禄三年（一五六〇）の桶狭間合戦で頓挫し、代わって尾張織田氏・三河徳川氏が台頭した。織田氏は濃尾地域で領国を形成しつつ、一五六〇年代後半から伊勢国にも拡大の矛先を向け、長野氏・神戸氏のほかに、最大の領域権力だった北畠氏を従属させ、伊勢湾の政治的統合をはたした。また、同盟関係にあった徳川氏も、先行して三河湾地域を統合しており、さらに一五八〇年代前半までに、遠州灘・駿河湾にも領国を拡大した。これによって、北条氏領国の伊豆半島を除けば、織田・徳川同盟が東海沿岸を支配するかたちとなった。また、北条氏も徳川氏と同盟を結ぶとともに、その仲介で、織田氏に従属する姿勢を示した。

こうした情勢は、織田・徳川同盟による東海地域の海上交易圏の緩やかな統合とほぼ同義だった。実際、徳川氏は伊勢国の船舶（前出の角屋の持船など）に対し、三河・遠江・駿河三国の諸港湾における諸役免除を順次付与していくことで、織田氏との領国の枠組を越えた交易の振興を志向している。

織田氏は天正十年（一五八二）の本能寺の変以降に混乱に陥ったが、重臣の羽柴氏が領国・家中の大枠を引き継いだ（豊臣政権）。その過程で、徳川氏は羽柴氏との対決に臨んだものの、短期間で豊臣政権の傘下に入り、東海地域の政治的統合も維持された。徳川氏は羽柴氏への従属に先行して、北条氏との同盟をより強化しており、北条氏を豊臣政権に従属させる交渉の周旋にあたった。結局、交渉は失敗して、天正十八年に羽柴氏が北条氏を打倒することで、関東全体を政治的に統合するが、東海地域の緩やかな統合は、徳川氏や角屋などの廻船を架け橋として、一五八〇年代に実現していたといえよう。

東海地域における海上勢力の動向―「海賊」と「警固」

伊勢湾周辺には、熊野灘・三河湾も含め、さまざまな海上勢力が存立していた。

東海地域に限らず、海上勢力の形態は、海賊や廻船商人、あるいは沿岸部の国衆（領域権力）などに分かれており、その区分は画然としたものではない。海賊が廻船業を営むこともあれば、商人が海上軍役に参加すること、海賊が国衆に成長することもあった。

また、瀬戸内海の海賊については、海上の通航保護をめぐって、合意・強制を織り交ぜた権益の取得を重要な経済基盤としており、戦国期には、「海賊」よりも「警固」と称される傾向にあったことがよく指摘される。このような海賊の態様は、濃淡こそあるものの、ほかの海域でも見出され、東海地域の場合、「海賊」「警固」のほかに、駿河湾で「こうけん」（後見）という用語が使用されていた形跡もある（「角屋文書」）。

瀬戸内海の海賊による通航保護は、豊臣政権の海賊停止令によって否定されていくが、東海地域でも、「警固」活動を行なう海賊について、海上交通の守護者ではなく障害とみなす認識があった。具体的には、今川義元が伊勢神宮に捧げた願文にて、流通や参宮を妨げる志摩海賊を退治する意思を表明したことである。すなわち、領国の西方拡大が尾張国南部までおよんだ状況に合わせ、伊勢湾と駿河湾の間を往来する海上交通について、大名権力が安全を請け合うという構想であり、豊臣政権の海賊停止令を先取りしたものとも評価できよう。今川氏の領国支配では、氏親（義元父）の代から、領内に存在した陸海の関所を認可制とする方針が打ち出されており、その原則を伊勢湾まで伸張させようとしたのであろう。

このように、今川氏は志摩海賊の取締を志向する一方で、伊勢湾から海賊を招聘して、水軍を充足させたという伝承もある（『本光国師日記《ほんこうこくしにっき》』）。伊勢国の領域権力についても、北畠氏や長野氏は、海を越えた軍事行動を展開するにあたり、海上勢力を動員しての水軍編成を実施していた。

東海地域における海上勢力の動向——九鬼氏の台頭と反作用

織田氏が伊勢・志摩両国を領国に併合すると、織田氏と結びついた九鬼氏が台頭して、志摩海賊の統率を委ねられ、織田氏の海上軍事の主力を担うようになった。九鬼氏そのものは、瀬戸内の能島《のしま》・来島村上《くるしまむらかみ》氏のように、所領・家中の経営について、自己完結性の高い存在ではなく、織田氏に従属する前の動向も不分明だが、伊勢湾地域を統合した織田氏の権勢を背景とすることで、志摩海賊を束ねるに足る求心力を得たのである。

もっとも、伊勢湾地域の海上勢力がことごとく織田氏・九鬼氏に服したわけではなく、反発した海賊が外部に転出する動向も生じた。同時期（一五六〇年代末頃以降）に甲斐武田氏が駿河湾地域を経略して、水軍編成を進めており、反織田氏の海上勢力の受皿となったのだ。また、伊勢湾・三河湾にとどまりながらも、武田氏と気脈を通じて、織田・徳川同盟に抵抗する海賊も存在した。

こうした織田氏と九鬼氏の結合に対する反作用は、志摩国に隣接する紀伊国熊野の海上勢力でも働いた。この地域では、新宮堀内《しんぐうほりうち》氏が結集核となって政治的統合を進め、東の武田氏、西の毛利氏と外交関係を結ぶことで、織田氏と九鬼氏に対抗する戦略を展開した。もっとも、堀内氏は機会を捉えて織田氏に帰順し、豊臣政権期には、九鬼氏とともに各地の遠征や朝鮮出兵に水軍として従軍することになる。織田氏・九鬼氏への対抗を課題として、領域権力化を遂げながらも、やがていかに熊野地域の経営を維持するかに重点を移したのであろう。

東海地域における海上勢力の動向——大名権力と海賊の結合

武田氏の水軍編成は、今川氏を没落せしめた後の駿河湾地域を確保しつつ、北条氏・徳川氏との対戦を遂行することを目的に進められた。前述したように、武田氏の水軍は、織田氏に反発して伊勢湾から転出した海賊（小浜《おはま》氏・向井《むかい》氏）を主力としたが、北条氏の水軍も、紀伊国を出自とする海賊（梶原《かじわら》氏・山本《やまもと》氏）を主力とした。同様の構造の水軍同士が対戦していたともいえる。

武田氏・北条氏が地生えの海上勢力よりも、外部から招いた海上勢力を重用したことからは、伊勢湾とその周辺の海上勢力の技量的優位がうかがえる。さらに遠来の海賊は、代々の所領を失っており、武田氏・北条氏のもとで新たな知行地を取得し、大名権力との結合を深めていた。そのため、自ら支配領域を経営する海賊と比較して離反・自立が難しく、大名側からみた扱いやすさも重用の一因であろう。

なお、天正十年に武田氏が滅亡すると、傘下の伊勢海賊のうち、小浜氏・向井氏は徳川氏に帰順し、駿河湾における活動を継続しており、徳川氏のもとでも水軍の主力として扱われた。すでに伊勢国内の本領を失っており、大名権力との結合なくして海上活動を継続し得ず、上位権力を徳川氏に置き換えたのだろう。その一方で、同じ伊勢海賊でも、小野田《おのだ》氏は何らかの理由で徳川氏への帰属を選択せず、駿河湾での活動を途絶えさせる。

もっとも、領域・家中の運営を自立的に行なっていた海賊が、海上軍役の履行について、大名権力から助成されることもあった。織田氏は一五七〇年代後半の大坂本願寺攻囲にて、九鬼氏などの志摩海賊を伊勢湾から大坂湾に出動させ、本願寺を支援する毛利氏の水軍に対抗させた。この時に主力となったのが、それぞれが多数の大鉄炮と大砲三門を装備し、鉄板の装甲を施した六艘の大船（おそらく安宅船）だったことはよく知られている。装甲の用途は、防弾用とも防火用ともされる。まだ国内生産が進んでいなかった大砲や、大量の鉄板は、九鬼氏が独自に調達し得るものではない。織田氏が用意して、九鬼氏に提供したものであろう。大名権力と海賊の技量の結合が可能とした造船だった。

さらに北条氏や武田氏でも、同時期から安宅船が水軍の基幹に位置づけられている。安宅船の運用には、多数の人員や資材を要するため、非領域権力型の海賊が独力で用意することは難しく、九鬼氏以上に大名権力から助成されていたはずである。自立という文脈では捉えられない水軍運用が広まりつつあったともいえよう。

東海地域における統合の進展と海上勢力

武田氏は伊勢湾地域の海賊を招聘するにあたり、今川氏旧臣の岡部《おかべ》一族を仲介者としている。岡部一族は海賊ではないが、今川氏と結びつくかたちで、海上交通に関する権益を駿河・遠江両国の各所に広げていた。さらに駿河湾・遠州灘と伊勢湾の海上交易を通じて、伊勢湾地域の海上勢力との交流も積み重ね、駿河湾地域への渡海をめぐる交渉の周旋を担ったのであろう。

武田氏の招聘に応じた海賊のうち、小浜氏は活動海域を駿河湾に移した後も、伊勢湾とのつながりを保ち、両海域の間で廻船を往来させていた。そして、武田氏から諸役の免除を認められるとともに、陸揚した積荷の運送に用いる伝馬に関する特権も得ている。

こうした小浜氏の商業事業者としての一面からうかがえるように、海賊は大名との関係のなかで、海上軍役をつとめるだけではなく、海上交通を振興する役割の一端を担うこともあった。また、小浜氏の事例は、武田氏が織田氏と開戦した後であり、支配者の政治的対立のなかでも、駿河湾・伊勢湾の海上交通が途絶せずに継続していた状況も読み取れる。さらに武田氏も、北条氏と対戦した時期に、北条氏領国への伊勢船の渡航を遮断できていなかった。政治的支配による強制力が経済におよぼし得る影響の限界を示している。

天正十二年の小牧合戦にて、九鬼氏が織田信雄（信長次男。北畠氏を相続し、南伊勢を支配）から離反して、羽柴秀吉に与同すると、信雄は海上軍事力の不足を補うべく、徳川氏の水軍に参加していた小浜氏（かつて九鬼氏に敗れて伊勢湾地域から退去）に対し、九鬼氏の所領を与えることを約した。実現していれば、志摩国は小浜氏を介して、織田氏・徳川氏の両属地域となっていたはずである。

結局、羽柴方が小牧合戦を制して、小浜氏の旧領復帰は成就しなかったが、この戦役を機に、知多半島の海賊千賀氏が徳川氏に従属するようになった。もともと、千賀氏は九鬼氏・小浜氏と同じ志摩海賊で、その一族が大野佐治《さじ》氏と主従関係を結び、知多半島の南部に進出した経緯があった。しかるに本能寺の変以降、織田氏が衰退する一方で、徳川氏が領国拡大（旧武田氏領国の平定）をはたしたことをうけ、自己の海上活動を保証する上位権力を佐治氏（羽柴方に与同して没落）から徳川氏に置換したのである。

このように、徳川氏は一五八〇年代に東海地域一帯で求心力を高めていたが、傘下に収めた海上勢力の利害調整という課題にも直面していた。天正十年には、駿河国沼津の周辺で、角屋（伊勢大湊の廻船商人）の持船が海賊の間宮《まみや》氏に襲撃される事件が起きている。前述したように、角屋は徳川氏領国の諸港で諸役を免除される特権を得ていたが、間宮氏は徳川氏から江尻で関銭の徴収を認められていた。そして、徳川氏が北条氏との対戦（天正壬午の乱）に対応して、間宮氏に沼津在番を求めたところ、間宮氏は沼津でも関銭の徴収を認められたと理解した一方で、角屋側に支払を拒まれ、積荷の押収を行なったのである。まさに海上勢力同士の利権が衝突した展開であり、天正十年の急速な領国拡大によって、調整と統制が有効に機能していなかった状況がうかがえる。

その一方で、天正十二年の小牧合戦では、徳川氏は水軍を補強する上で、角屋に持船を供出させて、運用を間宮氏に託している。角屋と間宮氏の間で、相応の和解が成立していたのだろうか。さらに廻船が軍船として機能し得た点も注目される。たしかに、積荷を増やすために、船体を大型化すれば、兵員や火器の積載量も多くなる。これは、交易事業者の面を有する海賊の持船にも適用し得る論理であり、前近代の軍用船・商用船の垣根の低さを示唆していると見込まれる。

2 統一政権下における東海地域の海の世界

伊勢湾沿岸に取り立てられた支配拠点

戦国期の東海地域で郡規模以上の領域を支配した大名・国衆は、たとえ沿岸部に支配をおよぼしたとしても、本拠は内陸部に設定する傾向があった。港湾に接続した構造の本拠は、海上交通の掌握や軍事利用に適していたが、十分な要害性を有する山城の形態をとることが難しかったことによる。

無論、郡規模未満の勢力には、志摩半島の九鬼氏、知多半島の大野佐治氏や常滑水野氏など、沿岸部に本拠を設定する海賊・国衆も存立していた。これらは、海上活動を存立の主要基盤としていたが、より広域を経営する勢力は、内陸部の本拠から河川などを用い、港湾とのつながりを構築する手法をとっていた。郡規模を超える勢力で沿岸部に本拠を据えた事例として、渥美半島で船蔵を備えた田原城を居城とした戸田氏、遠州灘で菊川《きくがわ》入江に面した高天神城を居城とした小笠原氏をあげられるが、あくまでも少数派である。

こうした傾向は、織田氏が伊勢湾地域を経略していくなかで変化を遂げる。織田氏の伊勢国支配は、北畠氏や長野氏を従属させ、養子縁組を結んで一門に取り込み、その所領を維持・拡張することで展開された。そして、織田氏の従属下に入った北畠氏・長野氏は、いずれも一五七〇年代後半に沿岸部を領域支配の基点に再設定している。織田氏領国に組み込まれた結果、ともかくも伊勢国内の戦乱は収束し、要害性の高い本拠を構える必要性が低下して、むしろ信長が遂行する各戦役に従軍する上で、より物資の集積に有利な拠点が選択されたとも理解できる。

まず北畠氏の場合は、織田氏に従属するまで、内陸部の多芸《たぎ》から大湊などを支配してきたが、信雄（信長次男）が相続すると、反織田氏勢力の制圧をへて、松ヶ島《まつがしま》城（細首《ほそくび》城を改修）に本拠を移した。松ヶ島は、三渡《みわたり》川の河口に立地しつつ、参宮古道に沿った地勢となっており、伊勢湾や伊勢神宮の統制を意識した選地だった。

長野氏の場合も、やはり内陸部の長野城を拠点としながら、北伊勢の桑名にまで支配を広げていたが、信兼（一般には「信包」。信長弟）のもとで、本拠地を安濃津城に移している。前述したように、安濃津は伊勢湾でも有数の港湾都市で、より広く「日本三津」の一つにも数えられていた。明応地震で甚大な被害をこうむったものの、年代の経過とともに復興し、海上交通との接続に適した本拠と判断されたのであろう。

さらに織田氏の重臣では、滝川一益が伊勢国の経略を担う立場にあり、とくに天正二年（一五七四）の長島一揆の制圧をへて、木曽川下流の輪中であった同地を拠点とする支配領域を北伊勢に形成した。そして、この長島領において、一益は水軍の編成も行なっており、毛利水軍と対決すべく、伊勢湾から大坂湾に出動した九鬼氏などの水軍にも、一益の持船（鉄板未装備の「白船」）が加わっていた。もともと、九鬼氏は一益の仲介で織田氏に帰順したとされ、大坂湾への出動にも、一益が支援・監視の責任を負ったものとみられる。

また、織田政権の解体、豊臣政権の成立も、伊勢湾における城郭の取立に大きな影響をおよぼした。本能寺の変以降の動乱で、滝川一益は没落して、その支配領域は織田信雄に併呑されたが、信雄も小牧合戦で南伊勢（北畠氏領国）を羽柴方に制圧された。そして、小牧合戦の最中に、羽柴氏は近江国日野《ひの》から蒲生氏を南伊勢に移封した。蒲生氏はかつて六角《ろっかく》氏・織田氏に従属した近江国衆で、両氏の伊勢国進出にも深く関わってきた経緯があった。その蒲生氏の南伊勢転封は、変則的ながら、織田政権下の北畠氏・長野氏と同様に、支配の基点が陸上から沿岸に転換された事例にあたる。

蒲生氏は南伊勢に入部すると、まず松ヶ島城を本拠としたが、やがて新たな本拠として南方の平野部に松坂城を築いた。松ヶ島城よりも内陸に移ったかたちだが、阪内《さかない》川を水路に設定して、伊勢湾の海上交通との接続を維持する工夫としていた。さらに注目すべきは、大湊から角屋を松坂城下に移転させ、角屋を介して、大湊との経済的連繫をはかる措置であった。縷述してきたように、角屋は徳川氏・北条氏とも関係を持ち、関東まで廻船を運航させており、松坂を太平洋海運に接続させる媒介にもなり得た。こうした施策は、蒲生氏旧領の日野商人が松坂城下に誘致されたこととあわせ、蒲生氏の転出後も、松坂が近世に近江国（陸）・伊勢国（海）の流通をつなぐ結節点として発展していく基盤を形成した。

また、豊臣政権期には、北伊勢の桑名にも城郭が築かれ、同地を中心とする支配領域も設定された。戦国期の桑名は、戦国大名や国衆によって、経略の対象とされてきたが、豊臣政権は桑名を統治の支点から基点に切り替えたのだ。最初期の桑名城主には、斎藤氏・織田氏に従属して、とくに織田氏の伊勢国経略に関わってきた美濃国衆の氏家氏が起用されている。沿岸の支配において、陸上の領域権力を活用するという点で、蒲生氏の南伊勢入封との共通性も見出せよう。

豊臣政権による東海地域の再編と海上勢力

織田氏が進めてきた日本全域におよぶ領域権力の統合は、一五八〇年代に羽柴氏を中心とする体制に再編される。この豊臣政権の成立は、東海地域の海上輸送をより活発化させた。政権や従属下の諸大名が畿内（大坂・京都など）で展開した数々の土木事業は、木材の需要を高め、東海地域でも富士山周辺から木材が切り出され、三河湾を経由して、伊勢湾まで廻漕された。なお、三河湾を渡海しての輸送に、佐久島が中継点として利用されることもあった。もともと、佐久島は三河湾で海上往来の中継点の役割を担っており、航海の安全を守護する弁財天も祀られていた。

また、羽柴氏は織田氏領国の西方拡大を牽引してきた経緯から、政権掌握後は、摂津国大坂を本拠として、環大坂湾地域（摂津・和泉・播磨・淡路・阿波など）を直轄領や一門・譜代領で固めたが、伊勢海の掌握にも意を払った。蒲生氏の南伊勢転封は、その最初期の一手にあたる。

さらに天正十八年の小田原合戦の後、豊臣政権が徳川氏を関東の旧北条氏領国に転封させ、徳川氏に代わり、織田氏（信雄）を駿遠三に移そうとしたところ、織田氏は拒絶して改易され、徳川氏の転封のみが実行された。なお、蒲生氏も南伊勢から陸奥国会津《あいづ》に転封された。そして、尾張国に羽柴秀次（秀吉甥）が入り、その与力衆が伊勢国や駿遠三に配置された。これは、東海地域が羽柴氏の一門・譜代領として再編されたことを意味しており、同地域の経済圏を当初の想定よりも強力に掌握したかたちであった。

その一方で、徳川氏は関東に入ると、江戸（関東の海上交通と河川交通の結節点）を本拠に設定するとともに、三浦半島の三崎《みさき》に小浜氏・向井氏などを在番させ、海上往来の監察にあたらせた。北条氏の段階では、紀伊海賊の梶原氏・山本氏が三崎に在番することもあったが、その役割が伊勢湾を出自とする海賊に振り替えられたともいえよう。

さらに徳川氏は、伊豆国下田《しもだ》に戸田忠次《ただつぐ》を配置し、必要に応じて、三崎在番の海賊を派遣し、船荷の検査も実施させた。下田奉行（近世中期からは浦賀《うらが》奉行）の原型にあたる。忠次は、渥美半島・知多半島をまたぐ勢力圏を形成した田原戸田氏の庶流であり、水軍として活動したこともあった。また、田原戸田氏は赤羽根（渥美半島の太平洋側）に関所を設置しており、忠次の下田配置は、海関経営のノウハウを活用したものと考えることもできる。

このように、関東時代の徳川氏は、三崎・下田に海関を設置しつつ、伊勢湾・三河湾から移ってきた海上勢力（海賊・沿岸国衆）によって水軍を編成し、海関の管理、直轄領からの水夫徴発など、大名権力に直属して活動する海上軍事官僚の役割を付与した。訪日ヨーロッパ人から「提督」と呼称さ

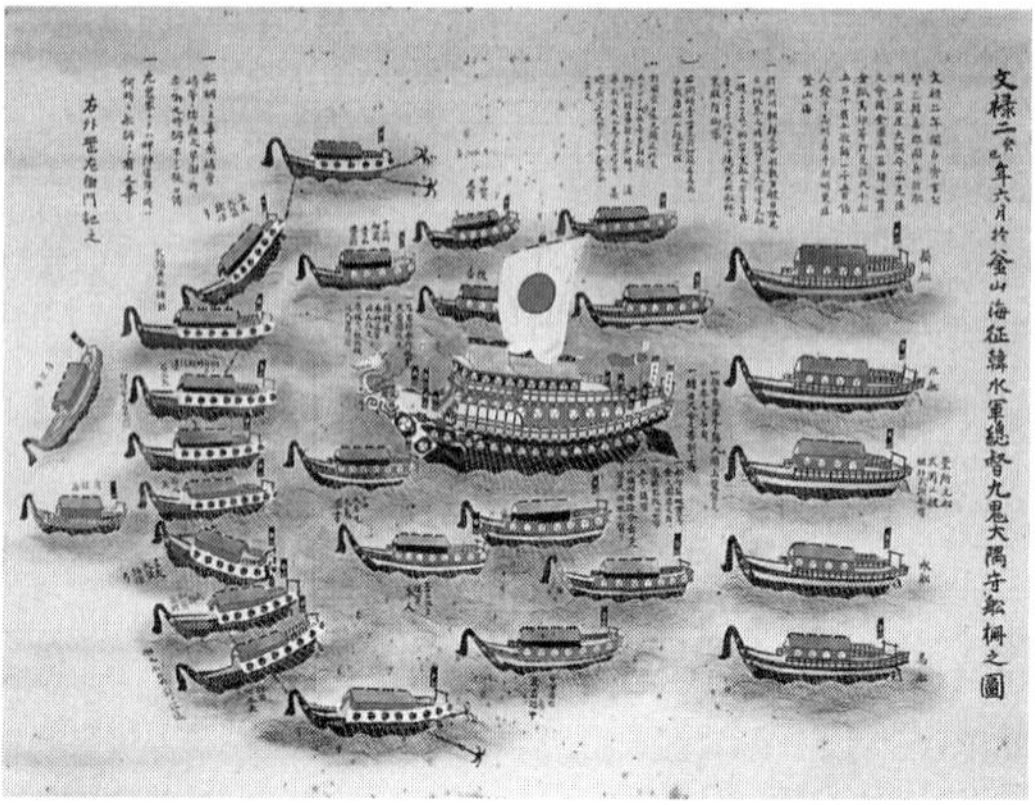

図6-2　九鬼大隅守船柵之図（大阪城天守閣所蔵）

れた近世の船手頭の原型にあたるが、武田氏・北条氏の方式を前進させたものでもあった。また、水軍の活動は、徳川氏領国の内部にとどまらず、関東から畿内にむけた海上輸送に従事することもあった。徳川氏が志摩の海商に廻漕を委託した事例も見出されるが、これも小浜氏などの仲介によるものだろう。

もっとも、徳川氏支配下の駿河・伊豆国境の沿岸では、北条氏が整えた海上防備が解体されている。豊臣政権に従属している大名（徳川氏）が関東を領国とする状況では、駿河・伊豆国境の防備を厳重にすべき理由も稀薄だったのである。また、軍事的な防衛よりも、海上往来の統制、全国政権への奉仕に重点が移ったことも意味する。

ところで、豊臣政権は全国平定の諸戦役にて、海上勢力の従属を広げ、水軍の規模を順次拡大させていき、その兵力は、やがて一万人を超えるようになった。伊勢湾地域と周辺からは、九鬼嘉隆（志摩）や堀内氏善《うじよし》（新宮）が出動している。とくに九鬼氏は外様の立場ながら、国内統合後に遂行された朝鮮出兵にさいしても、自らの手勢にとどまらず、水軍全体を統括することすら求められた。同じ豊臣政権下の海賊大名でも、瀬戸内の来島村上氏よりも明らかに重用されている。

また、豊臣政権は朝鮮水軍の反攻に苦戦したことをうけ、九鬼嘉隆の安宅船を手本として、諸大名に大型軍船を建造させる方針を打ち出した。朝鮮や名護屋に出動しない東海地域の大名も、軍船の建造や資材の調達を命じられた。伊勢湾の軍船建造技術は、かつて大坂湾をめぐる攻防で毛利水軍を退けた実績から、対外戦争でも通用し得る水準にあると豊臣政権から評価されていたことになる。これは、太平洋沿岸の渡航にも堪え得る堅牢な伊勢船の構造の延長線上にあるとも考えられよう。

関ヶ原合戦以降の展開

慶長五年（一六〇〇）の関ヶ原合戦では、濃尾地域が主戦場となったが、伊勢湾地域にも戦火はおよんだ。とくに西軍は、盟主たる毛利氏の主力を派遣しており、中途まで伊勢方面を主要な攻勢の対象にしていた感すらある。この戦役で、九鬼嘉隆は西軍に参加して、尾張・三河両国の沿岸を襲撃し、少なからぬ海村や寺社が被災したとされる。毛利氏の水軍も、伊勢湾に進出しており、知多半島の野間《のま》や内海を攻撃した。一方で、東軍与同の伊勢国の諸領主も、伊勢湾を渡って所領にもどり、西軍の攻勢に対抗することで、西軍主力の毛利勢を拘束し、その間に東軍主力は濃尾地域の戦況を有利に進めた。

戦後、九鬼嘉隆が西軍の敗退をうけて自害したことについて、『信長公記』の著者として知られる太田牛一《おおたぎゅういち》は、沿岸襲撃の因果応報によるものと評価している（『太田和泉守記』）。それでも、九鬼氏は東軍に参加した守隆（嘉隆嫡子）のもとで存続し、徳川権力からも水軍として重用された。

関ヶ原合戦後の東海地域は、徳川氏の勢力圏（直轄領と一門・譜代領）に取り込まれ、関東と畿内を連結する空間に位置づけられた。その一環として、徳川氏は子飼の海上勢力を伊勢湾・三河湾に再配置し、両海域を「徳川の海」とする布石を打ったが、旧領に復帰せずに、引きつづき徳川氏の海上軍事官僚たる立場にとどまり、近世に将軍家船手頭を世襲する家もあった。とくに向井氏は江戸城下、小浜氏は大坂城下にあって、直轄水軍の運営と舟運の監察を委ねられた。本領に復帰するよりも、権力と結合して、より大規模な海上活動を手がけることに重きを置くようになったともいえる。

徳川氏が旧領に復帰させた海賊のうち、千賀氏はやがて尾張徳川氏の家中に編入され、その船奉行をつとめ、尾張家全体の水軍を編成・運用しつつ、知多半島の南端で師崎を番所として、海上交通の統制に携わるようになった。大名権力と結合しての海上活動だったが、廻船・漁業などの事業も継続した。

また、幡豆《はず》小笠原氏（三河国幡豆郡の国衆）の場合、庶流の正吉《まさよし》（越中守）が旧領にもどって、三河湾・伊勢湾の海上交通を統制し、自身も大坂方面との海上交易を展開していた。こうした正吉の活動は、次代の権之丞《ごんのじょう》にもある程度引き継がれたが、権之丞はキリスト教信仰のために慶長十七年の岡本《おかもと》大八《だいはち》事件に連座して失脚する。その一方で、幡豆小笠原氏の宗家は、関東にとどまって、徳川将軍家の船手頭を世襲していく。

小浜氏についていては、宗家こそ伊勢湾地域に復帰しなかったものの、一族の守隆《もりたか》（右京《うきょう》）が伊勢国白子に在番し、大湊の統制に携わった時期があった。この守隆の役割は、後に山田《やまだ》奉行に組み込まれており、その指揮下には、徳川将軍家の直轄水軍でも、江戸・大坂に次ぐ規模の戦力（軍船・水主同《かこどう》心《しん》）が配備されており、将軍家が伊勢湾の軍事的掌握を重視していたことがうかがわれる。

さらに徳川氏は、伊勢湾地域に信任の厚い大名を入封させている。

まず北伊勢の桑名には、関ヶ原合戦後に家康重臣の本多忠勝が配置された。この段階で、桑名領の石高は一〇万石に設定されており、豊臣政権期の段階よりも格段に拡張されている。そして、本多氏が転出した後も、近世を通じて、桑名には一〇万石級の有力な譜代大名（久松松平氏など）が配置されていくことになる。

次に中伊勢の津（安濃津）には、慶長十三年に藤堂高虎が伊予国今治《いまばり》から転封され、伊賀国もその領国に編入された。高虎は羽柴氏の取立大名だが、家康の個人的信頼も厚く、さらに熊野の支配に関わった時期があり朝鮮出兵で日本水軍の主力格として転戦した実績から、伊勢湾地域の経営を担う領域権力として、津に配置された模様である。

こうした事例から、徳川氏が伊勢湾地域を結節点として、関東と畿内を連結させる戦略を安定させる上で、とくに桑名・津に有力かつ信頼できる大名を配していた状況を読み取ることもできよう。

十七世紀以降もつづく大名権力・海上勢力の結合

一六三〇年代には、守隆没後の九鬼氏が志摩国から摂津国三田《さんだ》と丹波国綾部《あやべ》に転封され、水軍としての活動も停止した。転封に先行して、九鬼氏は家中騒動を経験しており、その抑制策であった。九鬼氏の大名権力を確立させるために、あえて海上軍事から離れさせたという構図である。この九鬼氏の転封は、水軍の終焉を象徴する出来事として語られがちだが、その後も将軍家・諸大名は水軍の編成を継続している。むしろ、徳川氏が不安定化した九鬼氏に志摩国を委ねるべきではないと判断して、同国を譜代大名領に再設定し、九鬼氏が残した海上軍事力（軍船など）を管理させたというのが実情である。

この九鬼氏の転封とともに、水軍の終焉という文脈で語られるのが、慶長十四年（一六〇九）に徳川氏が西国の諸大名から五〇〇石積以上の大船を接収し、以後、安宅船の保持を禁止したことである。たしかに、軍船の規模は、五〇〇石積以下に限定されるが、新規建造はつづいていく。もともと、安宅船は堅牢ではあったが、機動性に問題があり、より汎用性の高い関船《せきぶね》（船体の大きさと速力を両立）が主力に切り替わったという面もある。

そして、大船の接収にあたって、徳川氏は直轄水軍から小浜氏・向井氏を淡路島に出向させ、当時はまだ志摩国で存立していた九鬼氏も添えて、実務を取り仕切らせている。伊勢湾で蓄積された技量を海上軍事力の整理に活用したかたちであった。

なお、伊勢湾の廻船商人のうち、角屋は徳川氏との関係を背景として、東海地域に加え、瀬戸内海でも諸役免除の特権を享受するようになった。さらに朱印船貿易にも参入して、東南アジアにまで活動を広げた。小浜氏と向井氏も、戦国期からの交誼を前提として、角屋の経済活動を後援しつつ、相応の利益を得ていた。環「伊勢海」地域にて、大名権力と海上勢力の互恵的結合が繰り返されてきた経緯の一つの帰結にして縮図と評価することもできるだろう。中世・近世の海上における連続性を考える上で、重要な視点であると見込まれる。

〔参考文献〕

小川　雄『水軍と海賊の戦国史』平凡社、二〇二〇年
永原慶二『戦国期の政治経済構造』岩波書店、一九九七年
豊田祥三『九鬼嘉隆と九鬼水軍―戦国最強を誇った水軍大将の興亡―』戎光祥出版、二〇二三年
藤田達生『藩とは何か―「江戸の泰平」はいかに誕生したか―』中央公論新社、二〇一九年
綿貫友子『中世東国の太平洋海運』東京大学出版会、一九九八年
『三重県史　通史編　近世1』三重県、二〇一七年
『新編西尾市史　通史編1　原始・古代・中世』西尾市、二〇二二年

七　東海の神社と人々の活動

羽柴亜弥

1　領主と神社

戦国・織豊期の尾張国と神社

戦国・織豊期は、各地で戦争が多発し、また飢饉も相次ぎ、人々は大きな不安を抱えながら生活をしていた。人々は、神仏へ救いを求め、信仰をより強くしていった。このような状況のなかで、神社は領主など権力者と各自で関係を保ちつつ、安定して経営をつづけてきた。

尾張国は、織田氏が支配をして以降、豊臣・徳川と、江戸時代まで「天下人」と呼ばれる人たちの直轄地的な支配をうけてきた。つまり、戦国・織豊期という、大きくうつりかわっていく時代・領主の影響を、長い期間を通し定点からみることができる、好事例といえる。この章では、尾張国の神社を中心に、当時の神社と人々の活動についてみていく。

尾張国には、熱田社・津島社という有名な神社がある。この二つの神社は、古くから広い信仰圏を持ち、神社を中心に町場が広がっていた。また、熱田と津島は、海・川に面し、街道沿いに位置していたため、交通の要所でもあった。この二拠点に目をつけ、はやくから支配していたのが、織田信長の祖父信貞《のぶさだ》と父信秀であった。津島は信貞が尾張で最初に支配をし、織田弾正忠家《だんじょうのちゅうけ》の基盤となった地である。古くから織田弾正忠家の支配下にあり、尾張国が統一された後も、代々の領主と関係を保ちつつ、影響をうけながら変化してきた。尾張国の神社のなかでも、とくにこの二社に注目し、その動向や変化をみていきたい。

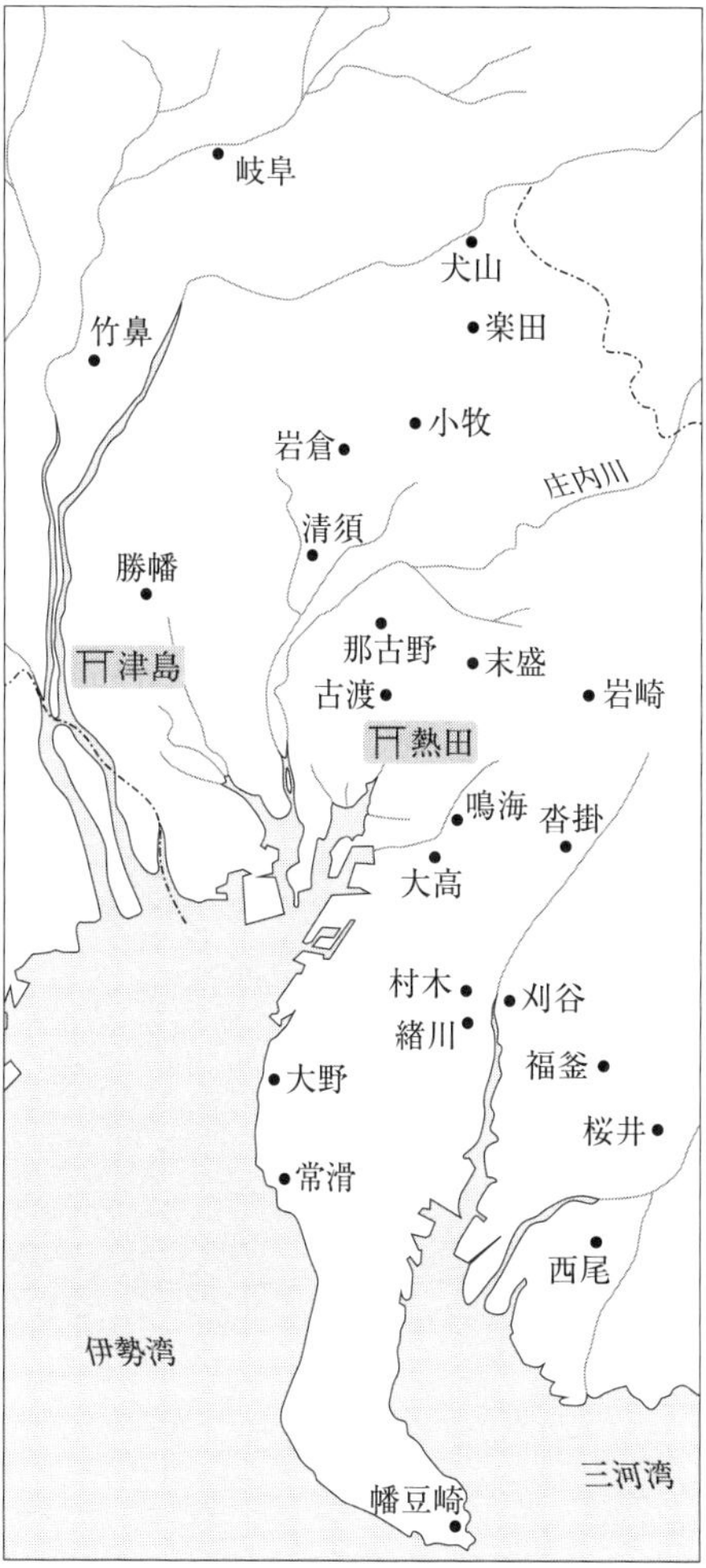

図7-1　熱田社・津島社関係地図（『名古屋市博物館特別展図録 三英傑と名古屋』2014年より作成）

社領の変化

神社の所有地である「社領《しゃりょう》」は、中世より、神社にとって大切な収入源であった。社領からの利益は、神社の経済面を支えてきたのである。織豊期には、国の領主より、社領を認めてもらう「安堵状」や、社領を与えられる「宛行状」が出され、神社は社領を確保していた。社領をある程度安定して保つためにも、領主との関係性を築くことは大切だったのである。

ここでは、熱田社の社領をみていきたい。熱田社は中世においては、尾張・三河・美濃の各地に社領を持ち、地方の神社への影響力も非常に大きかった。織豊期に入ると、社領は各国の領主から認められるもの、与えられるものとなり、熱田社の社領も整理されていった。

織田信長・信忠の代における、社領（土地）に関する文書は、天正四年（一五七六）三月に信忠より千秋季信《せんしゅうすえのぶ》に宛てられたもので、熱田の有力者加藤順盛《よりもり》より返還された土地の安堵状が残されているのみであり、全貌は不明である。しかし、この時代の両者の関係をひもとくと、社領について、推測できる部分がある。織田氏と熱田社の関係は、信長の父信秀の代より始まり、熱田社の発展は織田氏という後ろ盾のもとにあった。織田氏と熱田社の深い関係性を物語っているのが、熱田社の長官である熱田大宮司職を代々織田氏が千秋家に認めるようになったことである。熱田大宮司家は室町時代まで、幕府奉公衆として京都に在住していた。熱田大宮司家の庶子家の流れである千秋家は、尾張に在住しており、武士となり、やがて織田弾正忠家の家臣となった。その頃から織田氏より任命されるかたちで、代々大宮司職を千秋家が継承するようになった。千秋家は信秀の代頃まで従軍もしていたが、天正四年に信長・信忠により熱田社の大宮司職を与えられた千秋季信以降は、従軍を免除され、神職に専念することとなったようだ。このような関係性からして、熱田社の社領はこれまでどおり、またはそれ以上に認められていたと考えられる。この時代には大きな変化はなく、社領を確保していたのではないだろうか。

本能寺の変後、織田信雄が領主となると、社領の整理・縮小が行なわれた。信雄は、尾張国ではじめて「検地」を行ない、国内の土地を調べあげた上で整理し再編成をしている。天正十三年に成立した「織田信雄分限帳」にて、その結果が確認できる。大宮司家領として愛知郡野並《のなみ》郷に三五〇貫文、その他社家分として、中島《なかしま》郡西之川《にしのかわ》に四五〇貫文、丹羽《にわ》郡今市場《いまいちば》に一五〇貫文、供領《くりょう》として二〇〇貫文の、合わせて八〇〇貫文が、信雄によって社領として認められた。この時、認められた社領は、以前と比べると大幅に縮小されたものだった。それでも他の神社とは別格である。信雄は天正十一年に熱田社に社領を寄進しているほか、天正十二年の小牧・長久手の戦いでは、織田信雄・徳川家康軍が熱田周辺を押さえており、家康から所領の安堵や大宮司職の任命などがされている。決して信雄と関係が悪かったわけではなく、むしろ熱田社を庇護する傾向がみられる。

図 7-2　熱田神宮

その後、豊臣秀次が領主となると、天正十八年九月、家臣である田中吉政が熱田社人《しゃにん》中に、愛知郡七女子《しちにょし》村かと思われる一帯に一〇七貫文余、愛知郡八屋《はちや》に六八貫文、須加《すか》郷に一三二貫文余、熱田のうち一〇〇貫文の計四〇八貫文を与えた。そして、秀次事件後、文禄四年（一五九五）八月には、豊臣秀吉は大宮司家に対し、丹羽郷赤見《あかみ》の一五五石余、海東《かいとう》郡下田《しもだ》に一五〇石、計三〇五石ほどを与えた。織田信雄の分限帳で社領として確認できた野並郷は、この時はすでに大宮司領ではなかったようであるが、関ヶ原合戦後の慶長六年（一六〇一）二月、松平忠吉が、この赤見と下田、三河国高橋《たかはし》郡舞木《まいぎ》村の替地として、野並郷を大宮司家に与えている。以降、野並村は幕末まで熱田大宮司領であった。その他の社家領は、田中吉政が与えた土地（七女子・八屋・小塚《こづか》〈須加郷〉）に四〇五石余と熱田町が神領地とされ、江戸時代まで維持された。

熱田社の社領は、織豊期には縮小・整理されたが、他の神社とは別格ともいえる領地を確保したまま、江戸時代までつづいていった。織田氏の代に築いた領主との関係性を、その後も維持し、保護をうけながら発展していった様子が垣間みえる。

「贈答」からみる領主と神社

織豊期には、贈答儀《ぞうとうぎ》礼《れい》は非常に重要視された。戦が多く、領主が次々と変化していくなかで、主従関係を明確にするためにも大切であった。家臣や寺社などは、主君や領主に物を贈ることで従属していることを示し、それに対する礼状をもらうことで関係性を築いた。神社にとっては、「信長様からお礼状をもらった」と、一種の権威づけとなることもあり、礼状は大切に記録・保管された。また、領主と良好な関係を築くと、支援や保護にもつな

表7-1　領主から熱田社への礼状一覧

年	月　日	差　出	内　容
天正3年(1575)	5月11日	織田信長	恒例お祓い・熨斗鮑
年未詳	1月11日	織田信長	年頭祈念　お祓い・御牛王
年未詳	9月19日	織田信長	恒例祈禱　巻数・熨斗鮑
天正7年(1579)	5月12日	織田信忠	恒例お祓い・熨斗鮑
年未詳	7月20日	三好常閑	汁鱠
年未詳	2月22日	福島正則	年頭挨拶　お祓い・鳥
年未詳	4月16日	福島正則	音信　串蛤・さより

がり、社会情勢が不安定なこの時代には大切なことであった。

表7－1は領主から熱田社への礼状の一覧である。尾張国の変化にともなって、各人と贈答の関係を結んでいることがわかる。残念ながら、織田信雄・豊臣秀次の礼状が確認できていないので、この二人に関しては発給されたかどうかは不明である。しかし、この二人以外は、すべての領主から礼状を受け取っている。

織田氏との関係はやはり格別であったようである。織田信長・信忠には、「恒例お祓い」とあり、毎年恒例のお祓いをしていたことがわかる。「恒例」という表現は、他の領主の礼状にはみえないこともあり、織田氏と熱田社の深い関係性をうかがわせる。織田氏から熱田社への寄進や保護も継続的に確認されており、信長の父の代よりの交流のなかで、互いに良好な関係を続けていたことが推測できる。

次に、三好常閑《じょうかん》からの礼状に注目したい。三好常閑は、豊臣秀次の父、三好吉房《よしふさ》のことである。天正十八年、豊臣秀吉はそれまでの尾張の領主である織田信雄を改易し、自身の息（養子）の豊臣秀次に尾張を与えた。その翌年末に秀吉は関白職を辞し、秀次に譲った。そのため、秀次は京都に常駐することとなり、尾張に腰を据え、政治をすることがかなわなかった。この状況で、尾張の留守を任されたのが、秀次の実父の三好常閑だったのである。熱田社に対する三好常閑からの礼状が存在するということは、尾張国における、このいささか複雑な状況を熱田社が理解し、物を贈る相手を選定していることがわかるのである。前述のとおり、秀次からの礼状は確認できていないため、推測の域をでないが、三好常閑にも贈り物をしていること、代々領主には「年頭祈念」や「お祓い」をしていることなどから、秀次にも贈り物をしていたのではないだろうか。留守を任された三好常閑にも、贈り物をして関係を持ったということから、熱田社も尾張国の情勢を注視し、よく調べた上で贈り物をしていることがわかる。領主と贈答関係を結ぶということを、とても重要視していたと考えられる。

領主と一神社が関係を築こうとする時、神社側からできる働きかけの一つが、この贈り物である。熱田社の事例をみると、懇意にしている領主との関係をつづけるため、新たな領主と関係を築くために、神社側も熱意をもって一生懸命に贈答を行なっていたことがわかる。

「信仰」の変化

ここからは、同じ尾張国にある津島社の動向をみていきたい。織豊期に、津島社では神社の性格が変化する様子がみえる。津島社は牛頭天王《ごずてんのう》信仰の総本山といわれ、主祭神として「牛頭天王」を祀っていた。牛頭天王は古くから人々が恐れていた疫病をつかさどる神様であり、疫病が流行しやすい川沿いや、人々が多く行き来する都市的な場所で、とくに強く信仰され、日本全国に広まっていった。

表7－2は、津島社への寄進物をまとめたものである。神社や寺に物・金・建物・土地などを寄付

することを「寄進」という。表をよくみると、津島社への寄進には、ある傾向がみえてくる。古い時代は、経典など仏教的な性格の強い物が多く寄進されているが、時代が新しくなるにつれ、神鈴《しんれい》など神道的な性格が強い物の寄進が多くなるのである。そもそも、津島社の主祭神牛頭天王は、神仏習合《しんぶつしゅうごう》の神であり、とくに仏教的性格が強い神様であった。その影響もあってか、古い時代のほうが、津島社内にあった神宮寺《じんぐうじ》や、そこに仕えた社僧《しゃそう》と呼ばれる僧侶の活動が活発であったことが、その他の資料から確認できる。かつてはこのような状況であったが、徐々に神主や禰宜《ねぎ》たちの活動が活発になっていく。神主・禰宜たちが宛所の文書がよくみられるようになり、活動の記録もふえてくる。織田信雄・豊臣秀次が領主の頃になると、神宮寺・社僧家の衰退が大きな問題となってくる。津島社の寄進物や社内の人々の動きより、神社としての性格を強めたという傾向が読み取れるのである。

図 7-3　津島神社

実は、この津島社の変化には、織田信長が大きく関与していたと考えられる。元亀三年（一五七二）から始まる、津島社の遷宮《せんぐう》について関連資料をみていこう。元亀三年五月二十四日、津島社の本殿《ほんでん》造営のため、一時的に仮殿《かりどの》への遷宮が行

表 7-2　津島社の寄進物一覧

年	月　日	内　　容
文安元年(1444)	1月26日	前勾当大夫弘重，法華経八巻寄進する
宝徳2年(1450)	3月20日	前勾当大夫弘重，法華経寄進する
応仁元年(1467)	12月7日	鷲津信吉，神宮寺に田地を寄進する
天文5年(1536)	7月13日	熱田の仏師心鏡，狛犬の彩色をする
天文11年(1542)	2月27日	近藤家広，田地を寄進する
天正10年(1582)	10月6日	日置伊右衛門，田地を寄進する
天正14年(1586)	10月16日	飛森九助ら，田地を寄進する
天正16年(1588)	7月	橋本宗兵衛，狛犬を寄進する
天正18年(1590)	10月19日	豊臣秀吉，豊臣秀長病気回復祈願のため3000石を寄進する
天正18年(1590)	11月22日	豊臣秀吉，子息鶴松病気回復祈願のため米1000石を寄進する
天正19年(1591)	5月	本田きく，能面を寄進する
天正19年(1591)	9月7日	秀吉の母大政所，津島社の居森殿を造営させ，遷宮を執り行なう
天正19年(1591)	11月10日	秀吉寄進の楼門が建立される
文禄元年(1592)	5月6日	田中吉政，津島社観音坊に祈禱料として，地子米を寄進する
文禄2年(1593)	2月	加藤清正，津島社に神鈴を寄進する
文禄2年(1593)	5月	秀次の臣徳永寿昌，津島社弥五郎殿に津島西平の地を寄進する

なわれた。同年九月一日、信長が津島社の本殿造営のために尾張国内で勧進《かんじん》をすることを認めている。その文言には「尾張国中の家数を調べて、大小の志により、米を集めなさい」とあり手厚く指示をだしている。天正二年三月一日、信長の息子信忠が、津島社本殿造営のために使用する筏《いかだ》にかかる税を免除した。当時の尾張領主織田氏にさまざまな支援・保護をうけながら本殿造営は着々と進んでいった。

天正七年十月十七日、吉田兼見《かねみ》が津島社の遷宮を許可した。吉田兼見とは、京都の吉田神社の神主で、織豊期には織田信長など権力者と交流しながら吉田神道《しんとう》を広めていった人物である。吉田神道は、この時にはすでに、地方の神社に神位《しんい》を授け、神職《しんしょく》の位を決定する権限を与えられており、全国の神社をその勢力下に収めていた。津島社はこれまでも遷宮をたびたび行なっているが、今回のように吉田神道から遷宮の許可を得たのははじめてのことである。つまり、この時はじめて全国的な神道の組織と関わりを持つようになったのである。なぜ、今回の遷宮には吉田による許可が必要であったのか。その手掛かりが、吉田兼見の遷宮許可状の宛名の部分にある。「信長様の御使者針阿《はりあ》み 津島よりの使僧」宛となっている。このことから、信長の使いの僧侶が派遣され、吉田に遷宮の許可をもらいに行ったことがわかる。信長の意向によって、津島社は吉田神道という神社の全国組織と関わりを持つようになったということである。

このような過程をへて、天正七年十二月一日、無事に津島社の本殿が完成し、遷宮が行なわれた。この領主の保護、吉田神道との関わりなど、これまでの遷宮とは一線を画す本殿造営事業となった。

遷宮が始まる前年、元亀二年一月十四日に「尾張国神名帳《しんみようちよう》」が作成された。尾張国内の神社について、郡ごとに神社の位を記したものである。古代から何度か「神名帳」は作成されているが、津島社の名はこれまでみえなかった。それが、元亀二年作成の「尾張国神名帳」には、最高位である「正《しよう》一位上《いちいのじよう》」として突如として現れる。全国に広い信仰圏を持っていたとしても、地方の神社の力だけでここまでの位を得るのは難しいであろう。やはり、当時の領主である信長の支援があったことが推測される。

「神名帳」が作成され、津島社本殿造営事業が行なわれた、元亀年間から天正七年ごろは、信長が上洛した後、反発する諸勢力を制圧しながら天下統一へと突き進んでいた時期である。この時期に、信長は自分の生まれた在所にある神社の権威を高めようとした可能性がある。このように考えると、津島社の本殿造営に対する、信長のなみなみならぬ支援もうなずける。

信長の思惑どおり、津島社は神社としての立場を確固たるものとした。その過程で、津島社における仏教的性格は徐々に減少し、神道的性格が色濃くなっていったのではないだろうか。また、これらの動向は、信長が自らの権威を高めるために、神社との関係性を利用した例である。領主にとっても、神社との関係というのは、重要なものであったと考えられる。

2　神社の社人組織の衝突と確立

津島社で起きた神主と社人の対立

この節では、神社の内部、社人組織に着目する。津島社では、織豊期に社人組織の間で大きな騒動が起きた。天正十八年（一五九〇）、津島社の社家が神主を相手取り、訴訟を起こした。大変興味深いことに、その訴訟文が残されている。以下は、その訴訟文を現代語訳したものである。

津島天王社人

謹んで申し上げます

神主による道理に外れた行ないの条々

一、先年小牧表へ（秀吉様が）ご出陣された時、信雄様より命令されたことでもないのに、天王のお神輿をかつぎだし、逆様に飾り立てて、三月から五月までさまざまな方法で秀吉様が戦いに負けるように、祈禱をしていました。このことについて、お尋ねがあれば、詳しくご説明申し上げます。

二、関東へ（秀吉様が）ご出陣された時、軍勢を関東へ送るために、あちこちの舟を一艘も残さずに、湊へ集められた際、「神主の舟も秀吉様のためであるから、献上しなさい」と森久三郎殿が仰せになりましたが、（神主が）「献上しません」と答えたことに対し、再度「献上しなさい」と命令すると、神主は腹を立てて、舟に天王の御幣を立てて、萩原に舟をのぼらせた。この様子を森久三郎殿・沢井殿がご覧になって、「これは秀吉様が戦に負けるよう祈禱するために、このようにしたのだ」と、とてもお怒りになって、まず舟に乗っている人を成敗すべきだと命令されたところ、船頭たちは逃げ隠れてしまいました。

三、社中の堂や宮を壊し、わが家を建て、または薪にしています。

四、昔から霊験あらたかであった森や神木までも、すべて伐採し絶やしてしまい、その跡地は野畠にしました。

五、天王の仕事を務めている社僧たちに対しては、自分勝手に領地を没収し、寺を壊して絶やしてしまいました。

六、天王の仕事を務めている社僧たちが、寺をつくろうとしても、つくらせず、むしろ壊しています。

七、津島の地代について、秀吉様が神主にお認めになったことを、天王島《てんのうじま》内の社家・社僧・百姓以下の屋敷の年貢徴収も認められているといってきて、みな迷惑しています。今回は百姓以下までにもおなさけをかけていただきましたのに、このような状況で迷惑しています。

八、天王のお社の火除けのために、昔から空き地にしてあった場所にも、今はわが下人に家をつくらせて住まわせています。天王(神社)が衰えたり、非常事態が起こっても、一切構わずに、ただ自分がよくなることだけをしています。

九、さまざまな祭りを絶やしてしまい、その祭りの道具以下をすべて神主が散逸させてしまいました。

一〇、神前にて社人たちがお勤めしていた仕事も、押領してしまい、居森殿遷宮も自分一人で行なってしまい、他のみなには知らせずに、その上社人たちをなきもののように扱い、遷宮をして、神様までも軽くみるような行ないをしています。

一一、昔から津島の内を日々勧進して、津島の年寄、または本願主から、その勧進物を預かって一社ずつでもお宮を修理していましたが、今は神主がとってしまい、わがままにしています。

一二、社人たちはみな、以前は各地や天王島のうちに野畠をもって務めておりました。今は神主一人がすべてとってしまい、みなのもとへは少しも与えず、みな飢えてしまっています。あまりに迷惑な状況をそのままお伝えします。

一三、神主が過分な知行をとっているにもかかわらず、宮ひとつもたてることなく、わがまま放題に過ごし、ありえない栄華を誇っています。

右、ご寄進いただいた社領のことについて、道理をはずれた神主一人に仰せつけられたために、今のような状況となりみな迷惑し、飢えてしまっております。かわいそうな社人たちにも、仰せつけくだされば、ありがたく存じます。今このようなめでたい御代を待っておりまして、おそれを顧みず神のみこころに任せ、申し上げております。これらの内容をご披露いただければありがたく存じます。

以上

天正十八年霜月　日

書かれた日付より、天正十八年十二月にこの文書が提出されたことがわかる。ちょうどこの年の七月に織田信雄が豊臣秀吉によって改易され、豊臣秀次が新たな領主となった。文書の最後にある、「めでたい御代を待っておりまして」というのは、領主が代わり秀次の治世になったことを示している。しかし、天正十八年末は、秀次の本格的な政治はまだ開始されておらず、秀吉の命令によって家臣たちが実務を行なっていた。この訴訟文の表現からも、秀吉に披露することを想定して提出されたものと考えられる。「津島天王社人」から、領主交代のタイミングで、豊臣家に宛てられた訴訟文である。

内容は一三ヵ条にわたって、神主の「道理に外れた行ない」を告発するものである。最初の二ヵ条は秀吉に対し不利な祈禱を行なったことを非難したもので、神主の印象を悪くする意図が感じられる。つづく条文では、社僧に対する領地没収、堂の建立の禁止などの弾圧的な行動（五・六）、津島社の共有財産の私物化（三・四・八・九・一一）、社人たちの土地・仕事への干渉（七・一〇・一二）について具体的に述べられている。一三ヵ条目はこの文書のまとめのような内容で、神主が「過分な知行をとっている」ために、社人たちが被っている「迷惑」について書かれた文章であることがわかる。神主の態度・行動を示した後、最後の数行で社人たちは「社領を神主一人に与えるのではなく、自分たちにも与えてほしい」とお願いをしている。ここが、この文章で社人たちが一番訴えたいことである。先述したとおり、領主の交代のタイミングで訴訟を起こしているので、新しい領主に現状を知らせ、社人たちの権利を認めてもらうことが目的であったと考えられる。

そもそも、津島社の社領はどのような状況であったのだろうか。社領については、天文二十二年（一五五三）に織田信長より、神主に宛てて「以前の通り」安堵された文書が初見である。その後、変化が起きたのは、織田信雄からの知行安堵である。天正十二年、天王島の知行を認めるという朱印状が、神主宛てにでている。社領の具体的な範囲が示されたのはこの時がはじめてで、それも神主に対し、一円の知行が認められたものになっている。つまり、この文書によって、天王島すべてを神主が「取ってしまった」という状況、「過分の知行」が認められたことになったのである。そして、訴訟が起きる三ヵ月前、天正十八年九月十日、豊臣秀吉の命令で岡崎城主の田中吉政が津島社領を安堵している。内容は、織田信雄の朱印状のとおり、神主に社領を安堵したものである。その年の十二月に、社人たちが訴訟を起こしているので、信雄の知行安堵による現状に我慢できなくなり、訴えを起こしたということがわかる。

この事件については、興味深いことに、社人たちの訴訟文に対する神主の反論、さらにそれに対する社人たちの反論と、三通の訴訟文が残されている。すべて、一三ヵ条にわたっており、それぞれの条文への反論という構成になっている。神主の反論をみてみると、織田信雄・豊臣秀吉によって認められている当然の権利を行使しているだけで、社人たちがいっていることのほうが不審だと主張している。その反論をうけ、再度社人たちがだした文書には、神主が当然の権利としていたことも、「道理から外れていること」とし、やはり神主だけに社領を任せるのではなく、社人たちにも認めてほしいとあり、両者の主張は真っ向から対立している。

対立の結末

この神主と社人たちの対立は、領主を巻き込む大事件へと発展する。天正十八年十一月二十二日、小出吉政《こいでよしまさ》より鶴松病気平癒祈願のため、豊臣秀吉より津島社に米一〇〇〇石が寄進される旨、「津島御社家中」宛てに伝えられた。このような秀吉による大きな寄進は、同年十月にあった豊臣秀長病気平癒祈願につづいて二回目のことであったが、今回は嫡男の病気平癒祈願であり、津島社にとっては特別に重要な寄進であった。しかし、その翌月に訴訟が開始し、この秀吉の寄進はスムーズには進まなくなった。

翌年天正十九年閏正月三日に、豊臣秀吉の名代として小出吉政が、津島社神主・社家（右馬大夫・三郎大夫）に、秀吉子息鶴松の病気平癒祈禱料として、米二〇〇石を受け取るように伝えている。同年同月十一日には、美濃国大垣城の加藤清左衛門《せいざえもん》方より、同じく津島神主・社家（右馬大夫・三郎大夫）に宛てて、米二〇〇石の受け渡し完了の証文がでている。しかし、津島社内でこの寄進米の配分について争いが起きたようで、受け取りが完了しなかった。

そこで、とうとう秀次家臣で津島の代官であった徳永寿昌が介入し、この騒動をおさめることとなった。天正十九年四月二十二日に徳永寿昌が秀吉宛てにだした文書には、その苦労が書かれている。「鶴松様より津島天王への二〇〇石の米のことは、神主・社人の対立が解決しないので、秀次様へご意見を求めましたら、ついこの間、秀吉様が熱田の事についてお決めになったさい、造営を命じられたので、津島でも造営にあてたらどうかとのことでしたので、そのようにしました」「均等に配分しなさいと指示しても、お互いの言うことがまとまらないので、造営費にあてました」とある。本来ならば、寄進米を渡すと、社内で配分を決め受け取るところを、それがままならないため、造営費にあてることとなった。四月三日には徳永寿昌が、「御修理之覚《ごしゆうりのおぼえ》」を作成し、二〇〇石をどのように配分し、津島社内の堂や社をどのように修理するかという案を提示している。この徳永寿昌作成の寄進米配分案のほかにも、津島社内で作成されたと思われる、寄進米配分目録が複数残っており、この時の津島社の混乱ぶりがうかがえる。結局、この秀吉からの寄進米で、楼門《ろうもん》が造営されることとなり、天正十九年十一月に完成した。

秀吉の寄進米の一件は解決したが、社内の組織の混乱は止まず、引きつづき徳永寿昌はこの対立をおさめるべく動いた。文禄元年（一五九二）には、秀次家臣田中次右衛門《たなかじうえもん》が、津島社の社領目録を神主宛てに与えた。津島社領の全貌を神主に把握させるためであろう。十二月十五日には、徳永寿昌が津島社の掟を定めた。この掟は米の配分書付からはじまっており、この配分どおり、毎年神主から社人たちへ渡すように、と決められている。その後につづく条文では、年頭の挨拶、五節句の挨拶、神主・社家・社僧の日常の勤務についてまで記され、非常にきめ細かな掟となっている。「社人は神主を寄親《よりおや》のように、神主は社人を寄子《よりこ》のように思い、お互いに思いやりをもって過ごすこと」が定められている。

この掟の内容から、神主をトップにすえ、二番手の社家に堀田右馬大夫家をおき、そのもとでその他の社家・社僧が勤務をするという構成の組織をつくろうとする、徳永寿昌の意図がみえる。当たり前の構成のように思えるが、これ以前の津島社関係文書をみていくと、そうではなかったようである。

神主・社家・社僧ともにおのおので寄進を受け取り、独自で領地を管理し経営していた。「代表」という概念がなかったため、「津島社への寄進」とあっても、その宛名は社家個人となっていた。このような状況下で、織田信雄による天王島一円の知行宛行が神主宛てにでたことで、矛盾が生じ、このような騒動に発展したと考えられる。徳永寿昌が作成した掟は、この矛盾を取り除こうとしたものといえる。

文禄元年十二月十五日、神主が社家・社僧の所領書上《しょりょうかきあげ》を作成し、「合力分《ごうりきぶん》」として土地を配分した。配分した土地の石高は、徳永寿昌の掟どおりになっており、実際に採用され、機能し始めたことがわかる。津島社には中世以来、遷宮の史料が断続的に残っている。それを分析すると、この神主と社家の対立以前は、遷宮に関わる社家が定まっていないが、対立以後はある程度固定化していく傾向にある。土地の配分のみならず、社人組織においても、掟以後の様相が定着し安定がもたらされたと考えられる。

津島社の場合、この神主と社家の対立をへて、社人組織は確立し、江戸時代につづく組織の原型が形づくられた。事の発端が織田信雄の知行宛行状であったということから、この対立は、大きく変化していく社会に古い社人組織では適応できなかった、その矛盾が表面化した出来事といえる。そして、内部のみで解決するのではなく、領主側が介入し、新しい社会に適応した組織を再編成することになったのである。

熱田社における対立

熱田社でも津島社と同じ時期に同様の対立による混乱があった。津島社の事例で紹介した、徳永寿昌の豊臣秀吉への手紙のなかに、「ついこの間、秀吉様が熱田の事についてお決めになったさい、造営を命じられたので」とある。ここから、熱田社で起こったことを前例にして、津島社の寄進米の使い道を決定したことがわかる。つまり、熱田社でも津島社での出来事と似た何らかの混乱があり、秀吉に意見を求め、造営をするように命じられたということが、推測できるのである。

実際に資料を紐解くと、天正十九年、豊臣秀次が熱田社に寄進した初穂料《はつほりょう》については、津島社同様受け取りがうまくいかなかったことが読み取れる。同年五月一日に、吉田勝親・田中吉政の家臣島元《しまもと》成《なり》と石崎秀清《いしざきひできよ》が、熱田社に宛てて初穂銭について、社僧らへの配分を伝える文書を出している。さらにその直後、五月七日には、同じ吉田勝親・島元成・石崎秀清の三人が熱田社の惣検校《そうけんぎょう》の馬場《ばば》仲近《なかちか》に、豊臣秀次の命令で神楽銭《かぐらせん》の出納を済ませた旨を伝えている。熱田社に寄進された金銭の出納について、領主側の人間がここまで手厚く指示をだしているのは、津島社の一件を思い出させることである。熱田社でも社人組織に混乱が生じており、寄進がスムーズに行なわれていないことが推測できる。

この熱田社での混乱は長くつづいたようで、慶長三年（一五九八）六月六日、豊臣秀吉の家臣大野《おおの》佐渡守《さどのかみ》が熱田社祝師《はふりし》の田島仲定《たじまなかさだ》に、大宮司千秋季信との対立のため遅延している天王社遷宮を命じている。確定はできないが、徳永寿昌の手紙にあった「熱田の事」の可能性がある。津島天王社は前述のとおり牛頭天王の神社であり、病気平癒に効験があるとされてきた。秀吉の家臣が天王社の遷宮を命じているということは、この天王社は秀吉からの鶴松病気平癒祈願の寄進である可能性が高い。もしそうであるならば、七年も経過しており、大遅延である。文書の内容は、熱田社祝師と大宮司の対立があり、天王社の遷宮が遅々として進まないという嘆かわしい現状を述べ、とにかく和談をして遷宮をしなさいと一通の文書のなかで二回にわたって命じているというものである。その直後、六月十九日には秀吉寄進の天王御崎御殿《てんのうみさきごてん》が建立されたという記録が残っている。詳細は不明であるが、大野佐渡守に急かされて、なんとかして遷宮を実行したのではないだろうか。

慶長三年七月八日には、清須城主福島正則が、豊臣秀頼の意向で、熱田社に米一〇〇〇石を寄進し、秀吉の病気平癒祈願を命じている。翌月の八月十八日には、大宮司千秋季信が、秀吉の病気平癒祈願の寄進米の配分を決めている。直前まで対立していた祝師の配分も大宮司が定めている。この配分案以降、関係する文書や記録もないため、おそらく順調に配分されて落着したと考えられる。この時には熱田社人の対立騒動は収束したようである。

それから二年後の慶長五年、大宮司の千秋季信が、熱田社領の田方・畠方の年貢納帳《おさめちょう》を作成している。でてくる地名をみると、熱田町内の田畠の年貢納帳である。注目すべきは「大宮司領」ではなく、「熱田御神領」となっているところである。第一節で確認した熱田社領の変遷では、江戸時代初頭までは大宮司領とその他の社家領・神領地（熱田町）とに分かれている。神領地はいわば公用地という扱いと思われる。そこにかかる年貢を大宮司家が管理しているということは、代表的な立場が大宮司家になったことを示している。前述した秀吉からの寄進米配分目録とあわせて考えると、大宮司家がトップに、その下に惣検校家・祝師家とつづく構成で定着したと推測できる。

津島社のように、詳細がすべてわかるわけではないが、同様の動きが熱田社でも確認できた。いずれも社内のみでの解決は不可能で、領主側の人間が介入することで解決にいたっている。熱田社も江戸時代に入ってからもこの組織構成の基本は変わらずにつづいていった。

熱田社・津島社の江戸時代の組織構成の基礎が、同時期に同様の過程で確立していく様相をみてきた。尾張国において、はじめて検地を行ない、領地を整理した上で、宛行状を出した、織田信雄の影響の大きさがわかる。近世社会に向けて神社の体制がどのように変化していったのかが、具体的に判明する興味深い事例である。

尾張国の熱田社・津島社の二社に着目し、当該期の変化についてみてきた。領主にとっても神社の信仰や権威は支配するさいに役立ち、神社にとっても領主との関係は保護や支援につながった。お互いに利益のある関係であったということがわかる。織豊期の神社はこのような領主との関係のなかで、影響をうけながら、変容し、江戸時代の基礎ともいえる体制を整えていったのである。

〔参考文献〕

加藤益幹「織田信雄の尾張・伊勢支配」有光友學編『戦国期権力と地域社会』吉川弘文館、一九五二年
同　「万徳寺領の変遷」『新修稲沢市史 本文編 上』新修稲沢市史編纂会事務局、一九八九年
上村喜久子『尾張の荘園・国衙領と熱田社』岩田書院、二〇一二年

木元英策「尾張における「織田検地」「太閤検地」と在地社会―天正十年代を中心として―」『鷹陵史学』三八、二〇一二年
小島広次「勝幡系織田氏と津島衆―織田政権の特質をさぐるために―」名古屋大学文学部国史学研究室編『名古屋大学日本史論集下』吉川弘文館、一九七五年
同「豊臣政権の尾張支配」三鬼清一郎編『戦国大名論集十八 豊臣政権の研究』吉川弘文館、一九八四年
下村信博『戦国・織豊期の徳政』吉川弘文館、一九九六年
同「勝幡系織田氏と尾張武士―海東郡松葉庄安井将監家三代―」『年報中世史研究』二八、二〇〇三年
鳥居和之「織田信長の尾張支配」『名古屋市博物館紀要』一九、一九九五年
同「尾張国海東・海西郡と勝幡系織田氏」『名古屋市博物館研究紀要』二八、二〇〇四年
三鬼清一郎『織豊期の国家と秩序』青史出版、二〇一二年
同『豊臣政権の法と朝鮮出兵』青史出版、二〇一二年
『愛知県史 通史編3 中世2・織豊』愛知県史編さん委員会、二〇一八年
『名古屋市史 社寺編』愛知県郷土資料刊行会、一九八〇年
『新修名古屋市史 本文編 第2巻』新修名古屋市史編集委員会、一九九八年
『津島市史 5』津島市史編さん委員会、一九七五年
『津島町史』愛知県海部郡津島町、一九七三年

コラム2

東海以西の富士山信仰と参詣曼荼羅

大高　康正

　中世富士山へと信仰登山を行なうさい、駿河国側には表口《おもてぐち》・須山口《すやまぐち》・須走口《すばしりぐち》、甲斐国側には吉田口《よしだぐち》の各登山道があった。また各登山道沿いには大宮《おおみや》・村山《むらやま》・須山・須走・吉田・河口《かわぐち》といった拠点となる集落が形成されていった。このなかで表口は駿河国一宮《いちのみや》の富士山本宮浅間大社《ほんぐうせんげんたいしゃ》が鎮座し大宮という町場を形成した。さらに東北八キロほど進んだ先にある村山は、富士山興法寺《こうぼうじ》と号す修験者《しゅげんじゃ》の拠点となっていた。この修験勢力は村山修験と呼ばれているが、信仰登山に訪れた道者《どうしゃ》（導者）と呼ばれた参詣者に対する宿坊《しゅくぼう》を経営し、山頂までの登山道を管轄していた。さらには彼ら修験勢力の活動拠点（旦那場《だんなば》）は中世後期の十六世紀には三河国や尾張国まで、少なくとも十七世紀前後には伊勢国・志摩国まで広がっている。近世にはさらには近江国・伊賀国・大和国・近江国・山城国や摂河泉《せっかせん》の国々など近畿地方へも広がっており、実際には史料で確認できる時期よりもさらに前にさかのぼると考えた方がよいのかも知れない。

　ただし、文献資料以外にも信仰の広がりやその世界観を探ることのできる絵画資料が存在している。学術的に参詣曼荼羅《さんけいまんだら》と呼ぶ一群の作品で、全国各地の聖地・霊山を対象にその境内を俯瞰

図　富士参詣曼荼羅 松栄寺所蔵本
（松栄寺所蔵，富士山かぐや姫ミュージアム寄託）

的な構図で描き、目的地への参詣路を配して、この経路を行き交う人々の姿を多数描いた宗教的な案内絵図である。この参詣曼荼羅には、富士山を対象として描く富士参詣曼荼羅もいくつか残されており、十六世紀の中世後期にまでさかのぼる古い作品も伝来している。また富士参詣曼荼羅の各作品は、すべて表口からの景観を描いた構図をとっている。この理由は、参詣曼荼羅というジャンルの宗教画そのものの諸国への展開が影響しているものと考えられる。十六〜十七世紀にかけて作成されるようになる参詣曼荼羅は、都を中心とした近畿地方から諸国に広まっていったことが考えられている。

その一方で、東海以西の富士山信仰の広がりは、駿河国に主要街道である東海道が東西を横断していること、また太平洋海運に直結する駿河湾を抱えていることが大きく影響している。東海以西から信仰登山で現地へ訪れた道者の多くは、東海道の表玄関となり利便性の高い登山道の表口から山頂を目指したものと思われる。こうした背景をもとに、近畿地方で流行していた参詣曼茶羅を取り入れ、道者の勧誘や勧進《かんじん》活動に富士参詣曼茶羅を制作し、活用することになったのではないだろうか。つまり、そこから考えられる富士参詣曼茶羅の制作主体は、現地の表口では拠点で宿坊を経営し、かつ登山道そのものを管轄し、なおかつ遠隔地の道者が居住していた東海以西に旦那場を抱えていた富士山興法寺の修験勢力が最も有力視される存在といえる。興法寺の大《だい》鏡坊《きょうぼう》が旦那場とした尾張国に含まれる愛知県常滑市大野《おおの》町の天満山《てんまさん》松栄寺《しょうえいじ》からは、制作時期が中世後期の十六世紀にさかのぼる可能性のある富士参詣曼茶羅が伝来している（図参照）。

松栄寺の富士参詣曼茶羅は、飛天《ひてん》二体をのぞいて全体で七五人の人物図像が描かれているが、そのうち白装束に身を包んだ道者を四十五人配置して、道者が富士山へと多数訪れている様子を表現している。また、この道者を導くように、頭襟《ときん》を額につけた修験者が各所に配置されており、彼らが道者の先達《せんだつ》として活動している姿を意識的に描いている。

松栄寺は歴史的にも近世初期の十七世紀末ごろには富士先達所として富士山へ訪れる道者の先達をつとめていたことが確認でき（『愛知県史　資料編17』）、表口から信仰登山を行ない興法寺の大鏡坊を宿所としている。また、この地域で富士講《ふじこう》を組織し、富士山・立山《たてやま》・白山《はくさん》を廻る三禅《さんぜん》定《じょう》をも組織している。この富士参詣曼茶羅が伝来することにより、こうした役割が中世後期にまでさかのぼる可能性が想定できよう。

〔参考文献〕

阿部美香ほか「菟足神社所蔵　富士山・熱田信仰史資料調査報告」『学苑』九四九、二〇一九年
大高康正『参詣曼荼羅の研究』岩田書院、二〇一二年
同　『富士山信仰と修験道』岩田書院、二〇一三年
同　「富士参詣曼荼羅にみる富士登拝と参詣路」『国史学』二二一、二〇一七年
同　「新しい富士講像の構築に向けて」『環境考古学と富士山』一、二〇一七年
同　「いったい何が「参詣曼荼羅」なのか―学術用語の概念規定への試み―」『環境考古学と富士山』三、二〇一九年
同　「富士参詣曼荼羅にみる富士山表口の信仰空間―静岡県側の富士山信仰の特質―」『静岡県民俗学会誌』三三、二〇二〇年
大高康正編『古地図で楽しむ富士山』風媒社、二〇二〇年
静岡県富士山世界遺産センター編『富士山巡礼路調査報告書　大宮・村山口登山道』二〇二一年
静岡県富士山世界遺産センター・富士宮市教育委員会編『富士山表口の歴史と信仰―浅間大社と興法寺―』二〇二一年
山梨県立富士山世界遺産センター編『世界遺産　富士山　第五集』二〇二一年
『愛知県史　資料編17　近世3　尾東・知多』愛知県史編さん委員会、二〇一〇年

コラム3

神宮御師

小林　郁

小林　郁

「神宮御師《じんぐうおんし》」といえば、全国各地に檀所《だんしょ》を持ち、公家・武家・一般民衆を問わず人々と師檀《しだん》関係を結び、檀家《だんか》に対する御祓大麻《おはらいたいま》の頒布・祈願祈禱の執行・参宮時の宿泊や世話など、日本全土で爆発的な流行をみせた伊勢信仰・参宮を支えた存在という認識が大きい。しかしこの認識は、神宮御師の最盛期である近世のものであり、いわゆる中世、とくに戦国期の神宮御師については、近世期以降の彼らとは異なる性格を有していた。

「御師」とは本来、特定の社寺に所属して師檀の関係にある信仰者の願意を取り次ぎ、祈禱や参詣時の宿泊・案内などの世話をした者のことである。語源は「御祈禱師《おんきとうし》」や「御詔刀師《おんのつとし》」を略したものとされ、平安時代中期ごろから全国の代表的な古社寺を中心にみられ始めた。東海地方においては、院政期以降における参詣地として名高い熊野《くまの》三山をはじめ、現在の愛知県に鎮座する熱田《あつた》神宮や津島《つしま》神社などでも確認されているが、伊勢神宮を拠点とした神宮御師は、このような諸社の御師のなかでも代表的な存在であった。

神宮御師の萌芽は鎌倉期にみることができ、室町・戦国期にかけて飛躍的な発展を遂げ、近世中期ごろには大小約八〇〇軒にもおよぶ御師家が内宮《ないくう》・外宮《げくう》の鳥居前町（宇治《うじ》・山田《ようだ》）に軒を並べていた。神宮御師が近世のそれと変わらない活動をみせ始めるのは、おおよそ十五世紀中ごろのことであるとされ、室町将軍足利義持《あしかがよしもち》の伊勢参宮記録『義持公参宮記《さんぐうき》』に「山田《ようだ》御炊大夫《みかしぎだゆう》」の接待の記述がみられる。彼らは主に、荒木田《あらきだ》・度会《わたらい》といった神宮祠官《じんぐうしかん》の一族である「神主家御師」と、神主家の出自を持たない「異姓家御師」に大別され、前者は神宮の祠職を本務としつつ御師業を営み、後者は一定の家格以上を有する家であれば、宇治・山田の各自治組織構成員や神宮頭工《とうく》職などの職掌を兼務する者も存在した。実際、室町・戦国期ごろから存続する異姓家御師のなかには、「大塗《おおぬ》師《し》屋」（大主氏）や「白米《はくまい》屋」（白米氏）といった中世来の屋号を姓とする家が多く、御師業とは別に、商人的・職人的な活動がみられたことが明らかとなっている。

　このような傾向は、一部の神主家御師のなかでも確認されている。例えば、「榎倉《えのきぐら》」を称した荒木田姓御師の村山《むらやま》氏や、「南倉《みなみぐら》」を称した度会姓御師の足代《あじろ》氏などは、神宮祠官や御師業の傍ら金融業を営んでいたことで知られる。もちろん、両氏のほかにも、比較的規模の大きい御師家であれば、出自の是非に関わらず金融業を行なう者は少なくなかった。そして彼らは、その高い経済力と流通網を背景に軍事力をも有し、〝神宮と信仰者を取り持つ伊勢信仰の仲介者〟という神宮御師本来の役割に加え、伊勢の地における土豪的な存在（高利貸し的土豪層）として成立するにいたったのである。

　当然ながら、このような性格を有する神宮御師を戦国大名たちが放っておくはずがない。現存する戦国期の神宮御師関連史料を紐解いてみると、神宮御師と師檀関係にあった戦国大名は全国規模におよんでいるといっても過言ではなく、なかには外宮御師村山氏と安芸毛利《もうり》氏の関係のように、大名家とその家臣団が丸ごと一つの神宮御師の檀家となっている例もいくつか存在する。もちろん、そこには武家側の信仰心が前提となっているが、なかには師檀のつながりから発展し、神宮御師を家臣とする大名も現れた。

とくに顕著な例は、南伊勢半国を領有していた北畠《きたばたけ》氏である。北畠氏は、寛正六年（一四六五）の「米屋《こめや》」を張本とする山田方による田丸《たまる》城攻撃をはじめ、いく度か山田方と交戦をしているが、その一方で、神主家の堤《つつみ》氏（荒木田姓）や福嶋《ふくしま》氏（度会姓）、異姓家の来田《きた》氏といった複数の神宮御師と被官関係にあったことが確認されている。また、外宮の神主家御師であった上部貞永《うわべさだなが》が織豊政権による約一二〇年ぶりの正遷宮《しょうせんぐう》復興事業において、神宮・武家間の橋渡し役として活躍したのも、織田《おだ》氏と豊臣《とよとみ》氏の家臣であったことによる。

このほかにも、越後上杉《うえすぎ》氏を檀家としていた蔵田《くらた》氏や、甲斐武田《たけだ》氏の御師であった幸福《こうふく》氏のように一族の人間を家臣として大名側へ送り込んでいる例もあり、島津《しまづ》氏と師檀関係にあった山田《ようだ》大路《おおじ》氏にいたっては、御炊大夫家の元真《もとざね》が島津義久《よしひさ》に属し武功をあげていることが知られている。なお、元真はその後、兄元昌《もとまさ》の死去にさいし伊勢に戻って山田大路家の家督を継いでいるが、蔵田氏や幸福氏の例からも明らかなように、遠方の大名たちへの被官化は御師本人でなくその親類中が担っていた傾向にあり、この点が先の北畠氏や織豊政権の例と大きく異なる要素である。そして大名たちは有事のさい、しばしば御師側に対して物資的な支援をも求めた。例えば、亀田氏《かめだ》は檀家である今川氏真《いまがわうじざね》に対して矢五〇〇本を送付しており、小早川隆景《こばやかわたかかげ》は天正十八年（一五九〇）の小田原《おだわら》合戦のさい、御師である村山氏に数千石の兵糧米調達を依頼している。

このように、戦国大名は御師の持つ経済力・流通網にさまざまな面で期待し、利用していたのである。戦国大名との単なる御祈禱師としての範疇を超えた関係性、それもまた当該期における神宮御師の特徴といえよう。

〔参考文献〕

飯田良一「中世後期の宇治六郷と山田三方」『三重県史研究』七、一九九一年

大西源一『大神宮史要』平凡社、一九六〇年

岡野友彦『中世伊勢神宮の信仰と社会』皇學館大学出版部、二〇二一年

勝山清次『中世伊勢神宮成立史の研究』塙書房、二〇〇九年

久田松和則『伊勢御師と旦那―伊勢信仰の開拓者たち―』弘文堂、二〇〇四年

小林　郁「伊勢御師と戦国大名の関係について」『神道史研究』六四―一、二〇一六年

同　「織豊政権と伊勢神宮―上部貞永との関係を中心に―」『神道史研究』六五―二、二〇一七年

同　「中世後期における伊勢御師の様相―道者売券を中心に―」『〝出入り〟の地域史―求心・醸成・発信からみる三重―』雄山閣、二〇二三年

新城常三『新稿　社寺参詣の社会経済史的研究』塙書房、一九八二年

西山　克『道者と地下人―中世末期の伊勢―』吉川弘文館、一九八七年
　同　『京都大学文学部博物館の古文書　第七輯　伊勢御師と来田文書』思文閣出版、一九九〇年
萩原達夫『中世祭祀組織の研究　増補版』吉川弘文館、一九七五年
平泉隆房『中世伊勢神宮史の研究』吉川弘文館、二〇〇六年
『伊勢市史　第二巻中世編』伊勢市、二〇一一年

八　東海の城とその展開

加藤理文

1　徳川家康による三河・遠江諸城の改修

織豊期における東海の城は、統一政権成立の過程で大きく発展・変化していった。

統一政権と近世城郭

天正十二年（一五八四）三～十一月にかけて、後に小牧・長久手の戦いと呼ばれる羽柴秀吉と織田信雄・徳川家康連合軍の戦いが勃発する。戦いは、講和により終結し、戦後に尾張・駿河にはじめて、石垣・瓦葺《かわらぶき》建物・天守を持つ近世城郭が出現したが、限定的な物で、東海地方全域における変化ではなかった。

天正十八年、小田原北条氏を滅亡に追い込むと、秀吉は、徳川家康を関東へ移封し、織田信雄の領地を没収する。これにより、尾張・三河・遠江・駿河の東海地域に、秀吉配下の豊臣大名が入封した。秀吉は、家康領と接する拠点に、石垣・瓦葺建物・天守を持つ近世城郭を築かせ、それまで土の城であった東海地方に、地域支配の拠点となる近世城郭が出現することになった。

『家忠日記』にみられる三河諸城の改修

天正十二年十一月十二日、秀吉と信雄との講和が成立、戦う名目を失った家康は、二十一日に浜松城へと戻ることになる。秀吉は、すぐさま家康との講和を求め、十二月十二日に家康の第二子於義丸（後の羽柴〈結城〉秀康）を養子として秀吉が迎えるかたちとして、小牧・長久手の戦いは一応の終結をみた。

明けて天正十三年二月、『家忠日記』に「惣国人足にて吉良《きら》之城つき上候」と、家康が「吉良之城」（西尾《にしお》城か）を修築したことがみえ、同十一月「岡崎普請ニ候、各国衆より普請はやく仕候由にて、平松金次郎（重之）御使給候」、同月「岡崎へ普請ニこし候」と、岡崎城での普請があった。この後、『家忠日記』には、「当辺普請」（東部城）、「長沢普請」（岩略寺城）とつづく。家康は、矢継ぎ早に三河諸城の普請に取り掛かっている。『家忠日記』にみられるこれらの記載から、小牧・長久手の戦いが終結した直後から、岡崎城を中心に、西尾城・東部《とうべ》城・岩略寺《がんりやくじ》城の普請が開始されたことがわかる。注目されるのは、すでに駿府への居城移転が計画されているにもかかわらず、浜松城の普請までが行なわれたことである。

『家忠日記』にみられる浜松・岡崎・西尾・東部・岩略寺の五城の改修は、天野家定《いえさだ》・権田泰長《やすなが》・安藤家次《いえつぐ》・松平家忠を中心に本多・鵜殿・酒井各氏が加わっており、徳川家あげての改修であったことが判明しよう。岡崎を中心に、東海道および三河湾を押さえる諸城の大改修は、小牧・長久手の戦いが終結するとほぼ時を同じくして開始される。したがって、これら諸城の改修は対豊臣を想定した築城であったとするのが妥当である。そのために、浜松・岡崎というかつての家康の居城までも増強

図8-1　古宮城西曲輪（馬出）を囲む横堀

が図られたのではないだろうか。この時期、家康は羽柴秀吉による東進があることを予想し、その対策を講じていたのである。

遺構からみた三河諸城の改修

文献には残らないものの、明らかに小牧・長久手の戦い前後に築かれた、もしくは改修をうけたと推定される城が三河・遠江・駿河三国にみられる。

改修が推定される三河の城をみておきたい。大給《おぎゅう》城（愛知県豊田市）、松平城山《じょうやま》城（豊田市）、ついで大給城から新城へつづく街道上に位置する日近《ひちか》城（愛知県岡崎市）。さらに、作手盆地のほぼ中央部の比高約三〇メートル（標高約五八〇メートル）の小丘陵に築かれた古宮《ふるみや》城（愛知県新城市）、古宮城の南側に位置する亀山《かめやま》城（新城市）、古宮城から信州街道へ抜ける分岐点近くに位置する野田城（新城市）、長篠合戦で著名な長篠城（新城市）にも、天正四年以前の造作とは思えない遺構が残る。岡崎城と岩略寺城のほぼ中間点に位置する山中《やまなか》城（岡崎市）は、東海道の難所で、豊臣軍を挟撃する目的で改修されたと考えられる。三河と遠江の国境「本坂峠」につづく本坂道を押さえる城が月ヶ谷《わちがや》城（愛知県豊橋市）で、天正四年以降、徳川氏によって改修をうけた遺構が認められる。

以上、三河国内における天正期の改修が推定される城は、岡崎以東に九城を数え、いずれも交通の要衝もしくは主要街道を押さえる場所に位置している。城の構造からみても、軍事的色彩が強く、東進してくる豊臣軍を迎撃しようという目的が垣間みえる。

図 8-2　鶴ヶ城本曲輪を囲む横堀

遺構からみた遠江・駿河諸城の改修

三河同様、遠江についても、豊臣東進に備えて防御を固めた城が多数存在するが、ここでは駿府以西に限って改修が確実な城をみておきたい。

三岳城（静岡県浜松市）は、三遠国境に位置する交通の要衝である山頂本曲輪《ほんくるわ》の西下に配された土塁（一部石積）を持つ二重の横堀が、天正四年以降の改修と考えられる。吉田から本坂峠を越えて引佐へと入る峠越えを押さえるとともに、浜名湖北岸周辺の水運を制する宇津山城（静岡県湖西市）も、小牧・長久手後に浜名湖水運と峠越えを守備する目的で整備改修が推定される。

二俣から国府見付へ向う街道および天竜《てんりゅう》川の渡河地点を見下ろす社山《やしろやま》城（静岡県磐田市）、同じく、二俣から山間部の間

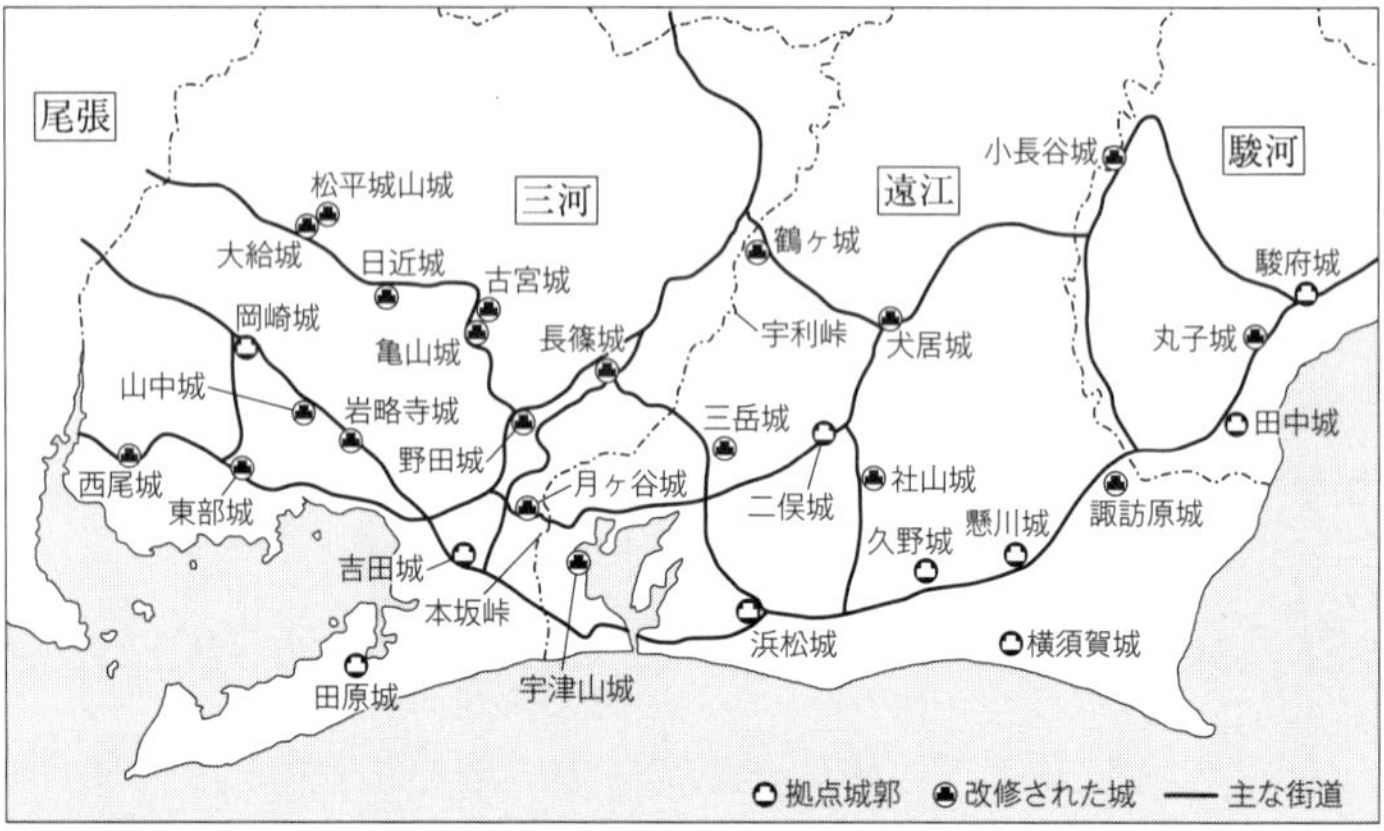

図8-3　対豊臣軍に備えた駿府防備の城郭群

道を経由して大井川上流へ抜ける街道を見下ろす犬居城（浜松市）、三河との国境近く、別所《べっしょ》街道（信州往還）を見下ろす標高約三二〇メートルの山頂に築かれた鶴ヶ《つるが》城（浜松市）の三城に共通する、横堀や馬出《うまだし》による防御は、天正四年以降の徳川氏による改修によって完成したと考えられる。

大井川の渡河地点を押さえる諏訪原城（静岡県島田市）の外堀前面に丸馬出を持つ方形区画が存在する。明らかに後付けが確実なこの遺構は、小牧・長久手の戦い後の増強の可能性が高い。

大井川の上流、遠江山間部から駿河へとつづく間道の北側に位置する小長谷《こながや》城（静岡県川根本町）の重ね馬出も、小牧・長久手の戦い前後の徳川氏による改修を推定したい。

駿府の街へと入る西側の宇津谷《うつのや》峠を越えた場所に築かれた丸子城（静岡市）は、静岡県内屈指の戦闘的な構造を持つ山城で、天正十三年の家康駿府築城にあわせ、西側峠越えを押さえる目的の大改修をうけた姿と推定される。

以上、遠江・駿河国内における天正期の改修が推定される城は、駿府以西に八城を数える。このほか、遠江山間部と平野部の結節点であり、浜名湖北岸を経由して三河・国府見付・懸川（掛川）方面を結ぶ水陸交通の要衝二俣の地に築かれた二俣城（浜松市）と、志太《しだ》平野の拠点となった田中城（静岡県藤枝市）も、小牧・長久手の戦い後の改修が推定される。いずれも交通の要衝もしくは主要街道を押さえる場所に位置している。城の構造からみても、三河に築かれた城と同様に軍事的色彩が強く、明らかに戦闘に備えた目的が看取される。

2　秀吉の家康討伐計画と家康の駿府城移転

秀吉による天正十三年体制と家康討伐の準備

小牧・長久手の戦いの講和から半年後、家康は、新たな居城として駿府の地（静岡市）を選択、築城に着手した。この家康の動きは、万が一秀吉軍が襲来した場合の備えを固める目的が推定される。

一方秀吉は、さらなる家康との対戦を考慮し、大坂城を中心とした畿内守備のために、近江の地を固めている。豊臣秀次を近江八幡城に配し、佐和山城・長浜城・大津城・水口岡山《みなくちおかやま》城の改修を実施し、子飼いの武将を配置した。さらに、大和に弟秀長を入れ、支城網を構築させてもいる。東に対する備えを万全にした秀吉は、総力をあげて家康討伐の準備を開始することになる。

徳川家中で、秀吉との折衝の任にあたっていた三河以来の譜代で岡崎城代の石川数正は、こうした状況に危機感を募らせ、天正十三年（一五八六）十一月十三日、秀吉のもとへと出奔してしまう。これにより、徳川軍の戦略や城の構えまでもが筒抜けになってしまった。前述のように、家康は直ちに岡崎城の修築を命じるとともに、領国内の諸城の改修も実施している。数正出奔の五日後の十八日、秀吉は徳川攻めの前線予定基地の大垣城に兵糧蔵の建造を命じ、五〇〇〇俵の兵糧米の搬入と船着き場や堀の新設までも指示した。翌十九日には、上田の真田昌幸宛の書状で、明けて正月十五日出陣を公にしている。

天正地震の発生

出陣準備とあわせ、十一月二十八日、秀吉は織田長益・滝川雄利《かつとし》らを使者として派遣、家康に上洛を促してもいる。秀吉は、和戦両面から家康に迫っていた。ところが、ここから思いがけない展開となる。翌十一月二十九日、天正地震が発生し、美濃・尾張は壊滅的な状況となり、近畿地方をはじめ北陸地方や東海地方の一部でも大きな被害を被った。この天正地震については、十一月二十七日にも地震の記録があり、二十七日に越中・飛騨（富山・岐阜）を震源とするM六・六〜七・〇の地震、二十九日に美濃・尾張・伊勢（岐阜・愛知・三重）を震源とするM七・八〜八・〇の地震が別々に発生とする説と、二十九日にM八・二の巨大地震が単一で発生との説がある。

この時、秀吉は坂本城にいたが、一切を放棄し、馬を乗り継ぎ、飛ぶようにして大坂城へと避難している。この地震によって、大垣城は全壊し、兵糧米を含め全焼した。また、徳川追討軍の先鋒が予定されていた山内一豊の長浜城も倒壊し、長女をはじめ圧死者が多数出ただけでなく、城下は火の海と化した。織田信雄の居城である伊勢長島城も天守以下が焼け落ちたと伝わる。家康討伐の前線基地を予定していた近江・伊勢・美濃・尾張に被害が集中し、家康の領地である三河以東に大きな被害はなかった。秀吉は、この地震により二ヵ月後に迫っていた家康総攻撃の予定を撤回せざるを得なくなったのである。

家康の駿府移転

こうした動きのなかでの、駿府築城移転は、豊臣領国からより奥まった位置への移動による安全確保と、有事に備えた北条氏との連携強化にほかならない。すでに家康の娘が北条氏直に嫁いだことで、北条氏との間の同盟関係は成立していた。また、天正地震の前日には、北条氏の重臣二〇人の誓書が家康のもとに届けられており、北条氏をあげて家康に協力する姿勢を示してもいた。

各種記録によれば、駿府築城の開始は、天正十三年七月のことで、閏八月二十三日には「御屋敷普請出来候」とあることから、三ヵ月ほどで宿泊可能な屋敷地を建てたということであろう。家康の正式移住は翌十四年十二月四日のことになる。『家忠日記』によれば、駿府築城を進めながら、浜松・岡崎・西尾・東部・岩略寺の五城の改修も同時に進めていたことが判明する。家康は、これらの城で豊臣軍の進撃速度を遅らせるとともに、損害を与えることで、有利な状況をつくりだそうとしたのである。豊臣軍が、駿河に到着した時点で、徳川・北条連合軍が待ちうけるというのが、家康の描いた作戦だったのである。

それでは、家康が最終的に豊臣軍と対峙しようとした駿府城についてみておきたい。天正十五〜十七年までの、具体的な進捗工事の状況がわかる資料も残されている。

『家忠日記』にみる駿府築城の経過

『家忠日記』によれば、天正十五年二月五日「御かまへ二のくるわ堀普請候」、同月十三日「城普請出来候、石とり候」、同年三月三日「石かけの根石をき候」、この記述から半年後の九月十七日「来朔日より駿河御城普請候由、酒左衛門督《（酒井忠次）》より申来候」と、突然駿府普請の記述がでてくる。以後、同年十月七日「こまのたん石かけ候」、同月十二日「本城堀普請候」、同年十一月三日「牧永より御城才木《（材木）》とゝけ候、こまのたんの石かけ出来候」、同月五日「二のくるハの石かけ候」、が天正十五年の普請記載である。

翌天正十六年一月五日「駿河酒左衛門督所より来十五日巳前に駿府御普請越候へ之由申来候」、同年二月二日「雪雨降、石とり候」、同年五月十二日「てんしゆのてつたい普請あたり候、家康様より普請ニせいを入とて御使給候」、同年六月三日「雨降、駿川へ普請衆五人つかハし候」、これ以後、この年は駿府普請の記載はみられない。

翌天正十七年一月二十八日「駿府普請ニあらい迄こし候」、同年二月二日「石かけ普請まいり候」、同月十一日「小伝主てつたい普請当候」、同月十九日「石くら根石すへ候」、同年四月二十九日「晩ニ駿川普請奉行衆より、御本城石つミ崩候間早々こし候へ之由申来候」、同年五月十日「するか普請ニ人数計こし候」、同月二十五日「普請出来、普請衆かへり候」、これが『家忠日記』にみる、駿府城普請の全記載である。

これらの記載から、家康の駿府城は本丸・二の丸があり、堀で囲まれていたこと、部分的な石垣の採用の可能性が推定される。天正十五年二月、築城開始から一年半で「城普請出来候」とあり、『当代記』にも完成したとあることから、当初計画の城はこの年完成したとみるのが妥当であろう。ところが、天正十五年九月十七日に「来朔日より駿河御城御普請候由、酒左衛門督より申来候」とあり、完成したとの記録の後にもかかわらず、この後石材を用いた大規模な工事がスタートしている。さらにこの後、「てんしゅ」「小伝主」普請とあり、新たな城造りが開始されたのである。天正十五年を境にした、この変化は何を意味するのであろうか。

天正地震後の豊臣秀吉と徳川家康

天正地震により、家康攻撃を断念した秀吉は、早急に家康との同盟関係を盤石にしようと乗り出した。秀吉は、妹の朝日（旭）姫を佐治日向守（副田《そえだ》甚兵衛《じんべえ》とも）から強制的に離婚させ、半ば強制的に家康の正室に送り込み、天正十四年五月十四日、浜松城で婚儀が執り行なわれた。強固な縁戚関係を持ったにもかかわらず、家康は秀吉の上洛命令に従うことはなかった。そこで、秀吉は生母大政所を岡崎へ送ることを決断する。表向きは、朝日姫の見舞いであった。さすがの家康も、生母を人質に送られたことで、上洛を決断。十月二十七日、家康は大坂城で秀吉と謁見、ここに家康と秀吉の正式な講和が成立し、家康は諸大名の前で秀吉に臣従することを表明したのである。翌月五日、家康は正三位に叙され、あわせて多くの家康家臣も叙任された。同月十一日には三河国に帰還し、翌十二日には大政所を秀吉の元へ送り返すのである。そして、十二月四日、本城を一七年間過ごした浜松城から駿府城へ正式に移したことが『家忠日記』や『落穂集《おちぼしゅう》』に記されている。

天正十五年八月、家康はふたたび上洛し、秀吉の推挙により朝廷から従二位・権大納言に叙任され、その所領から駿河大納言と呼ばれることになる。このさい、秀吉から羽柴の名字を下賜され、羽柴大納言家康となった。この時、秀吉の弟秀長も従二位・権大納言に叙任されており、家康は秀長と共に豊臣政権ナンバー二の地位を得たことになる。

奇しくも、『家忠日記』の天正十五年九月十七日に「来朔日より駿河御城御普請候由、酒左衛門督より申来候」とあり、大納言叙任、羽柴名字下賜の翌月から、駿府城の石垣・天守築造工事が開始されている。この時点で、すでに駿府城は一応完成していることは、『家忠日記』などの記載により明らかである。従って、十月一日より開始される駿府城普請は、新たな築城工事と理解されよう。豊臣政権のナンバー二の地位を得、羽柴大納言家康になったことにより、駿府城もまた豊臣政権ナンバー二の城として、政権が全面的に関与して豊臣政権の東端の拠点とするために改修工事を実施するということであろう。

駿府城の発掘調査

平成二十八年(二〇一六)七月、静岡市では、駿府城跡地の整備方針を決定するため、発掘調査を開始した。現地での発掘調査は、令和二年(二〇二〇)三月まで行なわれた。駿府城は、慶長十年(一六〇五)将軍職を辞した家康が、隠居城とするため、同十二年に築城を開始した。城は天下普請によって大改修され、完成が近づいた同年暮れに、城内から

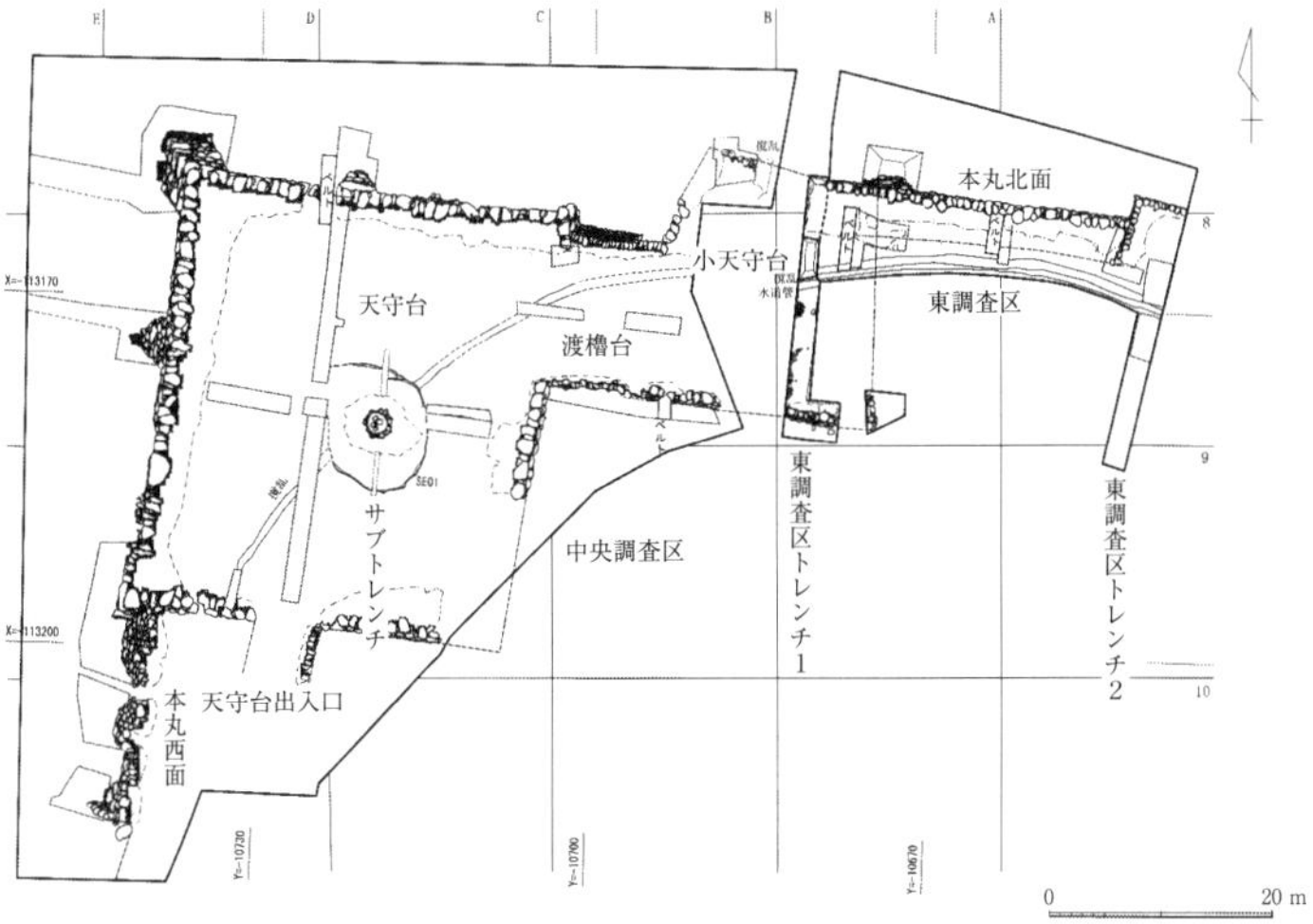

図 8-4　天正期駿府城遺構全体図（『駿府城本丸・天守台跡 駿府城公園再整備に伴う発掘調査報告書』2022 年）

の失火により、本丸御殿を含め大部分を焼失してしまう。だが、その後直ちに再建工事が開始され、同十五年完成した。今回の発掘調査によって、この時家康が築いた天守台の地下から、前時代の天守台が検出された。検出された天守台は、南北約三七×東西約三三メートル、東に約二〇×一一メートルの渡櫓《わたりやぐら》状の石垣を挟んで台形の小天守台状（南面約二〇メートル、北面約一六メートル、南北方向約二〇メートル）の石垣が付設する姿であった。可能性としては、天正十八年に入封した中村一氏、同十五年から再工事を開始した徳川家康のどちらかでしかない。

天守台の石垣は、各面とも横幅一メートル前後の石材が主体で、西・北面では、より小さな石材が多く、石材間の隙間が大きい。また、北・西面では横幅三メートル前後になる巨石も確認されている。法面の角度は、五九〜六五度と緩やかな勾配である。石垣の背面は裏込石《うらごめいし》が充塡され、さらに内側は整地土となっていた。なお、天守台・渡櫓台・小天守台の三つが、同一の時期につくられた構造であることが判明している。

駿府城の発掘調査報告書では、この石垣を『家忠日記』の記載と出土遺物から、天正十五〜十七年のものとしている。『家忠日記』の記載によれば、石垣をともなう新規駿府城の普請は、天正十五年十月一日から開始されている。工事終了は、天正十七年五月二十五日の「普請完成、普請衆解散」である。『家忠日記』の記載にあわせ、わかる範囲で工事個所の期間をみておきたい。まず、「こまのたん石垣」は天正十五年十〜十一月、「二のくるわ石垣」は天正十五年十一月から、「天守」は天正十六年五月から、「小天守」は天正十七年二月までである。天守は約一年、小天守にいたってはわずか三ヵ月でしかない。はたして、天守や小天守は完成したのであろうか、はなはだ疑問といわざるを得ない。

3　天正十八年体制下の東海地域の城郭

家康関東移封と豊臣大名の入封

小田原合戦が終了した天正十八年（一五九〇）七月十三日、家康は北条氏の旧領である関八州を与えられ、五ヵ国は収公されてしまう。八月一日、家康が江戸城に入城することになった。秀吉は、この家康領と接する拠点に、対徳川に対する城郭網を築き上げることになる。

新たに三河・遠江・駿河へと入封したのは、羽柴秀次とその宿老たちであった。秀次は、織田信雄の旧領尾張・北伊勢五郡を領有、清須を居城（前任地は近江八幡城）とした。三河・遠江・駿河には、秀次宿老（後の「関白様御家中衆」）が配され、三河では岡崎五万七〇〇〇石に田中吉政（前任地は近江八幡城の筆頭家老）、吉田一五万二〇〇〇石に池田照政（輝政、前任地は岐阜城）、遠江では浜松一二万石に堀尾吉晴（前任地は佐和山城）、懸川五万石に山内一豊（前任地は長浜城）、久野一万六〇〇〇石に松下之綱（新任）、横須賀三万石に渡瀬繁詮《しげあき》（新任）が入り、駿河では駿府一四万五〇〇〇石を中村一氏（前任地は水口岡山城）が領有することとなった。

豊臣秀次と清須城

秀吉は、当初徳川家康を関東に移封し、織田信雄に家康旧領の三河・遠江・駿河への国替えを命じたが、信雄は父祖の地の尾張に固執し国替えを拒否したため、秀吉の怒りを買って改易された。改易後は下野国烏山《からすやま》（那須とも）に流罪となり、出家して常真と号した。

信雄は、天正十三年の天正地震を契機に、伊勢長島城から清須城へと移り、東海地方初となる石垣・瓦葺建物・天守を持つ近世城郭としての清須城を完成させた。五条川《ごじょう》を東側に付け替え、清須城本丸を現在の五条川右岸に新設している。主要部は、ほぼ現在の清洲公園全体で、本丸と二の丸に分かれ、本丸北西部に天守が想定される。南側に堀を廻らした馬出が存在し、秀吉の聚楽第と同様の構造であった。発掘調査により、主郭《しゆかく》東面で胴木《どうぎ》をともなう石垣を検出、また北曲輪を囲む内堀から「天正十四」と刻書された丸瓦《まるがわら》も出土し、信雄による大改修があったことを裏づける。秀次が居城として入城した後、新たに改修・増築したことも推定されるが、現時点でははっきりしない。

田中吉政と池田照政

田中吉政の当初の所領は、五万七〇〇〇石であったが、その後加増され、文禄五年（一五九六）七月二十七日には一〇万石の大名になっている。吉政をはじめ家康旧領に入った武将たちの役目は、関東に移された家康に対する防備を固めることで、いずれも城と城下町の大改造を実施している。岡崎城に残る、自然石を積み上げた野面積《のづらづみ》の部分は、田中時代と考えて問題ない。本丸南東面の一部、天守台の石垣は吉政の手による石垣である。天守台は、北面に巨大な鏡石《かがみいし》を配し、東面にもみせるための巨石が用いられている。吉政は、主要部を石垣で囲み、三河国ではじめての天守を創築するとともに、主要部に重層櫓を配置し、当時最先端の城へと変化させたのである。

各種地誌類によれば、外周に、田中堀と後に呼ばれる惣構の堀と土塁を築き上げるとともに、本格的な城下町整備を実施したとされる。交通の掌握のため、東海道を城の北側に付け替え、城下に引き入れ、都市機能を移転し、近世岡崎城下町の基礎がつくられることになった。

池田照政は、天正十五年に羽柴岐阜侍従《じじゅう》と名乗っていたことが確認されており、翌年には従四位下侍従に叙任され、豊臣姓を下賜されている。吉田城移封により、秀吉から秀次付属の命をうけたと考えられる。照政が入った吉田城は、東三河の拠点で、徳川時代は家康の重臣酒井忠次の居城であった。城は豊川を背後にした「後堅固の城」の典型で、三河湾から豊川水運を利用し、城内に物資搬入が可能であるとともに、河川交通を掌握する目的があった。

城は、池田時代に完成した構造が、大幅に変更されることなく江戸期に踏襲されたと推定される。豊川に面し、本丸・金柑丸《きんかんまる》を並列させ、その周囲を二の丸・三の丸が囲み、さらに周囲に武家地《ぶけち》が設けられ、大外を外堀が取り囲んでいた。本丸東側に位置する金柑丸は、馬出と推定され、清須城の構造と同様である。

図8-5　吉田城本丸鉄櫓台西下最下部石垣

発掘調査によって検出された池田段階の石垣は、総石垣とならず部分的な導入で、現在まで鉄櫓《くろがねやぐら》台・千貫櫓《せんがんやぐら》台・本丸南多門《みなみたもん》・本丸裏門で確認されている。鉄櫓台の石垣は、高さ約一二・七メートルと東海地域の織豊段階の石垣としては最も高く、長さは東西一八メートル、南北三六メートルの規模である。隅角《すみかど》は算木積《さんぎづみ》とはならないものの、左右に振り分ける算木への志向はみられ、傾斜角度も五〇～六〇度と比較的緩やかである。発掘調査によって、石垣下部を幅約二メートル以上・深さ約一メートルにわたって整地し、強固な基礎構造とする地業痕が確認されている。また、南多門跡の石垣も、高さが一二・六メートルと高く、本丸正面を意識していた可能性も考えられる。ここから、裏門へとつづく腰巻《こしまき》石垣は高さ約二・一メートルと判明し、基底部を強固にする目的があったと思われる。また、池田期の瓦も多量に出土しており、千貫櫓台からは、三巴文《みつどもえ》の菊丸瓦《きくまるがわら》、出土地不明ながら桐紋鬼瓦《きりもんおにがわら》も確認されている。こうした状況から、池田段階で近世城郭化がはかられたことが判明する。

堀尾吉晴と浜松城・二俣城

堀尾吉晴が入った浜松城は、最高所に天守が建つ「天守曲輪」を配し、居住空間を持つ本丸は一段低い東側に設けていた。天守曲輪および本丸周辺は総石垣で固められている。石垣石材は、浜名湖畔の大草山《おおくさ》や知波田《ちばた》で産出する珪岩《けいがん》で、水運を利用し運び込まれた。天守曲輪へといたる通路および天守門左右に配された巨石は、圧倒的な規模を誇り、豊臣政権の力をみせつけている。

この時期の瓦も出土しており、天守が築かれた可能性は高い。だが、記録にはまったく残されていないため、その姿形ははっきりしない。残された天守台は、穴蔵《あなぐら》構造で、地階中央部に石組井戸も存在する。浜松城絵図は数点が存在するが、いずれも天守台のみで天守は描かれていない。正保年間（一六四四〜四八）には、すでに失われており、短命天守であった。

平成二十一年（二〇〇九）以降、浜松城公園整備にともなう発掘調査が実施され多大な成果がみられた。天守門の調査では、石垣に囲まれた門部分で、一《メートル》を超える巨石の礎石が検出された。石材は、石垣と同じ珪岩の扁平な自然石であったため、石垣構築と同時期に建てられた門と推定、礎石配置から櫓門が確実な状況だ。

天守曲輪南側の土塁部分の調査では、石塁《せきるい》の石垣が高さ二《メートル》ほど（石垣九段分）も地下に残存していることが判明。石垣は、未加工の自然石を積み上げ、石材間の隙間には丁寧に間詰めが施された、

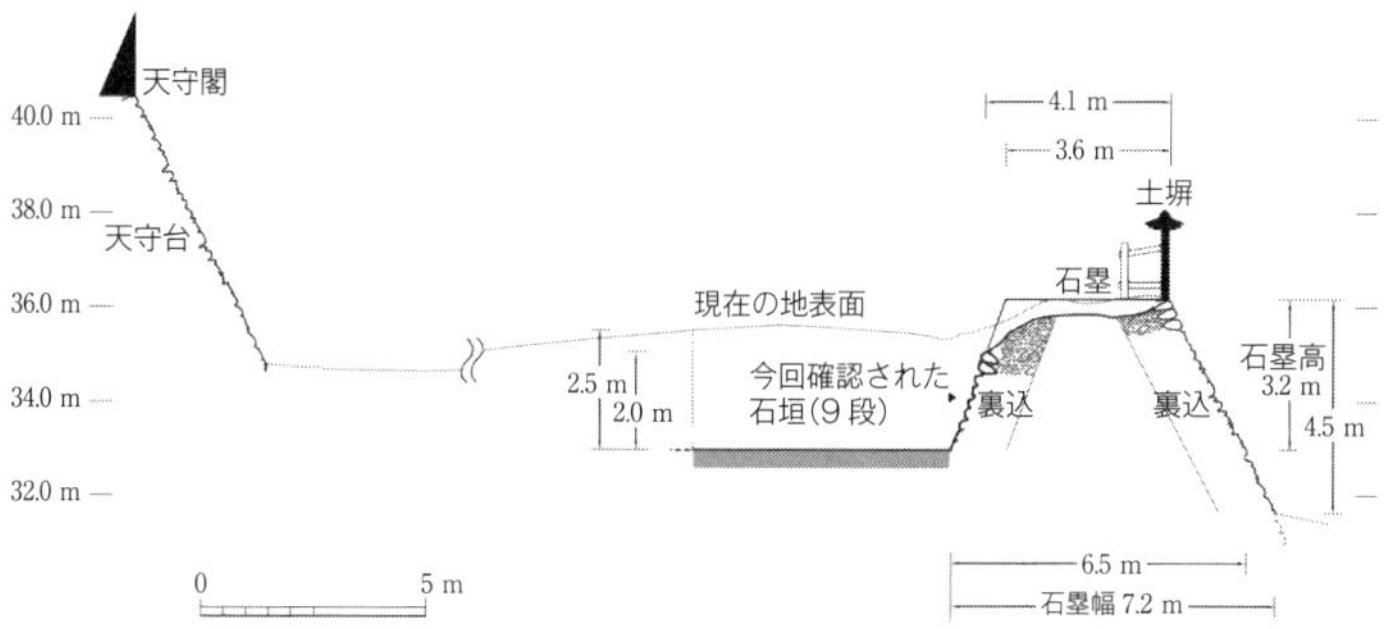

図 8-6　浜松城天守曲輪石塁断面図模式図（『浜松城跡 12』2018 年）

明らかに堀尾期にさかのぼる石垣であった。あわせて天守曲輪南東隅に隅櫓《すみやぐら》（辰巳櫓《たつみやぐら》）が建てられていたことも判明した。

この調査によって、石塁の旧状が高さ三・二メートル、上段幅三・六メートル（最下段で七・二メートル）と判明し、現在の地表面から二・五メートル下に堀尾時代の生活面があることがほぼ確実となっている。当然天守台石垣も現在より約二・五メートル下まであることになり、その高さも八・五メートルになり、よりシンボルとして強調されていたことになる。

吉晴は、浜松城の支城として二俣城（一城別郭として鳥羽山《とばやま》城を含む）を整備改修し、浜松城同様の石垣・天守・瓦葺建物を設けている。これは、二俣が、三河・遠江・信濃を往還する要衝の地であったからである。とくに、当時の小天竜川は、浜松城と河川交通でつながっており、二俣は川湊としても重要であった。

松下之綱と渡瀬繁詮

松下氏は、今川氏の家臣で遠江頭陀寺城（浜松市）の領主であったが、秀吉が長浜城主となった時に、家臣として召し出されたと考えられている。その後、丹波に所領を与えられ、九州遠征にあたって秀吉は、松下之綱（加兵衛《かへえ》）との旧縁に言及し、格別の計らいを指示してい

図 8-7　横須賀城の整備復元された主要部石垣

る。家康の関東移封にあたって、遠江久野一万六〇〇〇〇石が与えられることになった。

　久野城は、標高三四㍍の山頂部に本丸を置き、そこから派生する小丘陵に曲輪を配置した城域約五万二〇〇〇平方㍍の小規模な平山城《ひらやまじろ》である。東海道からは若干離れているものの、国府見付と懸川城の中間点に位置する重要拠点であった。之綱・重綱《しげつな》と父子二代で、大改修を実施し、小規模ながら石垣・瓦葺建物・天守を持つ近世城郭を築き上げた。

　渡瀬繁詮は、小田原北条氏に仕えていたが、天正十三年羽柴秀吉の家臣となり、その後秀次付の家老となった。秀次の尾張移封により、遠江横須賀三万石が与えられたが、文禄四年の秀次事件に連座して改易切腹となった。遺領と家臣団は、義弟（正室の弟）で家臣であった有馬豊氏に与えられた。

　徳川時代に築かれた横須賀城は、高天神城攻めの前線・兵站基地であり、武田水軍の備えと海上ルート遮断も目的にしていた。豊臣政権下でも、遠州灘における兵站基地、海路輸送の湊としての機能が重要視されている。城は、小笠《おがさ》丘陵から派生した丘陵と、そこから西へと伸びる砂州を利用して築かれた。築城時には、南から北に潟湖が存在し、城地前面の入り江を湊としていた。小笠丘陵の丸石を利用し、石垣を築き、現在の本丸・西の丸・北の丸までの小規模な城で、主要部に瓦葺建物を配し、本丸には三重天守が築かれた。

山内一豊と中村一氏・一栄

山内一豊が入った懸川城は、直下を東海道が往来するだけでなく、山間部や相良湊《さがらみなと》、横須賀湊への街道も通じており、古来より交通の要衝として重要視されていた。今川時代も、重臣朝比奈氏の居城であり、徳川時代も家康の信頼厚い石川家成が入り、対武田氏の最前線としての役割を担う拠点であった。城は、江戸期を通じ存続しているため、山内時代の構造ははっきりしないが、発掘調査の進展である程度判明しつつある。

山内時代の構造は、「正保城絵図」とほとんど大きな変化はなく、いうなれば江戸期を通じて山内時代の基礎構造に変化はなかったということである。標高五六㍍《メートル》の山頂部に天守丸を置き、その前面に本丸を配し、さらに二の丸、三の丸をはじめとする諸曲輪が取り囲み、城の南を流れる逆川《さかがわ》を外堀として取り込む姿であった。

内堀（松尾池《まつお》）・三日月堀《みかづき》・十露盤堀《そろばん》の三ヵ所の堀を巧みに利用し馬出空間とした本丸虎口《こぐち》は、発掘調査で三日月堀の縁辺部から山内期に比定される石垣が確認されている。また、本丸から天守丸にいたる登城路は、複数の折れを持ち、玉石の階段、側溝、築地塀《ついじべい》の基壇が発見され、これも山内期にさかのぼる遺構と考えられる。平成七年の天守復興にともなう調査で、山内期に比定される石垣・瓦も検出され、山内段階に石垣・天守・瓦葺建物を持つ近世城郭へと変化したことが確実になっている。

家康の関東移封により、駿府城には中村一氏が入封した。家康の抑えとして豊臣領国の東端の地、駿河府中（駿府）一四万石が与えられ、文禄四年駿河直領（蔵入地）の代官として駿河一国を任されることになる。前述の発掘調査により、慶長期の石垣の下部より天正期の駿府城の遺構が検出された。検出されたのは、天守と小天守からなる連立式天守で、『家忠日記』の記述とも一致することから、天正期徳川の天守台と報告書では結論づけているが、天正十八年から慶長五年（一六〇〇）まで在城した中村期が、完全に抜けてしまっている。出土した瓦は、一時期だけではないので、家康から中村への変遷を検討する必要があろう。

少なくとも瓦をみる限り、中村段階がみられるので、家康の抑えとして大規模な改修があったことが推定される。今後、周辺域の調査が実施されれば、家康段階と中村段階の違いがはっきりとしてくると思われる。今後に期待したい。

中村一氏が、駿河府中一四万石を与えられると、弟一栄《かずしげ》は三万石を持って三枚橋城（静岡県沼津市）に入封することとなった。三枚橋城は、本丸を二の丸・三の丸・外郭が狩野《かの》川に面した東南部を除いて同心円状に囲む構造で、天正七年に武田勝頼が築城したという。武田氏滅亡後は、松平康親《やすちか》が入城している。現在、開発が進み城跡の痕跡はみられないが、発掘調査により高さ五㍍《メートル》の石垣、コビキBの瓦類が出土し、中村段階に石垣・瓦葺建物が導入されたことが判明している。

豊臣政権による東海地域の近世城郭化

小田原北条氏を滅ぼし、ほぼ全国統一を成し遂げた秀吉は、旧小田原領を徳川家康に与え、江戸城に入ることを命じた。秀吉は、この家康領と接する駿河・遠江・三河三国の街道沿いの拠点に対家康用の城郭を築き上げた。最大の石高を得て、三河吉田城に入った池田照政と新任の二名を除けば、いずれも天正十三年、小牧・長久手合戦の後、家康領国の国境警備の目的で近江に配置された武将たちだったのである。秀吉は、ふたたび豊臣秀次を家康に対する総大将とし、秀次付の宿老たちが旧家康領国に配置され、対家康に備えた近世城郭を完成させたのである。

岡崎城に田中吉政、吉田城に池田照政、浜松城に堀尾吉晴、二俣城に堀尾宗光《むねみつ》、久野城に松下之綱、横須賀城に渡瀬繁詮、懸川城に山内一豊、駿府城に中村一氏、三枚橋城に中村一栄が配置され、いずれも石垣・瓦葺建物・天守を持つ近世城郭を完成させている。また、浜松城天守曲輪のように、非常に戦闘本位の姿も確認されており、どの城も軍事面の強化が図られていた可能性はきわめて高い。右記の城のなかで、久野城と横須賀城に配されたのは新たに加わった武将であり、二俣城と三枚橋城は、本城に対する支城であった。だが、それらの城もすべてが、石垣・瓦葺建物・天守を持つ近世城郭化していたことは特筆される。

天正十三年に家康が豊臣東進に備え、築き上げた城はいずれも土造りの中世城郭で、防御の要は広大な規模の空堀《からぼり》（横堀《よこぼり》）と、土塁であった。徳川段階の東海の城は、未だ土造り主体の中世城郭だったのである。東海地域にはじめて、石垣・天守・瓦葺建物を持ち込んだのは、天正十四年の織田信雄の清須城であった。その後、豊臣政権が全面的に関与して築き上げた駿府城が近世城郭となり、家康関東移封後の豊臣大名の入封によって、東海地域の城は、完全に近世化されることになった。

〔参考文献〕
加藤理文「徳川家康五ヶ国領有時代の城」『小和田哲男先生古希記念論集　戦国武将と城』サンライズ出版、二〇一四年
同　『家康と家臣団の城』KADOKAWA、二〇二一年
竹内理三編『増補続史料大成　家忠日記』臨川書店、一九八一年
中井　均『秀吉と家臣団の城』KADOKAWA、二〇二一年
中井均・鈴木正貴・竹田憲治編『東海の名城を歩く　愛知・三重編』吉川弘文館、二〇二〇年
中井均・加藤理文編『東海の名城を歩く　静岡編』吉川弘文館、二〇二〇年
『駿府城本丸・天守台跡　駿府城公園再整備に伴う発掘調査報告書』静岡市教育委員会、二〇二二年
『浜松城跡12』浜松市教育委員会、二〇一八年
『浜松城跡13』浜松市教育委員会、二〇一九年

略年表

年号	西暦	事項
永禄三	一五六〇	五月、今川義元が尾張桶狭間で織田信長と戦い敗死する。同月、松平元康が三河岡崎城に入る。
四	一五六一	四月、松平元康が今川氏真に叛き、三河牛久保城を攻める。五月、一色（斎藤）義龍が死去し、子の龍興があとを継ぐ（美濃）。
六	一五六三	秋、西三河の浄土真宗寺院と門徒が蜂起し、松平家康と戦う。この年、織田信長が清須から小牧山に居城を移す（尾張）。
七	一五六四	二月、松平家康が西三河の浄土真宗寺院と和睦する。同月、竹中重治・安藤守就が美濃稲葉山城を占拠する。
八	一五六五	三月、松平家康が三河吉田城を手に入れる。七月、織田信長が尾張犬山城を陥落させる。
九	一五六六	五月、松平家康が牧野成定（三河牛久保城主）を帰順させる。
十	一五六七	八月、織田信長が美濃稲葉山城を陥落させ、一色龍興は伊勢長島に逃れる。同月、織田信長が北伊勢に攻め入る。同月、織田信長が小牧山から岐阜に居城を移す（美濃）。
十一	一五六八	二月、織田信長が伊勢に攻め入り、神戸具盛と長野具藤を屈服させる。九月、織田信長が近江観音寺城を攻略し、京都に入る。十二月、武田信玄が駿河に攻め入り、今川氏真は遠江懸川城に逃れる。同月、徳川家康が遠江に攻め入る。
十二	一五六九	四月、武田信玄が駿河から退去し甲府に帰る。五月、徳川家康が今川氏真と和睦し、遠江懸川城を手に入れる。七月、山科言継が岐阜を訪れ、織田信長と面会する（美濃）。十月、北畠具教（伊勢大河内城主）が織田信長に降伏する。十二月、武田信玄が駿河蒲原城を陥落させる。

年号	西暦	事項
元亀 元	一五七〇	九月、徳川家康が岡崎から浜松に居城を移す（遠江）。十一月、伊勢長島の門徒が小木江城を攻め落とし、城主の織田信興が自害する。
二	一五七一	一月、武田信玄が駿河深沢城を手に入れる。五月、織田氏の軍勢が伊勢長島を攻めて敗北する。
三	一五七二	十二月、武田信玄が遠江三方原で徳川家康と戦い勝利する。
天正 元	一五七三	四月、武田信玄が信濃伊那郡で死去する。九月、徳川家康が三河長篠城を手に入れる。
二	一五七四	二月、武田勝頼が美濃岩村城を手に入れる。六月、武田勝頼が遠江高天神城を手に入れる。九月、織田信長が伊勢長島の門徒を滅ぼす。閏十一月、織田信長が尾張国中の道路の整備などにつき奉行に指示する。
三	一五七五	五月、織田信長と徳川家康が武田勝頼と戦い勝利する（長篠の戦い、三河）。十一月、織田氏の軍勢が美濃岩村城を陥落させ、秋山虎繁が処刑される。同月、織田信長が織田信忠に家督を譲り、信忠は尾張・美濃を領国とする。
四	一五七六	二月、織田信長が岐阜から安土に居城を移す。
七	一五七九	九月、松平信康が遠江二俣城で自害する。
九	一五八一	三月、徳川家康が遠江高天神城を陥落させる。
十	一五八二	三月、武田勝頼が甲斐田野で自害する。織田信長が武田氏遺領の配分を行い、徳川家康は駿河を与えられる。六月、織田信長が京都で明智光秀に討たれる（本能寺の変）。徳川家康は和泉堺から近江・伊賀・伊勢を経て三河岡崎に還る。同月、羽柴秀吉が山城山崎で明智光秀を破り、光秀は滅亡する。同月、北畠（織田）信雄が尾張、織田信孝が美濃を領する。九月、尾張万徳寺の年貢帳が作成される。十月、徳川家康が北条氏と和睦し、甲斐と信濃中南部を領国とする。
十一	一五八三	五月、織田信孝が尾張内海で自害する。
十二	一五八四	三月、織田信雄が伊勢長島城で津川雄光・岡田重孝らを殺害する。同月、徳川家康が織田信雄

		を支援し、尾張小牧山城に入る。四月、徳川家康が尾張岩崎周辺で羽柴秀吉方と戦い勝利する（長久手の戦い）。十一月、織田信雄が羽柴秀吉と和睦する。
十三	一五八五	七月、羽柴秀吉が関白に任じられる。同月、徳川家康が駿河府中（駿府）における築城を開始する。この頃、織田信雄家臣の知行地を書き上げた帳簿（織田信雄分限帳）が作成される。
十四	一五八六	十月、徳川家康が上洛し、大坂城で羽柴（豊臣）秀吉と対面する。十二月、徳川家康が浜松から駿府に居城を移す（駿河）。
十五	一五八七	二月、徳川家康が領国内の検地（五ヵ国総検地）を開始する。七月、徳川家康が領国内の郷村に対する「七ヵ条定書」下付を開始する。
十七	一五八九	この年、美濃において豊臣政権の検地が実施される。
十八	一五九〇	八月、徳川家康が関東に移封となり、江戸城を居城とする。同月、織田信雄が改易となり、下野那須に配流される。十一月、尾張津島社の社家が神主の行動を非難し訴訟を起こす。この年、羽柴（豊臣）秀次が尾張を領する。三河岡崎に田中吉政、吉田に池田照政、遠江浜松に堀尾吉晴、懸川に山内一豊、駿府に中村一氏が入部する。岐阜城には羽柴小吉秀勝が入る。
文禄 元	一五九二	十二月、徳永寿昌が津島社の掟を定める（尾張）。
二	一五九三	九月、羽柴秀勝が死去し、織田秀信が岐阜城主となる（美濃）。
三	一五九四	一月、羽柴（豊臣）秀吉が京都から清須までの宿における人足や馬の供出にかかわる規則を定める。九月、織田信包（伊勢安濃津城主）が改易となり、富田一白・知信が安濃津に入る。この年、伊勢において豊臣政権の検地が実施される。
四	一五九五	七月、羽柴（豊臣）秀次が高野山で自害する。この年、福島正則が尾張清須に入部する。
慶長 三	一五九八	八月、羽柴（豊臣）秀吉が死去する。
慶長 五	一六〇〇	八月、福島正則・池田照政らが岐阜城を攻めて陥落させる（美濃）。九月、石川光吉が徳川方に尾張犬山城を明け渡す。同月、徳川家康が美濃関ヶ原で石田三成らを破る。この年、伊勢桑名に本多忠勝、美濃加納に奥平信昌、尾張清須に松平忠吉が入部する。

執筆者紹介（生年／現職）―掲載順

山田邦明（やまだ・くにあき）→別掲

湯浅大司（ゆあさ・だいし）一九六九年／新城市設楽原歴史資料館館長

柴　裕之（しば・ひろゆき）一九七三年／東洋大学文学部非常勤講師

平野仁也（ひらの・じんや）一九七八年／東海学園大学人文学部准教授

谷口　央（たにぐち・ひさし）一九七〇年／東京都立大学人文科学研究科教授

山下智也（やました・ともや）一九八八年／刈谷市歴史博物館学芸員

小川　雄（おがわ・ゆう）一九七九年／日本大学文理学部准教授

羽柴亜弥（はしば・あや）一九八八年／名古屋市博物館学芸員

大高康正（おおたか・やすまさ）一九七三年／静岡県富士山世界遺産センター学芸課教授

小林　郁（こばやし・かおる）一九九一年／皇學館大学研究開発推進センター助教

加藤理文（かとう・まさふみ）一九五八年／公益財団法人　日本城郭協会理事

編者略歴
一九五七年、新潟県に生れる
一九八四年、東京大学大学院人文科学研究科博士課程中退
現在、愛知大学文学部教授

〔主要著書〕
『戦国のコミュニケーション』（吉川弘文館、二〇〇二年）
『戦国の活力』（小学館、二〇〇八年）
『室町の平和』（吉川弘文館、二〇〇九年）
『上杉謙信』（吉川弘文館、二〇二〇年）
『中世東海の大名・国衆と地域社会』（戎光祥出版、二〇二一年）

東海の中世史5
信長・家康と激動の東海

二〇二四年（令和六）十一月一日　第一刷発行

編　者　山《やま》田《だ》邦《くに》明《あき》
発行者　吉川道郎
発行所　株式会社 吉川弘文館
郵便番号一一三―〇〇三三
東京都文京区本郷七丁目二番八号
電話〇三―三八一三―九一五一〈代表〉
振替口座〇〇一〇〇―五―二四四番
https://www.yoshikawa-k.co.jp/
印刷＝株式会社 三秀舎
製本＝誠製本株式会社
装幀＝清水良洋

ISBN978-4-642-06895-6

刊行のことば

「東海」、それは東の海、伊勢湾や太平洋をのぞみ、古代より行政区画として、道として、今もなお東と西をつなぐ重要地域として存在しています。同時に、壬申の乱、青野原合戦、関ヶ原合戦など、文字どおり天下分け目の戦いが繰り返されてきました。そうしたなかで、戦国時代に織田信長・羽柴（豊臣）秀吉・徳川家康といった天下人が登場したことはよく知られていることでしょう。では、なぜ東海から天下人が生み出されたのでしょうか。また、それ以前の時代にもこの三人に匹敵する人物は東海地域から現れていたのでしょうか。

本シリーズは、東海という地域的な個性に注目しつつ、同時にそこが列島の東西のあいだという歴史的な特色を持つことにも留意しながら、中世史を描いていくことを目指すものです。そのさい、執筆者には、近年大幅に進展した中世史の研究成果を積極的に導入・紹介すること、そして、武家だけではなく、公家・寺社、宗教・荘園や陸海の交通・流通など、多種多様な角度から地域史を描くことをお願いしました。これにより、従来にない、新たな東海の中世史像に迫る試みとなっていたら、編者としてこれにまさる喜びはありません。

なお、本シリーズが対象とする地域は三重・岐阜・愛知・静岡の各県、旧国名でいえば、伊勢・志摩・伊賀・美濃・飛驒・尾張・三河・遠江・駿河・伊豆といった国々となります。

〈企画編集委員〉
山田　邦明
水野　智之
谷口　雄太

東北の中世史 全5巻

各2400円（税別）
四六判

近年、進展がめざましい東北史の研究成果を背景に、原始から中世までの通史を平易に描く〈東北〉二大シリーズ中世編。日本列島から東アジア規模にまで広がる世界に東北を位置づけ、新たな〝北〟の歴史像を提示する。

①平泉の光芒　柳原敏昭編
②鎌倉幕府と東北　七海雅人編
③室町幕府と東北の国人　白根靖大編
④伊達氏と戦国争乱　遠藤ゆり子編
⑤東北近世の胎動　高橋　充編

吉川弘文館